本书出版获得中央高校基本科研业务费项目"跨国主义视
影响因素研究"（项目编号：B240207003）资金资助

嵌入式共存
海外中国女性白领的社会适应

刘 晶　陈绍军◎著

河海大学出版社
HOHAI UNIVERSITY PRESS
·南京·

图书在版编目(CIP)数据

嵌入式共存：海外中国女性白领的社会适应 / 刘晶，陈绍军著. -- 南京：河海大学出版社，2024. 10.
ISBN 978-7-5630-9359-5

Ⅰ. D523.8

中国国家版本馆 CIP 数据核字第 20246SY862 号

书　　名	嵌入式共存：海外中国女性白领的社会适应
	QIANRUSHI GONGCUN：HAIWAI ZHONGGUO NÜXING BAILING DE SHEHUI SHIYING
书　　号	ISBN 978-7-5630-9359-5
责任编辑	陈丽茹
特约校对	罗　玮
装帧设计	徐娟娟
出版发行	河海大学出版社
地　　址	南京市西康路 1 号(邮编：210098)
网　　址	http://www.hhup.com
电　　话	(025)83737852(总编室)　(025)83787104(编辑室)
	(025)83722833(营销部)
经　　销	江苏省新华发行集团有限公司
排　　版	南京月叶图文制作有限公司
印　　刷	苏州市古得堡数码印刷有限公司
开　　本	718 毫米×1000 毫米　1/16
印　　张	15.5
字　　数	239 千字
版　　次	2024 年 10 月第 1 版
印　　次	2024 年 10 月第 1 次印刷
定　　价	78.00 元

前言

跨国迁移已经成为全球化时代的显著趋势与特征。由于全球产业结构的影响以及地区间经济发展水平的差距等，国际移民女性化已经成为当今国际移民发展的重要趋势。中国是日本首要的国际移民来源国，在日中国人的人数增多并呈现身份多样化。从性别构成来看，在日中国女性移民数量要多于男性。不同于传统的婚姻移民或劳动力移民，近年来逐渐增加的"女性白领移民"具有"独立化"和"高知化"特点，同时她们的入境途径和与日本社会的互动模式也不同以往，呈现出"自主性"及"策略性"的特点，传统的国际移民理论难以用来解释她们的社会适应模式。

本研究在国际女性移民的背景下，将焦点对准在东京工作生活的中国女性白领，以她们在日本的适应过程和适应程度为核心研究问题，以国际移民理论中的社会适应理论和社会性别理论为基础，运用传记叙事访谈法、参与观察法、焦点小组访谈法等定性研究方法，探讨中国女性白领在适应日本社会时所表现出的实践方式，并试图解释其社会适应模式选择的行动逻辑，从而为国际移民的社会适应研究提供新的解释路径。

通过对文献梳理发现，女性白领的适应表现区别于传统的在日华人移民群体，需要一个新的视角去探讨她们的流动与选择，即从移民主体出发去看待个人与社会的关系。结合女性白领的性别特征和流动经验，本书借助社会适应的"主体-实践（时间·空间·社会地位）"和嵌入理论对在日中国女性白领的社会适应进行社会性别的交错研究。女性白领跨越的不只是中日之间的国界，她们在日本的生活也同时跨越多重空间，社会适应的形态和社会性别的影响在空间与场域中体现，同时移民的主体性的发挥和社会地位的改变也实践于各个空间。因此，本研究从实践空间切入和引申，分别从职场、家庭、社交的日常生活空间三个维度系统阐述了女性白领社会适应的表现以及在实践中的行动逻辑。

首先,"白领"是区别于其他类型移民的重要身份,职场是女性白领社会适应实践的重要场域。中国女性白领兼有"外国人""女性""后辈"三重身份,与同一时期进入公司的日本同龄人相比,面临着身份认同、文化差异、"生升两难"(生孩子和升职)等多重挑战,反映了不同社会群体和文化间的差异和冲突。根据身份认同理论,女性白领不断调适自己的身份认知和职业态度,以适应跨国职场中复杂的身份和文化环境。同时,面对国籍、性别、阶层的差异性,女性白领善于学习和捕捉异文化的价值观和行为准则,以促进跨文化理解并缩小文化差异。基于社会认同理论,女性白领在职业晋升和社会认同之间的权衡考量下,采取了收敛锋芒和保持真我等系列策略,以平衡个体与集体的利益,并实现职业发展和社会认同的双重目标。

其次,女性白领作为家庭这一整体参与了跨国迁移活动,家庭内部存在的性别、代际、国籍的差异影响了女性白领的社会适应。通过研究发现,传统家庭结构中,女性被赋予承担家务劳动的主要角色,这使得女性白领需要考虑家务分工和改革以实现家庭整体效益。同时,女性白领在家庭内部的地位和角色也受到家庭成员关系的制约和影响,女性白领在动态关系中不断地自洽与协调,以实现自身和家庭的利益平衡。此外,诸如日本社会的性别配置、对于女性生育角色的刻板印象等家庭外部文化和社会结构的影响,使女性白领奔走于公领域和私领域之间,限制了女性白领主体性的发挥。从家庭社会学的角度来审视在日本的"中国家",通过对家庭内部的功能、组成、关系进行微观分析,从妻子、母亲、女儿的身份切换深入探究了女性白领在家庭生活中遇到的挑战与困惑。在社会结构和家庭内部的"情・权・利"间相互博弈之下,女性白领做出了身份取舍、家务改革、回国或是留下等的适应行动选择。

再次,作为社会适应的另一重要场域,社会交往为女性白领扎根日本社会提供了丰富的养料。女性白领的社交不仅是个体与个体之间的交往,也涉及不同社会群体之间的互动。在日常生活的社会交往过程中,女性白领与日本人和日本社会建立起基于职缘、女缘、居住社区的多重社交网络,不同类型的社交网络、社交圈的形成和维护影响了女性白领的适应程度和适应意愿。伴随着微妙的交往界限、认知差距、社交压力、身份区隔等矛盾的出现,女性白领在保持与主流社会交往的同时,通过维系自身的族群和民族性的优势,生成了区别于本地人的华人社区、华人社群等"自成一派"的社交网络,为女性白领适应日本社会提供了经济价值、情感补偿和情感寄托等社会资本和社会支持。

最后,通过上述分析,归纳出嵌入式共存是女性白领社会适应的策略性选择。与西方社会适应理论的"同化论""多元文化论""区隔论"等理论模型展开对话,在日中国女性白领的社会适应模式赋予了"区隔理论"新内涵:女性白领的社会适应是一个非线性且涉及多空间多维度的非均衡融入,呈现出鲜明的"反同化"和"异同化"的特点,在保留原有族裔文化的同时,发挥主体能动性对身份认知和价值观念的重塑,实现了在日生活空间中各个维度不同程度的镶嵌和互动。同时,女性白领对日本社会的适应是一个双向互动的过程,既有对日本主流文化的主动选择和适应,也实现了对当地文化的影响和交融。然后,通过和其他女性移民群体(劳工移民、婚姻移民、家庭移民)比较分析,得出女性白领的社会适应呈现出主体嵌入的高能动性、时间嵌入的阶段不明显性、空间嵌入的浅表性、社会地位嵌入的向上性的特征。同时提炼她们的嵌入式共存的表现:在身份认知上呈现"久居的旅居者"姿态,在文化接纳上兼收并蓄但更倾心于母国,在交往实践中呈现跨族群的多重交往形态下的和而不同,并指出此种社会适应模式是个体的理性选择、"我群"与"他群"的相互挤压和国家政治因素共同作用的结果。

基于"主体-实践"的理论框架和上述分析,本研究得出如下结论:首先,有别于传统的经济理性因素,女性白领的社会适应是以个人追求和欲望为导向,充分发挥自主性、能动性和创造性以解决和调适矛盾与冲突的结果。其次,从适应过程和结果来看,女性白领的社会适应在时间、空间、社会地位的交互中持续延伸和拓展,形成了向上流动和嵌入式共存的融入。再次,女性白领这一角色镶嵌在日本文化与社会制度之中,传统观念和性别差异影响了其主体性的发挥和融入日本社会的程度。最后,嵌入式共存是女性白领社会适应的策略性选择。参照在日中国女性白领的经验研究,我们得到启发:吸引外籍人才和回流人才在中国就业,仅出于金钱和职场晋升的考虑并不足以留住人才,需要从情感引才、家庭引才等非经济理性因素出发,加强人才和祖国的情感连接,解决子女教育资本的追逐、社区关系、情感疏通等后顾之忧以让人才长久地安营扎寨,进而更好地服务于社会。

目 录

第一章 绪论 …… 1

 第一节 问题的提出 …… 3
  一、研究缘起 …… 3
  二、研究问题 …… 5
  三、研究意义 …… 6
 第二节 文献综述 …… 7
  一、移民社会适应研究 …… 7
  二、移民社会性别研究 …… 13
  三、在日华人华侨研究 …… 16
  四、白领研究 …… 19
  五、文献评述 …… 21
 第三节 研究设计 …… 23
  一、研究地点与个案描述 …… 23
  二、田野调查过程 …… 25
  三、研究方法 …… 29

第二章 理论视角与分析框架 …… 33

 第一节 核心概念界定 …… 35
  一、在日中国女性白领 …… 35
  二、社会适应 …… 37
 第二节 相关理论基础 …… 38
  一、社会适应理论 …… 38
  二、嵌入理论 …… 43

三、社会性别理论 ································· 44
　第三节　分析框架与研究思路 ································· 46
　　　一、分析框架 ··· 46
　　　二、研究思路 ··· 51

第三章　负笈东瀛：从留学生到白领 ································· 53
　第一节　政策层面：迁移体系中的守门人 ······················· 55
　　　一、日本：30万留学生计划 ······························ 55
　　　二、中国："爆留学"热潮 ································ 57
　第二节　个人层面：理性与情感的选择 ························· 59
　　　一、工具性流动 ·· 59
　　　二、情感性流动 ·· 61
　第三节　在日求职：日本社会初探 ····························· 63
　　　一、劳动市场：供与求的双向匹配 ························ 64
　　　二、文化碰撞：求职活动中的"日本特色" ·················· 68
　第四节　本章小结 ··· 71

第四章　职场：日企中的族群、性别与阶级 ······················· 73
　第一节　群体差异：个体的群体化适应 ························· 75
　　　一、暧昧文化：看破不说破的职场交际术 ·················· 75
　　　二、以社为家："工作狂"的勋章 ·························· 78
　　　三、集体主义：权力的规训 ······························ 80
　　　四、身份约束：职业发展的天花板 ························ 83
　第二节　性别差异：社会建构下的职业角色适应 ················· 85
　　　一、男女有别：职场用语与岗位"潜规则" ·················· 85
　　　二、生育抉择：孕期骚扰与"生升两难" ···················· 88
　　　三、性骚扰：权力关系下的性要求 ························ 92
　第三节　阶级差异：职场阶级的辈分适应 ······················· 95
　　　一、年功序列：纵向社会的序列意识 ······················ 95

二、先后有别：约定俗成的处事规则 …………………… 96
　　三、平等主义：能力靠后的按资排辈 …………………… 97
第四节　调节与适应 ……………………………………………… 100
　　一、身份认同："比日本人还像日本人"与"我就是外国人"
　　　 ………………………………………………………… 100
　　二、性别认知："拼命派"与"保命派" …………………… 103
　　三、自我实现：挑战序列与离职跳槽 …………………… 105
第五节　本章小结 ………………………………………………… 107

第五章　家庭：生命周期下的角色转换 …………………………… 109
第一节　为人妻：情感实践下的身份建构 ……………………… 111
　　一、"同类婚"：自主选择下的婚恋标准 ………………… 112
　　二、夫妻分离：社会压力下的家庭形态 ………………… 117
　　三、男外女内：父系制度下的家务分工 ………………… 120
第二节　为人母：母职束缚下的身份转换 ……………………… 123
　　一、华人虎妈："中产下沉"的地位恐慌 ………………… 124
　　二、双面娇娃：性别区隔下的养育任务 ………………… 126
第三节　为人女：宗法伦理下的身份矛盾 ……………………… 129
　　一、心尖向下：单向度的援助 …………………………… 129
　　二、隔代抚养：代际差异与冲突 ………………………… 132
第四节　调节与适应 ……………………………………………… 135
　　一、身份取舍：母职平衡下的职业调整 ………………… 135
　　二、家事改革：工作考量下的分配优化 ………………… 137
　　三、家庭行动：性别角色下的移民策略 ………………… 140
第五节　本章小结 ………………………………………………… 142

第六章　社交：跨族群间的多重社交形态 ………………………… 145
第一节　社缘：基于公司生活的家庭社会 ……………………… 147
　　一、部族会社："拟单位制"下的社会生活共同体 ……… 148

二、情感凝聚：强化归属感的集体活动 ………………… 149
　　　三、序列有秩：业余生活的社交规则 ………………… 150
　第二节　女缘：以性别为纽带的社会交往 ………………… 152
　　　一、身份压力："妈妈友"间的群体交往 ……………… 152
　　　二、身份区隔：难以拉近的社交距离 ………………… 156
　　　三、情感代偿：基于"趣缘"的同好之士 …………… 158
　第三节　睦邻：以家庭为主体的社区交往 ………………… 160
　　　一、交往有"度"：微妙的交往界限 …………………… 161
　　　二、因"孩"而异：家庭间交往选择 …………………… 162
　　　三、社交孤立：校园霸凌的连锁反应 ………………… 164
　第四节　调节与适应 ………………………………………… 167
　　　一、"多一事不如少一事"的社交原则 ………………… 167
　　　二、华人社群与社区：异国他乡的缓冲装置 ………… 169
　第五节　本章小结 …………………………………………… 173

第七章　嵌入式共存：自我认知与实践的策略性选择 …… 175
　第一节　女性白领的社会适应特征 ………………………… 177
　　　一、嵌入式共存："区隔理论"新内涵 ………………… 177
　　　二、基于其他移民群体对比的适应特征 ……………… 179
　第二节　嵌入式共存的表现 ………………………………… 183
　　　一、身份认知：久居的旅居者 …………………………… 184
　　　二、情感归属：入乡随俗与文化传承 ………………… 186
　　　三、交往实践：多文化人际关系下的和而不同 ……… 188
　第三节　嵌入式共存的形成与维系 ………………………… 191
　　　一、个体：权衡利弊下的理性选择 …………………… 191
　　　二、群体："我群"与"他群"的双向挤压 ……………… 193
　　　三、国家：历史印记下的"择木而栖" ………………… 196
　第四节　本章小结 …………………………………………… 198

第八章 结论与讨论 …… 201
第一节 结论 …… 203
第二节 讨论 …… 207
一、国际移民迁移和适应的新探索 …… 207
二、对我国留住外国人才和回流人才的思考 …… 210
第三节 研究创新 …… 212
第四节 研究局限与研究展望 …… 212
一、本书的研究局限 …… 212
二、本书的研究展望 …… 213

附录 …… 214
附录1 受访对象基本情况列表 …… 214
附录2 在日中国女性白领社会适应结构访谈提纲 …… 217

参考文献 …… 220

第一章

绪 论

第一节 问题的提出

一、研究缘起

《世界移民报告 2022》[①]的数据显示,截至 2020 年,全球共有 2.81 亿国际移民,国际移民占全球总人口的 3.6%,跨国迁移已经成为全球化时代的显著趋势与特征。其中,欧洲和亚洲成为接收国际移民数量最多的两个大洲,接收移民数量占全球移民总人数的 61.4%。值得注意的是,在所有的国际移民中,女性移民(female migration)的比例高达 48%。随着经济全球化和女性平权意识的增强、女性经济地位与政治地位的不断提高,女性移民的比例迅速增加,国际移民女性化(feminization of international migration)已经成为新的移民趋势。

东亚地区的低出生率和人口老龄化等问题促使韩国、日本等国家不得不重新评估由来已久的限制移民的方式,鼓励短期外国劳动移民、吸引大量国际留学生成为其移民政策发展的新趋势。中国是日本首要的国际移民来源国,截至 2021 年 6 月,在日中国人总人口约为 80 万,占在日外国人总数(约 282 万)的 28%,即在日本的外国人中,大约每 3 个人就有 1 个人是中国人。[②]自 20 世纪 70 年代后期起,在日中国人的人数逐年增加并呈现身份多样化的发展趋势,于 2007 年首次超过韩国人,跃居在日外国人榜首并持续至今。从分布区域来看,在日中国人主要集中在日本三大都市圈,半数以上集中在以

[①] International Organization for Migration. World Migration Report 2022[R]. Geneva:IOM,2021.
[②] 日本法務省入国管理局.国籍・地域別在留外国人数の推移[R].2021.

东京为中心的首都圈;从分布年龄来看,19~39岁的人数最多,超过在日中国人半数以上;从性别构成来看,在日中国女性移民数量要多于男性,约占57%。作为"女性移民"的一员,笔者自本科留学日本,研究生毕业后就职于一家世界500强的日本跨国企业,由于学校和工作的关系,接触到多位有相似经历的"在日中国女性白领"。通过在工作中和聚会中与她们的接触,笔者发现与早先来日本的中国女性移民的模式和途径有所不同,"中国女性白领移民"呈现出"独立化"和"高知化"特点。她们不再是为了"与配偶相聚"而远渡重洋,不再抱着"牺牲我一个,幸福一家人"的想法而选择婚姻移民,不再委曲求全地从事"3D"①、"3刀"②工作或游走在风俗行业的边缘,也不再为了"身份"而想方设法地留在异国他乡。

与其他移民国家不同,在日外国人归化要比永住更容易。③ 在日中国女性白领大都接受过较高的国内外教育并从事和日本大学毕业生一样的工作,收入高于日本女性的平均收入,④且大多数已在日本买车买房、安家立业。但是,在笔者接触的女性白领中,大多数女性都选择了高度人才签证或者永住签证,还有几位嫁给日本人的中国女性结婚多年也仍保留中国国籍。在国家政策、经济基础、社会支持、社会交往等方面她们有足够的条件去完全融入日本社会,但她们并没有做出这样的选择。在日本人以为"你会一直在日本吧!"的主观判断下,她们很多人其实并没有打算一辈子扎根日本;在国内亲友"国内发展这么好,为什么不回来?"的质疑下,很多人其实也并没有打算回国。此外,在访谈中笔者还发现一个有意思的现象,当被问到"当年留学时是否想到过会待这么久?",除与家人团聚为动机的群体以外,大多数人回答的都是"没有",本打算"镀个金就回国",没想到一待就是5~10年甚至更多年,移民成为"情理之中,意料之外"的结果。她们在努力融入日本"主流社会"的同时,又不愿完全同化为日本人……

---

① 3D对应的英文是dangerous、dirty、difficult,3D用来表示早期华人移民艰苦的生存状态。
② "3刀"代表早期移居海外的华侨从事的3种职业:菜刀(厨师)、裁缝刀(裁缝)、泥水刀(建筑工人)。
③ 邵春芬.从留学生到新海外华侨华人:日本的事例[M]//刘泽彭.互动与创新:多维视野下的华侨华人研究.桂林:广西师范大学出版社,2011:386-408.
④ 依据日本国税厅发布的《令和2年分民间给与实态统计调查》(2021-9-29),2020年日本女性的平均年收入为293万日元。

上述这些现象引起了笔者的思考：在日中国女性白领做出上述选择的行动逻辑是什么？她们在融入日本社会的过程中，立足升迁的资本和途径是什么？哪些因素影响她们对现在这种融入模式的选择？中国女性白领在日本安家立业，有体面的工作、正当的身份，但在她们看来是否找到了自己的社会位置？是否可以提出这么一个假说："嵌入式共存""选择性融入日本""不完全融入"是她们多年适应日本生活所做出的策略性选择？……上述迷思就是本研究的起点，笔者开始了对"在日中国女性白领"这一群体的深入关注，并试图探究她们在日本社会的适应过程及其现有融入方式选择的行动逻辑。

二、研究问题

本研究在国际女性移民的背景下，将焦点对准在东京工作生活的中国女性白领，以她们在日本的适应过程和适应程度为核心研究问题，从移民主体和社会性别的视角及职场、家庭、社会三个实践场域来描述她们在适应日本社会时所表现出的实践方式，并试图解释其社会适应模式选择的行动逻辑。

围绕上述核心问题，本研究提出以下4个研究子问题：

（1）从社会适应的实践空间来看，女性白领与日本社会的互动模式根植于职场、家庭生活、社会交往的深层结构之中。在通过上述场域与日本社会互动的过程中，她们遇到了哪些矛盾和问题并如何调节和适应？社会适应程度又随之发生了怎样的变化？影响这种动态变化的个体因素和结构性因素有哪些？

（2）从移民的主体视角来看，在移居日本的各个阶段，女性白领如何看待过去和现在的经验并赋予其何种定义？针对这种定义她们如何重构未来的憧憬和规划？这些主观感受又对她们适应日本社会产生了怎样的驱动力？

（3）从移民的社会性别研究视角来看，与男性移民相比，性别角色对女性白领适应日本社会产生了何种不同影响？面对性别迷思对女性社会适应的制约，女性白领采取了什么行动？

（4）从适应模式和结果上来看，叩问女性白领在日本适应的抉择，她们的行动逻辑是什么？她们又如何通过自身的行动和行动策略而实现"嵌入式共存"的？

三、研究意义

本研究具有一定的理论意义和现实意义。

首先,对移民研究的内容扩展。一方面,联合国数据显示,从移民地区来看,自2015年起,移居亚洲的人数超过欧洲,跃居首位;从移民流动的角度来看,20世纪90年代移居美国的外国人高达1160万人,2010年则降至560万人。与之相反,20世纪90年代移居亚洲的人口仅为100万人,2010年则增至1370万人,全世界新增移民的36%流向亚洲,而欧美则不足20%。另一方面,在世界前十大移民流出国中,6个国家属于亚洲。至2017年,国际移民约"每4人就有1人"是在亚洲区域内迁移。可以说,"流动在亚洲的亚洲人"是近些年移民力量的主力军,"从亚洲移向亚洲"成为国际移民趋势的主要潮流。本书所研究的"在日中国女性白领"正属于这一研究范畴,经过文献梳理,笔者发现,过去对在日中国女性白领的研究寥寥无几。对这一群体进行研究,不仅是对精英移民以及女性移民研究的补充,也是对在日华人研究的补充,对移民研究对象有一定的扩展价值。

其次,对我国移民输入研究的参考。在2018年的全球城市分级排名中,中国的香港、北京、上海跻身世界一线强级别,其中香港和北京位于东京之前。全球城市理论的代表学者沙森在其《全球城市:纽约、伦敦、东京》[①]中译本中追加了"上海作为全球城市的思考"。近年来的《中国国际移民报告》等相关研究表明,中国正逐步从一个移民输出国成长为移民对象国,外国人来华逐梦呈上升趋势。在十九大报告中,习近平总书记提出"聚天下英才而用之"的战略思想,在全球化的背景之下,随着中国经济的发展和社会的进步,中国的大城市将吸引更多的他国高素质人才。高端人才的引进势必伴随着工作、家庭、社交等各方面的适应问题,基于在东京的中国女性白领的研究,对我国优化外籍人才发展环境、加强精英移民群体的向心力等课题有一定的借鉴价值。

再次,前任联合国秘书长潘基文曾说,"巨大的移民数字背后是具体的人的命运",国际移民牵动着每个人和每个家庭的命运,对在日中国女性白领社

---

① 沙森.全球城市:纽约、伦敦、东京(第二版)[M].周振华,译.上海:东方出版中心,2023.

会适应的研究,有助于我们了解海外新华人华侨的生存现状和适应的逻辑。通过"留学-工作"途径留在日本,并通过人力资本和社会资本的积累逐步完成社会适应的女性白领,最终找到了与日本社会共生的"镶嵌位置"。但许多人仍然对自己"何去何从"感到迷茫,也有人为错过祖国高速发展黄金期而感到遗憾和后悔。对在东京的中国女性白领的各个维度适应状态的真实表达,给国际移民研究提供实证参考,也希望能呼吁并促使人们理性地看待移民。

最后,对吸引海外人才回流政策的制定有一定的参考和借鉴意义。十八大以来,中共中央印发的《关于深化人才发展体制机制改革的意见》提出,要"构建科学规范、开放包容、运行高效的人才发展治理体系"。在中国加快构建具有国际竞争力的人才体系的背景之下,地方政府也相继出台了吸引海外人才归国发展的政策,如:高层次人才引进计划、海外高层次人才创新创业计划等。近年来我国出现了新一轮的人才回流现象,这也侧面反映我国用人机制、保障体系、生活条件等方面有了一定程度的改善。但是,如何吸引海外人才、留住人才、让回流的人才扎根国内不再流失,仍是当前需要考虑的重点问题。本书的研究对象(在东京的中国女性白领)具有国际教育背景且有多年跨国企业的海外工作经验,日本政府和企业为了吸引并留住此类海外人才,给予了优惠政策和社会支持。日本政府和企业的先进做法对我国如何吸引海外人才回流有一定的参考价值,为我国如何留住移民、完善相关社会政策提供了一手实证资料。

第二节 文献综述

一、移民社会适应研究

国际移民研究涵盖多个领域,各个学科为移民研究提供了不同的视角和方法。结合国际移民理论、根据移民的迁移进程可以将国际移民研究分成迁移前和迁移后两类:移民迁移前的研究主要以"新古典主义经济理论""劳动力市场分割理论""世界体系理论"等迁移动因论为基础,主要关注移民的决策过程,包括移民动机、移民选择、移民意愿、迁移类型等方面的研究。关于移民迁移后的研究主要以"同化论""多元论""区隔论"等社会适应理论为基础,主要集中于研究移民在迁入国的适应和融入情况、对当地的社会经济影响,包括移民的社会网络、移民的社会和文化的适应研究等。其中,关于国际移民的社会适应研究大多围绕着"移民与主流社会关系问题"而展开,主要集中于移民的社会适应的影响因素、适应阶段、适应模式的研究。

(一) 适应要因研究

关于移民适应要因的研究,大体可以分为个人层面及环境层面两方面。个人层面包括语言能力、移民目的、异文化理解能力等,例如：Chiswick 对在美犹太移民的研究中发现,移民的语言能力、相关劳动经验等人力资本与在迁入地的居住时间呈正比,获得经济成功的概率也更大。[1] 稻村对移民的个人特质这一影响因素进行了细化,发现移民的性格、健康、生活能力、兴趣爱好、信念、饮食习惯、语言、个人生活史、知识储备、性别和年龄等都会对移民的社会适应程度产生影响。[2] Brislin 在研究赴美工作的外国员工时,将适应新环境所需的个人特质划分为以下三个方面。一是心理原因：在赴任地的满足感、新环境的舒适感、是否在赴任期间有良好的经验等。二是相互作用的效率性：如和当地人构筑温暖关系的能力、怀以当地人的心情去感受事物等。三是工作的效率性：如目标达成能力、解决难题的能力等。[3] 环境层面包括生活变化(饮食、习俗、气候)、社会支持、社交网络、主流社会的接收态度等。例如：Massey 等学者对国际移民理论进行了回顾和评估,认为国际移民的迁移基于趋利性、选择性和阶段性 3 个基本准则,并强调了迁入地的劳动力市场和社会结构对移民社会适应、生活质量及工作机会的影响。[4] McLaren 发现迁

---

[1] Chiswick B R. The labor market status of American Jews: Patterns and determinants[M]// Sheskin I M, Dashefsky A. The American Jewish year book (vol. 85). New York: American Jewish Committee, 1985: 131-153.
[2] 稻村博. 日本人の海外不適応[M]. 東京: 日本放送出版協会, 1984: 203-209.
[3] Brislin R W. Cross-cultural encounters: Face-to-face interaction[M]. Boston: Allyn and Bacon, 1981.
[4] Massey D S, Arango J, Hugo G, et al. Theories of international migration: A review and appraisal[J]. Population and development review, 1993, 19(3): 431-466.

入地的社会文化以及教育制度等融合政策和制度等结构性因素对移民融入主流社会具有重要影响。[1] 周敏等学者在对迁入美国的第2代移民进行研究时发现,除公共政策外,迁入地的社会成员所表现出来的态度对迁移者融合的过程和模式也产生了极大的影响。[2] 此外,除了本地成员的态度,同胞提供的支持也不容忽视,有些研究发现同胞间"同质性"的交往拉大了移民与本地人之间的距离,也有研究认为,越是亲近本族越是帮助移民获得了心理上的相对满足。[3] Mary 认为移民融入美国社会是一个复杂渐进的过程,受到移民的个体特征、迁入地的社会特点、当地社会对移民的态度及国家政策等诸多因素的影响。[4] 个人特质和外部环境二者相互作用,例如:个体和本族文化的差异性会影响其是否愿意尝试通过外部资源来适应新环境,良好的社会支持也会为个体适应新环境提供安全感和鼓励,二者共同影响和塑造移民的社会适应。

(二) 适应阶段研究

伴随着第二次世界大战后旅居海外的美国人的迅速增加,学界关于社会适应程度和阶段的研究也愈发增多,尝试将适应过程看作一个整体并根据其表现出的特征将其进行细化。Lysgaand 首次提出了"U 形曲线适应模式",即个体在进入新环境后,多处于幸福感高及兴奋状态的曲线较高处,随着对环境的了解从最初的无所适从逐渐走向低谷,伴随着欲求不满、不安、愤怒等情绪的转变,又经历解决危机逐渐恢复并走向高点的适应过程。[5] 同一时期,人类学者 Oberg 提出了"文化冲击"(culture shock)的概念,即"因和日常生活所关联的所有的熟悉的记号和象征全部丢失而招来的不安",由

---

[1] McLaren L M. Anti-immigrant prejudice in Europe: Contact, threat perception, and preferences for the exclusion of migrants[J]. Social forces, 2003, 81(3): 909-936.

[2] Portes A, Zhou M. The new second generation: Segmented assimilation and its variants[J]. The annals of the American academy of political and social science, 1993, 530(1): 74-96.

[3] Wang B. Performing everyday cosmopolitanism? Uneven encounters with diversity among first generation new Chinese migrants in New Zealand[J]. Ethnicities, 2018, 18(5): 717-734.

[4] National Academies of Sciences, Engineering, and Medicine Committee on Population. The integration of immigrants into American society[M]. Washington DC: National Academies Press, 2016.

[5] Lysgaand S. Adjustment in a foreign society: Norwegian Fulbright grantees visiting the United States[J]. International social science bulletin, 1955(7): 45-51.

此不安而产生的心理状态被称为"文化冲击",并同样按照时间轴将迁移者接触新文化环境后的适应过程划分为四个阶段:孵化期(蜜月期)、移行期(危机期)、学习期(恢复期)和适应期(接受期)。① 随后 Gullahorn 在对留学生的异文化适应过程的研究时,提出了跨文化适应的"W 形曲线模式",在"U 形曲线适应模式"的基础之上,追加了(适应后的)再矛盾期、(归国前的)兴奋期、(归国后适应的)碰撞期三个阶段,对 Oberg 及 Lysgaand 的研究进行了补充和深化。② 与欧美学者的研究结果相似,20 世纪 80 年代日本学者在研究海外日本移民的社会适应时,提出了移居期、不满期、谛视期、适应期和望乡期的 5 个阶段。③ 可以看出,国际上关于适应阶段的研究主要是依据移民个体的经验和感受,按照"时间"这一维度展开的。不同阶段间并没有明确分界线,根据个体情况,不排除因为个人经历等的影响而跳过某个阶段或者调整顺序的情况。

(三) 适应结果研究

20 世纪 50 年代,Bennett 在研究驻美日本学者时,根据移民的身份意识程度、对新事物的好奇心以及社交能力将其生活适应形态概括为理想主义型(idealist)、适应型(adjuster)和收缩型(constrictor)三种类型。④ 20 世纪 80 年代,美国西海岸大都市接受了大量亚裔移民,Kim 在对旧金山等地的韩国移民的研究中提出了"黏着性适应"(Adhesive adaptation)和"非零和适应"(non zero sum model of assimilation)的概念,即在迁入国的生活场景里,移民有意并自觉地呈现出像胶带一样粘连的适应模式。移民者在外表现出积极的同调、同化的姿态,但对内依旧坚持韩国人自身的民族自豪感、传统文化等。研究发现,哪怕像医生那样社会地位很高的非白人移民,尽管在美国生活多年并享有较高的社会地位,高水平的英语表达能力帮助其在一定程度上适应了美国的文化,但仍存在着"族群意识"或者"异质性认识"的结构性限制问题,

---

① Oberg K. Culture shock: Adjustment to new cultural environments[J]. Practical anthropology, 1960, 7(4): 177-182.
② Gullahorn J T, Gullahorn J E. An extension of the U-curve hypothesis 1[J]. Journal of social issues, 2010, 19(3): 33-47.
③ 稲村博. 日本人の海外不適応[M]. 東京: 日本放送出版協会, 1984: 162-203.
④ Bennett J W, Passin H, McKnight R K. In search of identity: The Japanese overseas scholar in America and Japan[M]. Minneapolis: University of Minnesota Press, 1958.

影响了他们的适应形态。① 对于未成年移民的适应性研究,小林以(和父母同行至海外的)日本孩童为研究对象,根据适应时间的长短总结出速进型(适应期相对较短并迅速)、中进型(适应期3～6个月)、迟进型(适应期半年以上)、中间挫折型(有受挫经验)、无变动型(并没有出现不适)和未适应型(一直没有适应)几种类型。②

和国外大量关于跨境移民的研究相比,我国国内研究主要聚焦于国内流动人口,并大多从影响社会适应的要因维度切入研究移民的适应结果。田凯在研究流动人口适应城市生活的过程时,提出了包括生活适应、经济适应、心理或文化适应三个层面的理论模型,特别强调经济适应及职业带来的收入与社会地位是融入的基本条件。③ 风笑天从经济、心理、环境、生活四个维度测量了三峡农村移民在迁入地的社会融入状况,并认为日常生活领域的社会适应是适应的起点,此后是经济和心理认同。④ 杨黎源则从风俗习惯、婚姻关系、工友关系、邻里关系、困难户主、社区管理、定居选择及安全感八个方面来分析城市外来人口的社会融合。⑤ 张文宏等通过定量分析的方法,从文化融合、心理融合、身份融合和经济融合等方面对国内都市白领新移民的社会流动、社会融合等问题进行了探讨,探索了中国超大城市白领新移民的社会流动和社会融合的独特模式。⑥ 邓晓梅从社会结构和社会变迁的视角分析农村婚姻移民的迁移方式和社会适应。⑦ 杨菊华在研究中国成年"乡—城"流动人口时,参照经济整合、文化接纳、行为适应和身份认同四个方面的适应程度提出了隔离型、多元型、融入型、选择型和融合型五种流动人口的融入模式。⑧

---

① Hurh W M, Kim K C. Adhesive sociocultural adaptation of Korean immigrants in the US: An alternative strategy of minority adaptation[J]. International migration review, 1984, 18(2): 188-216.
② 小林哲也.海外帰国子女の適応[M]//現代のエスプリ161.東京:至文堂,1980: 83-101.
③ 田凯.关于农民工的城市适应性的调查分析与思考[J].社会科学研究,1995(5): 90-95.
④ 风笑天.落地生根:三峡农村移民的社会适应[M].武汉:华中科技大学出版社,2006.
⑤ 杨黎源.外来人群社会融合进程中的八大问题探讨——基于对宁波市1 053位居民社会调查的分析[J].宁波大学学报(人文科学版),2007,20(6): 65-70.
⑥ 张文宏,雷开春.城市白领新移民研究[M].北京:社会科学文献出版社,2017.
⑦ 邓晓梅.农村婚姻移民的社会适应与时代变迁[M].北京:光明日报出版社,2014.
⑧ 杨菊华.从隔离、选择融入到融合:流动人口社会融入问题的理论思考[J].人口研究,2009,33(1): 17-29.

通过上述研究可以看出,国内移民适应研究的研究对象多集中于进城务工人员、非自愿移民、婚姻移民等中下层移民或弱势群体移民,对国内精英移民的研究并不多见。

近年来,伴随着我国海外深造的学者队伍的扩大,华人华侨群体和类型的丰富,我国学者关于海外华人华侨社会适应的研究逐渐增多,大多研究集中于留学生、华二代(通常指出生或成长在海外的第一代华人移民的子女)、家庭移民等群体,主要考察移民后的社会关系、社会融入、族裔认同等社会现象。庄国土认为国家认同、华语的使用、华人的经济地位和中国的经济实力及人员交往关系影响了东南亚各国华人族群的认同走向,并认为虽然东南亚华人落地生根融合于当地,但在今后很长时间内仍会保持强弱不等的华人族群认同的意识。① 王炳钰聚焦新西兰的第 1.5 代移民的社会归属和文化身份认同问题,认为 1.5 代移民在适应当地社会的过程中,既保留了自身的文化和传统价值观,又逐渐接受并融入了新西兰的文化环境,成为"有根的世界公民"。② 李汉威对中国留学生在芬兰的社会融合情况进行分析,发现他们存在文化差异、语言障碍和就业困难等问题,从课程设计、健康医疗、住房保障等方面为芬兰政府如何留住全球人才特别是中国留学生提出了政策和策略上的建议。③

随着在华工作和学习的外国人增多,许多国内学者也开始关注在华外籍人员的社会适应和融合问题。刘伟研究在沪外籍就业人员时提出了"强势外来者"和"非同化适应"的概念,认为这种适应模式在社会空间、经济地位、生活方式、社会交往等多方面体现出来。④ 李树茁等在概述在华国际移民的特征和流动趋势的基础上,从不同类型、不同流入地阐释了移民群体的社会适应和融合的发展现状,并对我国国际移民治理提出了制度和政策上的建议。⑤

---

① 庄国土.略论东南亚华族的族群认同及其发展趋势[J].厦门大学学报(哲学社会科学版),2002(3):63-71.
② Wang B. Becoming a rooted cosmopolitan? The case study of 1.5 generation new Chinese migrants in New Zealand[J]. Journal of Chinese overseas,2018(14):244-267.
③ Li H. How to retain global talent? Economic and social integration of Chinese students in Finland[J]. Sustainability,2020,12(10):41-61.
④ 刘伟.在华外籍就业人员的社会适应[J].社会,2010,30(1):152-177.
⑤ 李树茁,薛琳,宋雨笑.新时代在华国际移民的融合、发展与治理[J].北京工业大学学报(社会科学版),2022,22(4):16-28.

朱力分别从国内流动群体和来自国外的技术移民和学习移民的群体性特征切入，从移民动机、居住时间、社会交往和管理制度四方面总结了中外不同移民在新移居地的社会适应的规律性和普遍性命题。[①] 何俊芳等对浙江省义乌市阿拉伯裔商人群体的社会融入类型进行了探讨，分别从经济、行为、文化、心理四个方面对其融入程度进行了展示，并将其融入结果分为隔离型、选择型和开放型三种类型，并从主观和客观两个维度对其形成原因进行了分析。[②]

总的来说，关于移民社会适应经验研究大体可以划分为两类：一类聚焦于迁入地，集中于迁入地移民政策和法律的制定和实施、社会福利和社会保障、移民对迁入地经济和社会结构影响几个方面；另一类则聚焦于移民主体，着眼于当地文化对移民的生活产生了怎样的影响，个体如何构筑自己的内心世界，并探究这种表现所形成的社会学路径。本书的研究内容属于后者范畴。

二、移民社会性别研究

（一）国外相关研究

早期国际移民浪潮中，女性移民多作为男性移民的抚养者或妻子或母亲的身份移居他国，女性的迁移或者反映了男性迁移的模式，或者只是被动的追随者，对于她们经济贡献度和在移居过程中所发挥的作用鲜被提及。[③] 20世纪80年代起，女性移民出现了从以男性为主体的从属移民（association migration）转变为独立移民（autonomous migration）的现象。越来越多的女性移民不再从属于男性亲属而是独立迁移，并成为主要收入来源者。伴随着学者们对女性在迁移过程中作为"依附者"的表征提出质疑，关于国际移民的社会性别研究在欧美受到瞩目。此后，国际上关于女性移民的研究热情略有高涨，但大多围绕着女性移民的个人属性和迁入国的适应差异展开。对此，Morokvasic提醒众人"过境的鸟儿也是女性（birds of passage are also women）"，应对移民和移居过程的关系进行结构性分析，并从性别、阶级及人种的关系来

---

① 朱力.中外移民社会适应的差异性与共同性[J].南京社会科学,2010(10)：87-93.
② 何俊芳,石欣博.义乌阿拉伯商人的社会融入探究[J].西北民族研究,2020(3)：128-143.
③ Morokvasic M. Woman in migration: beyond the reductionist outlook[M]. New York: Routledge, 1983：13-32.

具体阐释女性移民的具体过程。[1] 围绕构造性的分析课题，Glenn 以在白人家庭从事家务劳动的墨西哥系女性、中国系女性、日系女性、黑人女性为研究对象，对其提供的有偿劳动和她们在族群社区内所提供的作为妻子和母亲的再生产价值进行对比，揭示了阶级、人种、性别的相互作用。[2]

资本主义发展不平衡导致了不平等的发展模式，造成了核心、半边陲和边陲的国际分工关系。Sassen 指出，伴随着跨国公司经济活动的扩张及发展中国家本地劳动力市场的传统工作结构的破坏，发展中国家的年轻女性成为先进国家的潜在移民预备队伍。[3] 这一时期涌现出大量针对护理等服务行业的女性劳工的研究。例如：Hondagneu 在移民的社会网络研究中加入了社会性别的视角，聚焦于在美国的墨西哥非正规移民社区，对移民法案（针对两国间季节劳动者的移动）改正后的女性移民的作用，以及性别关系发生了怎样的变化和重组进行了描述。[4] Ehrenreich 等学者对渡美女性劳动者进行访谈，指出伴随着发达国家女性就业率的上升，在育儿和养老等方面出现了"介护赤字"，同时伴随着经济全球化背景下发展中国家的产业构造的转换，促使发展中国家的女性以护理工作者的身份流入发达国家。[5] 从上述研究中可以得到这样一个"女性移民的困境"：一方面女性移民正是为了从传统的妻子和母亲的母职中解放和逃避才选择了移民，而另一方面女性移民却在发达国家替代当地女性承担了近代家族中的育儿、养老等职责。可以看到，移民动机和实际的工作错位导致了女性移民在当地社会经历了各种纠葛和内心挣扎。

国际上关于移民领域的社会性别研究，开始于移民类型中的性别分析视角，如今作为重要的影响因素之一，社会性别对移居过程、性别不平等下的地位重组等所产生的影响成为研究的主流。此外，近年来关于移民女性的职业

---

[1] Morokvasic M. Birds of passage are also women[J]. International migration review, 1984, 18(4): 886-907.
[2] Glenn E N. From servitude to service work: Historical continuities in the racial division of paid reproductive labor[J]. Signs: Journal of women in culture and society, 1992, 18(1): 1-43.
[3] Sassen S. The mobility of labor and capital: A study in international investment and labor flow[M]. Cambridge: Cambridge University Press, 1990.
[4] Hondagneu-Sotelo P. Overcoming patriarchal constraints: The reconstruction of gender relations among Mexican immigrant women and men[J]. Gender and society, 1992, 6(3): 393-415.
[5] Ehrenreich B, Hochschild A R. Global woman: Nannies, maids, and sex workers in the new economy[M]. New York: Metropolitan Books, 2003.

地位的研究,[①]医生等从事高度专门职业移民女性的研究,[②]性别对族群经济发展影响的研究[③]等,这些基于社会性别视角的移民研究,对女性移民的社会整合和社会适应等都提供了有效的研究手法和参考。

(二) 国内相关研究

我国学者关于国际移民的性别研究,多集中东南亚、美国、加拿大、欧洲的华人女性,近年来的研究主要集中于海外留学生、劳工迁移、婚姻移民等群体。改革开放以来,中国女性的跨国迁移活动日益活跃,并呈现出移民目的地全球化、移民结构多元化、移民方式多样化的特征。[④] 蓝佩嘉聚焦中国台湾、菲律宾、印尼三地之间的连接,以中国台湾雇主与东南亚帮佣为研究对象,从迁移与社会角色的角度对来台湾从事家务劳动的东南亚女性帮佣及台湾雇主的互动关系进行了研究。[⑤] 夏晓鹃从资本国际化的视角,解释了从东南亚到中国台湾的外籍新娘这种商品化的婚姻移民现象,同时从官方、跨国婚姻的当事人、大众媒体的角度分析了不同社会位置所形成的事实建构,强调对跨国新娘的研究必须放在更大的资本主义世界体系脉络中。改革开放后,我国海外女留学生的人数和性别比例均呈现上升趋势。孟霞等以在美国某高校女留学生为研究对象,对女留学生在美留学期间跨文化适应和获取社会支持的情况进行了研究,研究发现语言适应水平、身份认同与社会参与程度、闲暇时间等因素有关,并提出了相应的改进措施。[⑥] 黄雅兰对美国 24 名持家属签证移民的华人女性的深度访谈发现,女性家属移民在工作等公共生活中的角色被削弱,作为妻子和母亲的传统女性家庭角色被强化,在迁入地

[①] Parella S, Petroff A, Solé C. The upward occupational mobility of immigrant women in Spain[J]. Journal of ethnic and migration studies, 2013, 39(9): 1365-1382.

[②] Oikelome F, Healy G. Gender, migration and place of qualification of doctors in the UK: Perceptions of inequality, morale and career aspiration[J]. Journal of ethnic and migration studies, 2013, 39(4): 557-577.

[③] Light I. Women's economic niches and earnings inferiority: The view from the ethnic economy[J]. Journal of ethnic and migration studies, 2007, 33(4): 541-557.

[④] 施雪琴.全球化视野下的女性跨国流动——以 1978 年以来中国女性迁移东南亚为中心[J]. 南洋问题研究, 2009(1): 51-59.

[⑤] 蓝佩嘉.跨国灰姑娘:当东南亚帮佣遇上台湾新富家庭[M].长春:吉林出版集团有限责任公司, 2011.

[⑥] 孟霞,美合日姑丽·阿不都外力.女留学生跨文化生活适应研究——基于对中国在美国留学生的调研[J].新疆社会科学(汉文版),2017(6):174-178.

面临"再女性化"困境。①

除上述针对研究对象的细化研究，我国学者不乏对国际移民女性现状、特征、趋势等的整体研究。李明欢对女性移民在国际迁移中的地位、作用和影响进行了系统的概括，为了解国际女性移民发展趋势及研究趋势提供了重要的参考经验。② 李芳田、王慧婷分析了国际女性移民的类型及动因并将当今国际女性移民的类型概括为以下 6 种：合法家庭团聚类女性移民、独立女性移民、非法或无合法证件的女性移民、女性难民及寻求庇护者与邮购新娘，并同时指出在地位方面，出现了国际女性移民在接收国乃至整个国际社会不断被边缘化等问题。③ 李其荣指出女性移民的动机不仅是婚姻和家庭关系所致，而是多种因素合力作用的结果，移民研究中应充分考虑社会性别因素，加强国际社会合作，赋予其应有的权利。④ 李元提出国际女性移民显示出内在的新特征：除"老龄化"和"贫困化"等问题之外，在当代西方女性主义运动背景下，国际女性移民的知识分子趋势增强、"知产阶级"（cognitariat）特点崭露，成为全球化背景下新阶级的代名词。⑤

和国外关于国际移民的性别研究相比，我国国内研究相对薄弱，且多为国际研究评述或对女性移民的身份建构、移民动因、对输出地和输入地的影响等整体概括，缺少从社会性别视角对女性移居行为和决策影响的研究。

三、在日华人华侨研究

日本学者对在日华侨华人研究饶有兴致且颇有成果。根据日本亚洲经济研究所编著的《华侨华人关系文献目录》，⑥自 1914 年至 1995 年，在日本已出版、发行的有关华侨华人研究的书籍、调查报告多达 429 种，发表在各类刊

---

① 黄雅兰."金色牢笼"：美国华人高技能家属移民的"再女性化"困境[J].华侨华人历史研究，2021(1)：72-84.
② 李明欢.女性在国际人口迁移中的地位、作用与影响——《通向希望之路：妇女与国际移民》评介[J].国外社会科学，2007(4)：79-83.
③ 李芳田，王慧婷.全球化时代的国际女性移民治理[J].南开学报（哲学社会科学版），2018(1)：134-140.
④ 李其荣.全球化视野中的国际女性移民[J].社会科学，2008(9)：50-60,188.
⑤ 李元.全球化视野下的国际移民女性化趋势研究[J].当代世界与社会主义，2012(5)：112-116.
⑥ 福崎久一.華人・華僑関係文献目録[M].東京：アジア経済研究所，1996.

物的论文多达 1 931 篇。按照研究内容，笔者将日本国内对在日华侨华人的研究概括为以下四类：一是以"长崎华商泰益号"为中心的对华商及其贸易网络的研究；二是以各个华人聚集地为研究范围、对华人华侨史及其跨境社会空间的形成进行的研究，如长崎华侨、关西华侨、横滨华侨、对东京周边住宅区的华人群体的研究；三是对新华侨、二代三代移民现状及社会融合的研究；四是对某一群体，如日本遗孤、在日留学生的研究。① 伴随着在日华人的日益增多，日本朝日新闻曾对在日华人进行持续一年半的取材报道，网罗了留学生、研修生、技术移民、二代移民、跨国婚姻的中国女性等在日华人的不同群体，是日本主流媒体首次以"在日华人"这一概念对其生活样态做出的系列报道。野村对200多名在日中国人进行跟踪采访，分别以中国演员、教授、作家、留学生、中国新娘、中文学校、池袋中华街为专题对新华侨的生活情况及对日本的态度进行了总结，其中不乏对中国女演员、新娘、卡拉OK老板娘、幼儿园园长等中国女性生命故事的描述。②

中国学者对在日华侨华人的研究也颇为丰富。《在日中国人大全》一书收录了千万名活跃在日本各界的新老华侨华人的采访数据，首次全面展示了在日华侨华人的现状。③ 郭梁、李国梁评价了20世纪日本学者及旅日学者对华侨华人的研究状况，重点评述了战后以来日本对华侨华人经济、社会研究的主要成果。④⑤ 朱慧玲将当代在日本的新老华侨华人作为研究对象，运用史学和社会学方面的理论，将新华人华侨和老华人华侨进行综合比较，着眼于日本新老华侨、华人政治认同和文化认同华人化的进程，通过对不同"个体"和"群体"的探讨，勾勒出当代日本华人社会整体的发展变化的历史轨迹，并

---

① 华人华侨研究的代表学者：华商及其贸易网络的研究（市川信爱、和田正广等）、长崎华侨（中村质、宫田安等）、关西华侨（中村哲夫、安井三吉、神户华侨华人研究会等）、横滨华侨（菅原幸助、山下清海等）、东京周边华侨（田嶋淳子、山下清海）、新华侨、二代三代移民现状研究（坂中英德、山下清海、广田寿子、古川猛、石川朝子等）、日本遗孤（依光正哲）、在日留学生（冈益巳、阴山雅博等）。
② 野村進.島国チャイニーズ[M].东京：講談社，2011.
③ 段跃中.负笈东瀛写春秋[M].上海：上海教育出版社，1998.
④ 郭梁，李国梁.近代以来日本的华侨、华人研究（1914—1996年）[J].华侨华人历史研究，1997（2）：59-67.
⑤ 郭梁.日本近年华侨华人研究评述（1997—2004年）[J].华侨华人历史研究，2004（4）：47-54.

借此探讨了当代日本华人社会的总体发展趋势。① 王津聚焦在日华人IT群体,对其赴日及定居途径、未来的职业发展等进行了描述。②③ 谭璐美、刘杰以老华侨和新华侨的身份,对战前战后华侨的身份和地位的变迁,日本三大中华街、华侨组织、团体等华侨社会的变化进行了剖析与对话。④ 邵春芬讨论了在日中国留学生的华侨华人化现象。⑤ 刘双以1978年以后的赴日留学的华人群体为主要研究对象,对赴日留学政策、全球化框架下的求学经历以及毕业后的在日生活经历进行了梳理,记述了他们的留学经历及毕业后的经济社会活动。⑥ 鞠玉华对在日第一代、第二代华人华侨的同化现象进行了问卷分析,发现和第二代相比第一代民族意识和乡土观念强,母语和对传统文化的保持对延缓在日华人华侨的同化进程产生了至关重要的作用。⑦

在上述研究中,在日华人女性虽然未作为独立的研究对象有详尽的研究,但是作为华人华侨群体的一员,在章节片段中可以捕捉对其部分描述,特别是近年来伴随着在日二代、三代华人的成长,在历史学、教育学、心理学及社会学的研究中提及在日华人女性的研究显著增多。随着在日外国女性人数的增加,赴日途径的多样化,⑧20世纪80年代以来,日本学者和中国学者对

---

① 朱慧玲.日本華僑華人社会の変遷[M].高橋庸子,译.東京:日本僑報社,2003.
② 王津.「バーチャル・マイグレーション」と在日中国人IT技術者[J].中国研究月報,2003,57(3):43-47.
③ 王津.日本の外国人高度人材導入政策と在日中国人:中国人IT技術者に対する実態調査を中心に[M]//田島淳子.中国系移住者からみた日本社会の諸問題.東京:社会安全財団,2005:67-138.
④ 譚璐美,劉傑.新華僑 老華僑:変容する日本の中国人社会[M].東京:文芸春秋,2008.
⑤ 邵春芬.日本的中国海外移民的新发展[M]//王辉耀,刘国福.中国国际移民报告(2014).北京:社会科学文献出版社,2014:189-206.
⑥ 刘双.从打工者到跨国人才:当代中国人赴日留学30年[M].广州:暨南大学出版社,2016.
⑦ 鞠玉华.近代日本华侨华人的同化现象论析[J].云南民族大学学报(哲学社会科学版),2003,20(5):63-66.
⑧ 二战后,日本经济高速发展,世界经济发展不平衡,越来越多的年轻的亚洲女性前往日本寻找工作机会,20世纪80年代初的日本社会将这一时期来日本工作的亚洲女性称作"日本行女"(ジャパゆきさん)。明治时期,居住在日本九州地区的贫困女子曾被送往经济繁荣的东南亚沿海城市从事风俗行业,她们将得到的钱寄回老家补贴家用,人称"唐行女"(からゆきさん),"唐"指东亚、东南亚等外国,"行"是"前往"的意思。从这一称呼也可以看出,当时大多数的外国女性从事的是风俗行业。研究东南亚女性劳工的学者蓝佩嘉在其书中也曾提到,20世纪90年代赴日的菲律宾年轻女性的唯一工作范畴是"娱乐员",她们在酒店与酒吧中表演歌舞及担任女侍。(蓝佩嘉.跨国灰姑娘:当东南亚帮佣遇上台湾新富家庭[M].长春:吉林出版集团有限责任公司,2011.)

在日中国女性的研究愈来愈丰富。刘兴花采用性别视角,对赴日已婚女性劳工进行研究,探究已婚女性赴日打工的原因及这一家庭策略产生的逻辑。[①] 赛汉卓娜聚焦于"中国新娘",对日本农村、城市近郊的中日跨国婚姻家庭进行采访调查,对中国新娘的生命故事和生存策略进行了阐述。[②]

可以看出,在日中国女性的研究仍聚焦于传统的移民类型和弱势移民群体,如打工者、婚姻移民等,对在日中国女性白领的研究多关注其经济层面及生活状态的整体描述,较为零散且一笔带过,缺乏系统性的研究。

四、白领研究

近年来国内外关于白领的研究越来越多,研究维度与内容也越来越丰富。自20世纪60年代以来,在美国和其他先后进入工业社会或转向后工业社会的国家和地区,新中产阶级数量不断增长。米尔斯运用马克思异化理论和韦伯的科层制理论,探究了美国阶级关系的改变,为今后各国研究白领与中产阶级奠定了理论基础并提供了独特的视角。书中提到构成美国白领阶层中最大的三个职业群体分别是学校教师、商店内外部的推销人员和各式各样的办公人员,三者形成了美国白领人群的主体。[③][④] 傅高义以20世纪50—60年代在日本东京M町的田野调查为基础,从学校、家庭、社区、工作等多重生活空间刻画并剖析了日本20世纪60年代中产阶级(工薪族)的生活方式,成为研究日本中产阶级的经验样本。[⑤]

20世纪90年代后期,我国社会学家把西方社会学中的"现代中产阶级"及"新中产的概念"引入国内,将中产阶级或中间阶级概括为"生活水平、财产地位处于中等层次的社会群体",并认同中产阶级的主要成员是"由白领层组成的,是管理者、技术人员、办公室人员等脑力劳动者"。[⑥][⑦] 李培林使用"中等

---

① 刘兴花.性别视角下已婚女性赴日打工家庭策略研究[J].青年研究,2015(6):82-90,93.
② 赛漢卓娜.国際移動時代の国際結婚——日本の農村に稼いだ中国人女性[M].東京:勁草書房,2011.
③ 米尔斯.白领:美国的中产阶级[M].周晓虹,译.南京:南京大学出版社,2016.
④ 至20世纪50年代,白领工人在中等收入群体中的比例超过老中产阶级,白领职业覆盖了美国中产阶级总体的一半以上。
⑤ 傅高义.日本新中产阶级[M].周晓虹,周海燕,吕斌,译.上海:上海译文出版社,2017.
⑥ 李强.关于中产阶级和中间阶层[J].中国人民大学学报,2001,15(2):17-20.
⑦ 李强.中国中等收入阶层的构成[J].湖南师范大学社会科学学报,2003,32(4):7-9.

收入群体"来表述"middle class",并指出在国际比较和分析全球中等收入群体的发展趋势时,绝对标准被普遍使用,而相对标准则被用于国内收入分配结构的分析和社会政策的制定之中,并总结出"学术界更普遍使用的中等收入群体相对标准,是以收入分布的中位值或平均收入为基线,下限设定为50%至75%之间的一个点,上限设定为1.5倍至2.5倍之间的一个点"。[①] 张海东以翔实的调查数据为基础对中国国内新社会阶层进行了实证研究,围绕经济状况、工作与社会保障、主观认同、生活品位与休闲方式、社会交往与互动、社会参与、社会态度与价值观念等问题,从主观和客观两个维度对新社会阶层的群体特征进行了全面的分析。[②]

通过对文献的整理,参照白领的研究视角,笔者将国内针对白领群体的研究大体分为三类。一是阶级划分的视角(class positioning),即对中产阶级和中等收入人群的划分标准的研究(周晓虹[③]、吕大乐[④]、李培林[⑤][⑥][⑦]、刘欣[⑧]、李春玲[⑨]等)。二是行为视角,即对阶级形成(class becoming)(李春玲[⑩])与身份建构(林晓兰[⑪])、社会融入(张文宏等[⑫])的研究,其中也包括对白领的生活方式、消费理念和特征等的研究(李庆真[⑬]、夏建中等[⑭]、朱雨可等[⑮])。三是政

---

① 李培林.关于中等收入群体的界定,国际上还没有统一标准——怎样界定中等收入群体更准确[N].北京日报,2017-7-17(14).
② 张海东.中国新社会阶层:基于北京、上海和广州的实证分析[M].北京:社会科学文献出版社,2017.
③ 周晓虹.中产阶级:何以可能与何以可为?[J].江苏社会科学,2002(6):37-46.
④ 吕大乐.香港中产阶级[J].开放时代,2004(2):130-135.
⑤ 李培林,张翼.中国中产阶级的规模、认同和社会态度[J].社会,2008,28(2):1-19.
⑥ 上海研究院社会调查和数据中心课题组,李培林,朱迪.扩大中等收入群体,促进消费拉动经济——上海中等收入群体研究报告[J].江苏社会科学,2016(5):77-88.
⑦ 李培林.关于中等收入群体的界定,国际上还没有统一标准——怎样界定中等收入群体更准确[N].北京日报,2017-7-17(14).
⑧ 刘欣.中国城市的阶层结构与中产阶层的定位[J].社会学研究,2007,22(6):1-14.
⑨ 李春玲.中国特色的中等收入群体概念界定——绝对标准模式与相对标准模式之比较[J].河北学刊,2017,37(2):154-162.
⑩ 李春玲."中产化":中国社会阶层结构变化新趋势[J].人民论坛,2017(22):79.
⑪ 林晓兰.都市女性白领的身份建构——一个社会学的分析框架[J].华东理工大学学报:社会科学版,2011,26(6):23-30.
⑫ 张文宏,雷开春.城市新移民社会融合的结构、现状与影响因素分析[J].社会学研究,2008(5):117-141,244-245.
⑬ 李庆真.从"月光族"到"年清族"——都市白领阶层消费理念分析[J].青年研究,2005(11):24-28.
⑭ 夏建中,姚志杰.白领群体生活方式的一项实证研究[J].江苏社会科学,2005(1):139-144.
⑮ 朱雨可,邹红.中国社会流动中的新中间阶层消费需求变迁[J].消费经济,2008,24(2):34-37.

治认同与公共政策视角,即对白领的政治态度与政治功能(对社会公信力的影响等)的研究(贺琳凯[①]、孙龙[②]、丛玉飞[③]等)。上述研究视角及对白领发展趋势的总结都对笔者研究在日中国女性白领有指导和借鉴作用。

五、文献评述

国内外对"海外华侨华人"及"女性白领"展开的大量的理论及经验研究,为笔者深入研究"东京的中国女性白领"这一群体提供了非常丰富的理论资料。社会适应的研究也颇为丰富,文化人类学、社会心理学等交叉学科的研究为本研究的思考框架及进一步的实践研究提供了多维的研究视角。除上述成果之外,笔者认为目前现有研究还有一些不足之处。

首先,在研究对象上来看,女性白领与其他移民群体有着显著的区别,但她们的独特性在移民文献中并没有得到实质性讨论。与前文国际女性移民与华人女性移民研究的"累累硕果"相比,关于在日中国女性的研究多散见于论文、媒体报道,或者收录于"日本华侨华人研究"的著作里,鲜有专门针对在日中国女性或者华侨女性的研究,特别是对在日中国女性白领的研究基本缺失。部分关于留学生的毕业选择的研究中对白领的生活经历有所提及,但是社会适应是个动态的变化过程,需要长期的观察和研究,受留学生的大量涌入(2005年前后)及外国人高度人才制度的确立(2012年)时间线的限制,对由"留学-工作"途径旅日的中国女性白领进行长期跟踪的深入学术研究并不多。

其次,既有关于社会适应模式的研究人多从融合状态的角度切入,较为忽略了移民和主流社会的互动视角。适应是个人的再社会化过程,在日中国女性白领对待社会适应的态度及自我决策不是一成不变的,具有多重性和多变性的特点。受到内在的主观因素和外在的社会结构的影响,白领移民的社会适应是在自我认知和与日本社会互动的过程中逐渐形成、巩固、维持并进行主

[①] 贺琳凯.当代中国中间阶层的政治特征与政治功能研究[J].云南行政学院学报,2006,8(2):64-67.
[②] 孙龙.当前城市中产阶层的政治态度——基于北京业主群体的调查与分析[J].江苏行政学院学报,2010(6):94-100.
[③] 丛玉飞.白领新移民身份疏离与社会信心差异化——以上海市为例[J].中国青年研究,2014(1):67-73.

动或被动的自我修正、找到自身平衡的动态过程。《世界移民报告2018》[1]提出"要从移民的角度理解迁徙之路",现有研究大多以主流社会的适应形态为主题,很少关注移民自身对待移民行为的认知、情感和实践的变化,有必要对社会适应的程度和模式进行动态化的探究,还有进一步拓展和深化的空间。

再次,从社会性别的维度对国际女性移民的适应状态的研究较少。长久以来,移民的象征人物是男性,女性被视为受扶养人,大多数关于女性移民的研究多依存于"跟随男性移民作为扶养家族"的假说,她们的工作是无形的,不被承认为工作。和男性移民相比,除了移民的身份,女性移民同时受到"女性"这一社会性别的深刻影响,"双重劣势(the double disadvantages of being foreign born and being female)"[2]令其适应过程更加复杂和艰难。在异文化适应和性差(性别差异)的关系中,性别经常被人们看作是最自然不过的变数而未被视为问题,但这并不意味着性别这个变数不重要。[3] 在文化维度理论中,男性主义程度(masculinity)被视为社会文化对社会成员影响的维度之一,在学者Hofstede研究对象的40个国家中,日本位于"最男性化的国家"之首。[4] 在男性化的社会中,男性独断、强势、追求事业成功,女性则谦逊、温和、重视生活品质。女性白领的性别特征明显,性别差距在日本社会显著存在,[5]有必要从移民研究的社会性别研究这一子研究领域着手,进行社会适应和社会性别的交错研究。

最后,从研究方法来看,我国国内关于海外华人的文献研究居多,实证研究相对较少。针对当前中国的海外华人华侨研究状况,杜荣佳教授指出:"对国内年轻的学者来说,最大的缺点是他们缺乏海外生活的经历,对海外社会了解不足,大多从书本和访谈上来谈,没有田野材料,所以他们的研究比较片面。"[6]对华

---

[1] International Organization for Migration. World Migration Report 2018[R]. Geneva:IOM,2017.
[2] Boyd M. At a disadvantage:The occupational attainments of foreign born women in Canada[J]. International migration review,1984,18(4):1091-1119.
[3] 上野千鹤子.近代家庭的形成和终结[M].吴咏梅,译.北京:商务印书馆,2005:279.
[4] Hofstede G. Culture's consequences:International differences in work-related values[M]. London:SAGE,1984.
[5] World Economic Forum. Global gender gap report 2021[M/OL].(2021-03-30)[2024-09-16]. https://www.weforum.org/publications/ab6795a1-960c-42b2-b3d5-587eccda6023/in-full/gggr2-benchmarking-gender-gaps-findings-from-the-global-gender-gap-index-2021/
[6] 杜荣佳.华侨华人不仅是国史也是世界史的一部分[N].人民日报(海外版),2016-9-12.

人女性白领的研究,田野调查的确切开始时间虽然是在拟定研究对象之后,但实际上鉴于笔者的留学和工作经验,可以说从笔者落地日本就已经开始了素材的积累,同时,笔者长期生活在日本、"扎根"于田野,对女性白领长期的持续性的研究为华人华侨研究提供了实证研究经验。

第三节 研究设计

一、研究地点与个案描述

(一)研究地点的确定

日本首都东京都,总人口约为 1 399 万人,东京都生产总值为 115 兆亿日元,公司据点数量为 62 万处,从业人员有 810 万人,女性从业者比率占 45%,完全失业率为 3%,是国际金融城市与跨国公司总部的聚集点。[①] 据东京都外国人人口统计数据[②],至 2022 年 10 月,约有 57 万外国人生活在东京,外国人人口比率高达 4%,其中,中国人约占外国人数量的 40%,位居第一,并大多集中居住于江户川区、新宿区、江东区、板桥区。[③] 据日本学生支援机构的数据,日本关东地区接纳的留学生人数最多,高达 51%。[④] 鉴于留学时期大学所在城市、薪资待遇和发展机遇等原因,许多留学生毕业后活跃在日本首都圈。东京吸引了世界各地的外国人,他们学习、工作、生活在东京,在日本政经文化中心工作的中国女性白领的生活样态具有典型性和代表性。

此外,现实条件的实现是田野调查顺利进行的前提。笔者在东京学习生活工作 10 余年,考虑到多年积累的社会关系、对当地风土人情的理解、受访者

---

① 東京都産業労働局.東京の産業と雇用就業 2022[R].2022.
② 在日本的中国人主要集中在东京、名古屋、大阪三大都市经济圈,其中半数以上集中在首都圈。以东京为中心的首都圈被称为关东地区,分为南关东和北关东。南关东包括东京都、神奈川县、千叶县和埼玉县;北关东包括茨城县、枥木县、群马县。
③ 東京都政府人口統計課.東京都の統計外国人人口(令和 4 年)[R].2022.
④ 日本学生支援機構.令和 3 年度外国人留学生在籍状況調査結果[R].東京:JASSO,2022.

深入采访的配合及便利性等原因，最终决定将调查点选在首都东京都。以东京塔为地标象征的港区，位于东京都东南部，紧邻东京湾，是一个聚集着诸多外国大使馆、国际气氛浓厚的地区，与东京都其他区相比，港区更加商业化和国际化，也是日本各大企业的总部及外资企业聚集最多的地区，被视为日本的经济中心。位于东京都港区的 N 企业的女性白领是本次调查研究的起点，N 企业是一家具有百年历史的传统大型日企，从学历、收入、企业背景等来看，在其工作的 5 位中国女性员工符合所要研究的"女性白领"的条件，通过她们笔者结识了更多通过"留学-工作"途径在日本奋斗的中国女性，也由此开启了本研究的田野调查之旅。

（二）个案描述

选择个案可遵循集中性标准，即所选个案集中了某个类别现象的主要特征和属性。[①] 参考本研究对"女性白领的概念界定"，按照理论饱和（theoretical saturation）的准则，通过滚雪球的抽样方式最终选择了 38 位在东京工作的中国女性白领。[②][③] 38 位受访者均毕业于日本公立和私立名校，年

[①] 王宁. 代表性还是典型性？——个案的属性与个案研究方法的逻辑基地[J]. 社会学研究，2002（5）：123-125.

[②] 笔者实际接触的符合条件的女性白领多于 38 人，参照"最大差异的信息饱和法"，最终收集到 38 人信息是笔者与受访者共同构建出来的结果，从笔者的研究目标和受访者的信息传达来看，已经达到了最大差异的信息饱和。关于本研究的主题和目的，对 38 名参与者的定性分析已经达到了信息饱和。其原因如下：
（1）从研究者的角度来看，笔者用传记式的叙事访谈来关注每个人的生活故事，用参与者的观察来了解女性白领在日常生活中的自我表现的整体情况，然后用焦点小组访谈来补充她们对共同话题的态度。通过尝试纳入所有与研究主题相关的潜在信息，相对达到了"最大方差信息饱和度"，获得的信息足以反映信息的整体定性，也足以分析研究目标。
（2）在样本获取方面，笔者根据信息的丰富程度来"选择"合适的对象。笔者采用"滚雪球"的方式寻找参与者，将每个参与者设定为一个推荐人，以实现更多样化的样本。
（3）具体来说，样本分析是与调查同时进行的。在实地调查开始时，笔者不知道要采访多少人。不过，笔者明确了研究主题是在日本的中国女性白领的社会适应表现和影响因素。因此，笔者首先对第一位女性白领进行了 2～3 小时的传记式访谈。她告诉笔者她的移民故事，并提到虽然她想回到中国，但目前阶段不太适合。然后笔者提出了一个假设，即女性白领的迁移和适应受到母亲身份的影响。然后，笔者继续寻找已婚和生育的女性来检验笔者的假设，笔者通过询问未婚的单身女性和尚未生育的已婚女性如何看待日本的生活来扩展这一假设。通过这种方式，我们探讨了母亲身份如何影响她们的社会适应。其他因素的情况也是如此。当我们不能再从新的受访者那里获得新的信息时，我们就达到了"信息饱和"。因此，"生活故事"的传记式叙事访谈模式决定了从每个人那里得到的发现是不同的，"信息饱和"取决于她们的故事，每一个额外的发现都决定了要寻找的下一个受访者和要问的问题。

[③] 参照附录 1《受访对象基本情况列表》。

龄在25~44岁之间,在日本学习生活5年以上,具有长期定居女性移民的特质。其中,已婚28位,离婚2位,恋爱中5位,单身3位,除了2对夫妻来自同一城市外,其余的伴侣双方均来自不同城市或国家。2021年日本人均年收入为423万日元(约为22万元人民币),[①]家庭年均收入为564万日元(约为29万元人民币)。[②] 本书受访者的年收入在450万日元以上,家庭年收入介于1 000万~2 500万日元之间,个人及家庭年收入均位于日本中产阶级水平。受访者均以"留学-工作"的途径留在了日本,为日本大型企业的正社员且担任"综合职"[③]的岗位。工作岗位涉及销售、人事、工程师、会计、市场、企划、采购、物流等,多数属于基层管理人员,拥有稳定的工作和良好的社会保障。

从受访者的来源地来看,并没有太大的规律性。她们来自中国多个省市,以东北、江浙沪等地居多,但也不乏北京、天津、山东、河北等地的移民,这也与日本入管局统计近年来关于在日中国人的来源地调查相符。访谈者中,2008年以后赴日人数所占比例最大,这与日本的"30万人留学生计划"的颁布时期相吻合。从签证类型来看,以高度人才签证和永住签证为主。在配偶为日本人的10名女性(包括1名已离异的女性)中,只有4名归化为日籍,其余6名仍保留中国国籍。

此外,女性白领在日本社会中并非孤立存在,除了女性白领之外,笔者还采访了在日企中有外国人招聘经验的日本人HR、曾有中国人下属的日本人部长等,可以了解日企中外国人雇员的适应状况、整体评价。在可以入户的深度访谈时,笔者有机会接触到了部分白领的丈夫、孩子和父母,得知了她们家庭内部成员对迁移方向和移民生活的态度,从而对她们的生活进行了立体多面的补充理解。

二、田野调查过程

在确定"在日中国女性白领"这一研究对象之后,笔者对于具体去研究什么、该怎么研究起初并没有一个明确的思路。曾经的在日女性白领身份让笔

---

① 日本国税庁長官官房企画課.令和3年分民間給与実態統計調査[R].2022.
② 日本厚生労働省.2021年国民生活基礎調査の概況[R].2022.
③ 关于"综合职"和"一般职"的岗位介绍和男女比例数据,参照第四章的第二节。

者对被研究对象的日常生活结构有一定了解,受到社会学家蓝佩嘉《跨国灰姑娘:当东南亚帮佣遇上台湾新富家庭》①一书启发,笔者选择将"倾听女性的生命历程"作为田野调查的切入点。笔者在规划田野调查初期内心充满了热情和好奇,但在马上着手进行调查时,又萌发出许多的担忧和不安。有几位受访对象是在日本多年的好友,过分熟悉的关系会不会有先入为主的观念?自己已在日本生活多年,能否摆脱内心对日本社会的刻板印象?作为曾经的一名女性白领,会不会掉入惯性思维而忽视本应注意的细节?在这个极其注重个人隐私的日本社会生活工作多年的白领是否愿意向他人吐露真实的自己?如何充分发挥社会学的想象力去挖掘她们言行背后的逻辑?……社会心理学中"约哈里窗户"(Jokari Window)理论将人的内心世界分为四个区域:自己知道且别人也知道的开放区、自己知道但别人不知道的隐秘区、自己不知道但别人知道的盲目区、自己不知道且别人也不知道的未知区。②受到这一理论模式的启发,笔者结合访谈者身份将可能获得的信息作出如下划分(表1-1)。

表1-1 受访者信息分类表

研究对象知道	研究对象不知道
开放区 同为在日女性白领的共同经历等信息。如:多年海外生活、外国留学生、日企内的女员工等。	盲目区 研究对象自身尚未察觉,但作为旁观者的访谈者对其有所了解的信息,如:性格特征、思维方式、表达习惯等。
隐秘区 属于研究对象自身隐私等信息,如:健康情况、心理情况、家庭关系等。	未知区 双方均未察觉、期待在互动中有新的归纳和收获的信息。

对于访谈者与受访者都知道的开放区信息,可以对手中已掌握的有关女性白领及日本社会的文献资料起到"唤起"和"辨别"的作用。在获取这一区域的信息时,时刻提醒自己保持客观的态度,避免跳入"想当然"的惯性思维。人类学强调对微观之处的考察,对于受访者不知道或没有注意到的盲目区信

---

① 蓝佩嘉.跨国灰姑娘:当东南亚帮佣遇上台湾新富家庭[M].长春:吉林出版集团有限责任公司,2011.
② 韦尔丁,尧俊芳.运用约哈里窗户模式开放自我[J].发现,2009(4):42-43.

息,要求访谈者知微知彰,在访谈过程中通过捕捉细节对其性格特征、说话方式等进行判断,同时可以在交谈中进行求证。对于获取受访者隐秘区信息,采取"不逼迫、不强求"顺其自然的态度,严格恪守研究伦理的"尊重及保密原则"①,在访谈过程中对大家不愿提及或者不愿深入探讨的内容不会追问。最后,对于未知区信息,笔者在进入田野调查前并没有过多的设想,也做好了可能一无所获的最坏打算,但最后在整理资料时发现,通过对前三个区域的总结取得了一部分"情理之中,意料之外"的收获。这一思维框架在前期资料收集和后期资料整理过程中都起到了有的放矢、化繁为简的作用。

2018年8月笔者开始了第一轮资料收集。如前所述,在N企工作的5位女性是本研究田野调查的起点。在自由开放的交流中,从"最近怎么样啊?"开始,很自然地提及安家立业的烦恼、工作家庭两手抓的困境、回想当年的留学决定等。在第一轮资料收集中,笔者获得的大多是开放区信息,同时,由于关系的亲近,也获得了一部分隐秘区信息。此外,通过入户访问及对日常互动中的参与观察,对女性白领的衣着打扮、思维方式、待人接物的习惯等在日常生活中的自我呈现有了一个整体的把握。在整理访谈资料的过程中,笔者发现受访者都有提到"留学时并没想到会在日本待这么久""今后不确定是否在日本"等,在大家的"生命故事"中开始思考这些言辞中的情感和现象背后的原因。结合文献梳理和初步研究设想,以时间为轴将女性白领的流动过程划分为"赴日""旅日""离日"(或者"驻日")三大板块,并将旅日生活细化,分别从"工作""家庭""生活"三个方面设计了一个初步的资料收集提纲,大致包括以下四方面内容:来日本的动机、过去计划的生活和现在生活的契合程度、对目前在日本生活的态度和想法、今后的打算。

在勾勒出初步提纲之后,2019年3月笔者开始了第二轮资料收集。在这一轮资料收集中,访谈对象扩展到人际关系圈内不是很熟络但有过交集的女性白领,并运用滚雪球的方式结识了更多的女性白领。同时,为达到多元样本,各个受访者的引介对象只限于一位。在接触的过程中,笔者通常会准备一些点心或者宝宝玩具略表心意,也曾邀请介绍人和女性白领来家里吃饭聊

---

① 何星亮,杜娟.文化人类学田野调查的特点、原则与类型[J].云南民族大学学报(哲学社会科学版),2014,31(4):18-25.

天。"人之相识,贵在相知,人之相知,贵在知心",信任是访谈能够顺利进行的前提。多位受访者对笔者为什么会在这个年龄辞掉稳定的工作而重返校园感到好奇,如"约哈里窗户"理论所述,真诚适当的"自我袒露"可以获得更多的信任,这是一个很好的"破冰话题"。访谈者与受访者有共同的学习工作背景、共同的话题、共同的焦虑,在产生共鸣之余也拉近了彼此的距离。在第二轮的资料收集过程中,除开放区之外,笔者意外地收获到了盲目区和隐秘区信息。研究对象在异国他乡生活多年,习惯了马不停蹄的东京节奏,适应了"不给他人添麻烦"的日本社会,许多人在内心深处渴望被倾听。2020年伴随着疫情暴发、国际环境的改变,笔者注意到几位受访者在动荡的环境中反而选择辞职创业或者开始了新领域的副业。对此,2021年底笔者又对几位受访者进行了追踪调查并对本研究结论进行了补充。

伴随着田野调查的深入和文献阅读的积累,本书的研究框架愈发清晰并进行了适当的调整。笔者对她们留在日本的行动逻辑产生了极大的兴趣,尝试提炼出下列问题来帮助自己深入理解她们对待在日本生活的态度,以及这种态度又如何影响她们的选择。

(1) 她们在与日本社会互动的过程中遇到了哪些矛盾与冲突?
(2) 她们面对这些矛盾与冲突时采取了怎样的行动?
(3) 她们做出这种选择并达到现状的背后动机是什么?

在后期的个别回访及数据解读的过程中,笔者会特别留意这几个方面的问题。在资料整理阶段,除了解读访谈记录字面意思,笔者还曾尝试"悬置自己的知识体系与立场"[1],站在她们的角度思考她们做出此类回答的动机,并尝试找出这几十位女性白领的共性和特殊性,在研究阶段,努力洞察材料背后的社会学意义。

在研究过程中,通过微信或者不定期约见等方式,笔者和受访者一直保持联系。在整个资料收集过程中并没有将其当作任务刻意去完成,而是把资料收集当作结识新朋友和了解日本社会的机会。此外,由于研究对象涉及人及其行为,在研究过程中不可避免地会涉及伦理问题。本研究的所有受访者都是在知情并自愿的前提下接受访谈的。在联系各位受访者约定访谈之前,

---

[1] 杨善华,孙飞宇.作为意义探究的深度访谈[J].社会学研究,2005(5):53-68.

笔者都会向其解释自己的学生身份、现在的研究方向、为什么需要她们的参与、今后访谈中可能会涉及的内容。同时，如前文所述，本研究也严格恪守尊重及保密原则，在访谈过程中对受访者不愿提及或者不愿深入探讨的内容不会追问，在写作过程中隐藏和删减了受访者不愿呈现的内容。

三、研究方法

研究问题决定了研究方法的选择。从本书的研究对象——在日中国女性白领来看，她们的赴日理由、成长轨迹、奋斗历程各不相同；从本书的研究内容来看，社会适应又是一个具有个性化及特殊性的动态过程。定性研究在移民研究过程中的有效性已在多位学者的移民研究中被讨论和验证，[1][2][3]个人接触和感性认识对理解移民非常重要。定量研究虽然可以从整体上把握女性白领这一群体的相似特征及调查指标中的差异性，但对其背后的行为逻辑及动机则很难进行细腻、清楚的把握，尤其在涉及人的主观能动性的选择等问题时，很难将其单一地归纳成数值化及数量化的结果。正如城市移民的研究者广田康生所述，相对于问卷调查等方式，通过亲自询问等方式不但可以找到无法预估的其生活环境所揭示的意义，还可以找出移民者彼此间的联系，对于越境移民的个人接触及由此而产生的感性认识是极其重要的。[4] 本研究尝试从多角度多场景对"在日中国女性白领"这一群体进行研究，主要研究方法包括参与观察法、传记叙事访谈法、焦点小组访谈法。此外，作为一种非常重要的信息资源，文献资料（特别是官方统计数据）贯穿于本研究的全过程之中，笔者通过多种途径收集和梳理了目前关于在日华人华侨及女性白领、中日两国关于留学生与外国人的政策制度等方面的文献资料。

（一）参与观察法

定性研究是对生活或生活情境的深入和长期参与，这些情境本质上是平

---

[1] Kou A, Bailey A. 'Movement is a constant feature in my life': Contextualising migration processes of highly skilled Indians[J]. Geoforum, 2014(52): 113-122.
[2] Sigad L I, Eisikovits R A. Migration, motherhood, marriage: Cross-cultural adaptation of North American immigrant mothers in Israel[J]. International migration, 2009, 47(1): 63-99.
[3] Man G, Chou E. Transnational familial strategies, social reproduction, and migration: Chinese immigrant women professionals in Canada[J]. Routledge, 2020, 26(3): 345-361.
[4] 广田康生.移民和城市[M].马铭,译.北京：商务印书馆,2005：18,204.

凡或普通的,包括反映个人群体、社会组织等的日常活动。① 多年的日本生活且曾经的女性白领身份有助于笔者去感知、获取并还原女性白领真实的想法及情感,笔者可以很自然地加入研究对象的谈话,也能更深刻地理解她们的生活状态并能在一些观点和感受上产生共鸣,可以说这是一种感同身受的参与观察。参与观察的主要区域为东京都,重要情境包括外国人社员交流会、同期会、女子会、社团活动等。

外国人社员交流会。为加强外国员工的团结性以及给公司的发展注入新鲜的血液,一些日本公司会不定期举办3~4小时的"外国人年轻社员交流会"。例如:大家围绕"AI社会的工作方式""对公司的建议""十年后的我和公司"等话题进行小组讨论和成果发表,在年轻人的多国文化的相互碰撞下,传统的日本企业文化遭受质疑。除官方正式场合以外,外国员工在私下里也会不定期地举办交流会,大家对工作意义的认知、对日本同事的吐槽、对外国人身份的认同等话题都为本研究提供了很好的素材和启发。

同期会和女子会。日本人社员经常会举办"同期会"(同时期进入公司社员的聚会),以交流各部门的资讯并相互打气。同期社员经常聚在一起探讨职场的压力与收获、事业晋升的未来规划、社会的新动向等,大家对笔者的研究方向有所了解并对此积极配合,笔者也会随身携带纸笔对和研究课题有关的内容进行记录。此外,每2个月笔者都会参加一次"女子会"②,如公司女性员工的女子会、中国人校友女子会、社区妈妈女子会等,每次3~4个小时,并通过关键事件法(critical incident technique)来掌握她们情感和行为上的动态变迁。

东京女性社团活动。随着在日中国家庭的逐渐增多和自媒体的发展,近几年在东京面向中国女性的社团加速涌现。有关注在日华人女性成长的"NUESE社团"、食育协会的"美食社团",也有专门面向女性白领的"东京女子职场社团"等。在女性社团活动中,笔者接触到了多名正式受访对象以外

---

① 休伯曼.质性资料的分析:方法与实践[M].张芬芬,译.重庆:重庆大学出版社,2008:373.
② "女子会"是指仅有女性参与的聚会,大家聚集在咖啡店、酒吧等,探讨女性感兴趣的话题。作为女性缓解压力、增进感情的一种方式,"女子会"在日本职场女性中很受欢迎。除了相同公司相同部门或者不同部门的女性的"女子会",不同公司的女性因为共同的毕业学校、社交活动等也会不定期举办"女子会"。

的白领女性,通过在社团活动中的点滴相处与参与观察,可以对所归纳的假说进行验证和丰富。

在田野调查和写作期间,笔者曾多次参加上述情境的聚会,聆听她们的对话,并提出问题、加入对话,有些对话发生在聚会结束后结伴回家的路上、聚餐的过程中,笔者试图在她们的活动中搜集"自然发生的描述(naturally occurring descriptions)"[①]。

(二) 传记叙事访谈法

深度访谈有两个重要特征:一是作为整体的访谈是研究者与受访者二者间的共同产物;二是要深入事实内部。[②] 对此,首先访谈员应该与受访者建立相互信任的关系;其次,应进行面对面且多次重复的访谈。相对于研究者对研究观点的表达和引导,倾听被访者没有受到干扰的、原汁原味的想法更为重要,使其能敞开心扉来叙说自己的故事或回答研究者的问题。如前文田野调查过程所述,一方面笔者对她们的工作环境和工作方式有一定的了解;另一方面由于点滴积累起来的信任,她们愿意将工作和生活的困惑向笔者倾诉。

在深度访谈中,主要采用传记叙事访谈法。以生命故事讲述(life story telling)为主由她们自由发挥。例如,会用"为什么当年要来日本留学?"或者"在日本这么多年里遇到过几次重大选择?"来开始话题。聚焦每一个独立个体的生命故事,可以避免笔者和受访者陷入对"白领生活"诠释的框架,从动态的"自上而下"及"从过去到现在"的全局视角来解读"白领生活"是如何贯穿她们的移民生活中,二者又是如何相互影响的。深度访谈的地点主要包括咖啡厅、餐厅、公园等公共场所,与笔者关系更深入的访谈者会邀请笔者去她们的住所等私人空间,由于访谈的氛围跟平时的聊天很相似,她们也并不认为笔者是在做访谈。

(三) 焦点小组访谈法

与上述两种定性研究方法互补,焦点小组访谈可以一次性获取多人信

[①] Emerson R M, Fretz R I, Shaw L L. Writing ethnographic fieldnotes[M]. Chicago: University of Chicago Press, 2011: 114.

[②] Wengraf T. Qualitative research interviewing: Biographic narrative and semi-structured methods [M]. London: SAGE Publications, 2001.

息。一方面,同一话题的相互交流可以避免单纯的理解错误或者出现偏执极端的想法;另一方面,集体交流也更适合"在日中国女性白领"这一共通身份。访谈成员具有相同的学历工作背景,在一定程度上可以获得具有代表性和普遍性的观点和意见。一般会围绕某一个话题由受访者们各抒己见,笔者在讨论中进行记录,在结束后整理笔记并预设下次访谈问题。例如:笔者曾租赁社区的活动室围绕"在日本华二代的民族文化教育""与日本邻居的关系对在日本生活的影响"等进行焦点小组访谈。

综上所述,传记叙事访谈的方法能更好地对现象(个人经历)的本质及原因进行捕捉并对"女性白领的社会适应"这一复杂动态的过程进行细化和表达,参与观察的方法可以整体把握女性白领日常生活中的自我呈现,再通过焦点小组访谈对她们共同话题的态度进行验证和补充。笔者试图囊括与研究主题相关的所有潜在信息,相对实现了"最大差异的信息饱和"[①]。

[①] 潘绥铭,姚星亮,黄盈盈.论定性调查的人数问题:是"代表性"还是"代表什么"的问题——"最大差异的信息饱和法"及其方法论意义[J].社会科学研究,2010(4):108-115.

第二章

理论视角与分析框架

第一节　核心概念界定

一、在日中国女性白领

关于白领的概念，国内外并没有一个统一的界定标准。在"白领"一词被人广为熟知的著作《白领：美国的中产阶级》[1]一书中，白领被定义为"新中产阶级"，包括管理者、工薪专业工作者、销售人员、办公室工作人员，与老中产阶级（农场主、商人、自由职业者）共同构成了美国的中产阶级。从财产的所有权来看，白领工人的地位和普通劳动者一样，大多数没有自己能够独立经营的财产，仅作为高级雇员为拥有大型资本的公司工作；从职业收入来看，她们"大致处在中间的位置"；从工作性质来看，她们提供技术和个人服务，依赖对制造东西的人进行组织和协调的"社会机器"而谋生；从社会声望来看，她们要求获得高于雇佣劳动者的声望，即使低等白领雇员的大多数——办公室工作人员和售货员——也依旧享有中等的声望。学者傅高义对日本新老中产阶级的划分受到《白领：美国的中产阶级》一书的影响，将小业主和小地主划为老中产阶级，将靠薪水过日子的大企业和公共机构等较大科层机构中的白领工作人员称为"新中产阶级"或"工薪族（salary man）"[2]。日语里，将"middle class"多翻译成"中流阶级"，在二战后的日本经济高速发展过程中，新中产阶级逐渐发展壮大并形成了相对固定的社会群体，到 1950 年左右，工薪族逐渐发展成为一种职业类型和一种典型的生活

---

[1] 米尔斯.白领：美国的中产阶级[M].周晓虹,译.南京：南京大学出版社,2016.
[2] 傅高义.日本新中产阶级[M].周晓虹,周海燕,吕斌,译.上海：上海译文出版社,2017.

方式,至1970年以后,"一亿总中流"成为当时日本社会的独特标签。西方社会学家依据工作性质、教育背景和收入水平等差异,进一步将中产阶级内部划分出上层中产阶级(upper middle class)和下层中产阶级(lower middle class)。上层中产阶级占社会成员的15%,受过良好教育,处于中等收入水平,从事专业性工作或为中层管理人员;下层中产阶级占社会成员的30%,部分受过良好教育,收入可维持基本生活水平,从事半专业性工作或为基层管理人员。

综上所述并结合日本的收入标准,从社会学的角度来看,在日中国女性白领应该具备以下几个基本条件:接受过良好(大学及以上)的教育、从事专业性及脑力劳动、具有较高的社会声望、收入水平在日本中产阶级标准以上。从学历、工作性质、收入等方面来看,本研究中的女性白领属于"上层中产阶级",但从判断依据的重要标准——工作内容及职务级别上来看,受工作年限和日本传统企业"年功序列制"的影响,大多数仍处于企业基层,不具备带领团队和资源管理的独立性,她们则属于"下层中产阶级"。参照上文西方、日本、国内对白领内部的界定与细化,笔者将本书的研究对象划入从"下层中产阶级"向"上层中产阶级"过渡的中产阶级。

此外,华人与华侨有严格的法律界定,《中华人民共和国归侨侨眷权益保护法》规定:华侨是指定居在国外的中国公民。国务院侨务办公室对"定居"的解释中规定:(1)定居是指中国公民已取得住在国长期或者永久居留权;(2)中国公民未取得住在国长期或者永久居住居留权,但已取得住在国连续5年(含5年)以上合法居留资格,并在国外居住,视同定居。华人,亦称"外籍华人",根据国务院侨务办公室的界定,"外籍华人是指已加入外国国籍的原中国公民及其外国籍后裔;中国公民的外国籍后裔。"[1]此外,华裔是指二代以上的华人。依据上述定义分析附录1的"受访对象基本情况一览表"可以得出:除9位嫁给日本人的女性白领中,有4位加入日本国籍属于华人外,其余女性白领均持有高度人才签证或永住签证、且在日本生活5年以上,她们的身份定

---

[1] 北京市人民政府.国务院侨务办公室关于印发《关于界定华侨外籍华人归侨侨眷身份的规定》的通知[R/OL].(2016-11-22)[2024-09-16]. https://www.beijing.gov.cn/zhengce/zhengcefagui/qtwj/201611/t20161122_776499.html

位属于华侨。

同时,笔者认为有必要对为什么选择在"日本企业"工作及通过"留学-工作"途径留日的女性白领进行一点说明。材料收集过程中,笔者也曾遇到在日本长大的华二代女性白领以及在外资企业工作的女性白领,考虑到文化适应的特殊性及矛盾性,在对日本的跨国适应的研究中,在传统大型日企工作的非二代华人的社会适应的冲突更为激烈。笔者也曾遇到因工作经验丰富从国内企业调到日本企业工作的中国女性白领,虽然她们收入标准达到(甚至超过)白领水平,但在访谈中,笔者发现她们是否有过留学经历对其语言能力、文化适应阶段(是否有缓冲)、对待日本社会的认知和实践也有极大的影响。最终,笔者将研究群体锁定在通过"留学-工作"赴日的在传统日本企业工作的中国女性白领。

二、社会适应

鲍曼认为,"个人对社会的适应包括身体与心灵两方面,具有对新经验进行吸收和创造性反应的能力、承受快速变化的能力、通过自我鞭策、自我完善而锲而不舍的能力"。[1] 人类学者 Bock 认为,人类适应的环境包括物理和生物的环境(即物质文明方面)、社会的环境(人与人之间的组织构成方式)、内在环境(由生存意义而衍生的内在的语义空间)三个方面。[2]

社会适应多被理解为个体为了适应社会生活环境而调整自己的行为习惯或态度的过程。[3] 这里的社会环境并非单指物理环境和自然环境,而是指由独特的文化和规范所构成的世界,除家庭和朋友等私人环境、学校和职场等公共环境之外,也包括国家国民、都市和农村等的地域社会,以及通过网络传播的电子空间等,社会环境以诸多形态存在。而各形态的社会环境都有与之相应的地位和要求,个体通过加入其中并调整自己来确保自己在社会内的正当性。

对于移民的社会适应来说,概念并不统一,"因为它与社会适应、文化适

---

[1] 鲍曼.生活在碎片之中:论后现代道德[M].郁建兴,周俊,周莹,译.上海:学林出版社,2002:174.
[2] ボック.F.现代文化人類学入門(二)[M].江渊一公訳,東京:講談社,1977:292.
[3] Samadi M, Sohrabi N. Mediating role of the social problem solving for family process, family content, and adjustment[J]. Procedia-social and behavioral sciences, 2016, 217: 1185-1188.

应和同化等概念交替使用"。① 在本研究中,结合西方理论和本土研究经验,将移民社会适应定义为移民继续社会化并调整其行为模式和心理状态以适应新环境的过程。② 移民根据自己在迁入国的接触体验,通过调整自己的态度、价值观、情感、行动样式等,逐渐融入迁入地的主流社会体系中。因此,移民的社会适应强调适应过程的调整性与变化性,侧重于移民行为本身对变化环境的反应,是个体进入新环境后的"再社会化"过程。但是社会适应并不是单向过程,移民在适应环境的同时会引起迁入地社会环境的变化,二者相互渗透和影响,形成一种互动的循环效果,最终移民和当地社会共存于同一个文化生活之中。本书所研究的在日中国女性白领的社会适应就是这样一个广义的概念,既包括融入的动态过程,也包括最终的融合状态。

第二节 相关理论基础

一、社会适应理论

(一) 迁移动因

早期移民研究多认为迁移是迁出地的贫困问题和移民的个人问题,莱文斯坦的"推拉理论"是古典理论的代表,强调人口迁移是迁入地和迁出地推拉因素作用的结果。③ "推拉理论"为今后移民研究提供了一个大框架,但伴随着研究者们的细化研究,该模型受到各方批判。"新古典经济理论"通过经济学的角度解释了劳动力市场的供求关系问题,这一理论与劳动市场理论紧密连接。劳动力被认为是可以单纯交换的商品,工资水平和经济差距是产生人

---

① Chimbos P D. A comparison of the social adaptation of Dutch, Greek and Slovak immigrants in a Canadian community[J]. International migration review, 1972, 6(3): 230-244.
② 风笑天.落地生根:三峡农村移民的社会适应[M].武汉:华中科技大学出版社,2006.
③ Ravenstein E G. The laws of migration[J]. Journal of the royal statistical society, 1889, 52(2): 241-305.

口迁移的主要原因。①② "新经济移民理论"对此提出了挑战,认为移民迁移的动因并非工资水平差距,更多的是基于移民所在的迁出地的人际关系,收入低于平均水平的家庭及收入不均地区的人们更倾向于移民。③④ "劳动市场分割理论"认为,发达国家已经形成了上下层(主次要)的二元劳动力需求市场,上层劳动力市场高收益、高保障、工作条件好,并具有良好的培训服务和晋升机制,而下层劳动力市场则反之。由于本国居民不愿进入下层劳动力市场,外国移民是对其劳动力的补充。⑤ "世界体系理论"从国际经济学的角度分析国际移民的流动,认为资本、商品和信息技术是从核心地区流向边陲地区,而国际劳动力的移动与其相反,是从边陲向半边陲再向核心地区的流动,同时资本、商品和信息技术的流动推动了劳动力的流动。⑥⑦ "世界体系理论"认为国际移民是经济全球化的结果并形成了地域间的不平等。20世纪90年代中后期起,早期的移民理论已无法全面概括和解释全球化背景下人口迁移,"跨国主义理论"应运而生。在20世纪90年代以前的移民研究中,国际移民在迁入地扎根居留并建立自己的社交网络,但同时仍与迁出地保持紧密而频繁的联系。跨国主义注意到两地间的双向流动,不仅满足了移民在两地经济需求,同时也减少了其融入主流社会的摩擦和不适。⑧

以社会学和人类学为中心的移民系统理论侧重于移民过程中移民网络的作用和生成。移民网络的相关理论认为移民系统具有宏观和微观的双重结构,世界体系理论的宏观构造和促使个人移动的微观构造以及社会网络

---

① Sjaastad L A. The costs and returns of human migration[J]. Journal of political economy, 1962, 70(5): 80-93.
② Todaro M P. A model of labor migration and urban unemployment in less developed countries[J]. The American economic review, 1969, 59(1): 138-148.
③ Taylor J E. Differential migration, networks, information and risk[J]. Migration, human capital and development, 1986(4): 147-171.
④ Stark O, Bloom D E. The new economics of labor migration[J]. American economic review, 1985, 75(2): 173-178.
⑤ Doeringer P B, Piore M J. Internal labor markets and manpower analysis: with a new introduction [M]. New York: Routledge, 2020.
⑥ Portes A, Walton J. Labor, class, and the international system[M]. Amsterdam: Elsevier, 2013.
⑦ Sassen S. The mobility of labor and capital: A study in international investment and labor flow[M]. Cambridge: Cambridge University Press, 1990.
⑧ Vertovec S. Migrant transnationalism and modes of transformation[J]. International migration review, 2006, 38(3): 970-1001.

（社会资本）相互作用，影响了移民的流向和过程。[①]"组织结构理论"认为，国际移民的流动会促使一系列服务于移民的组织出现，如：私企、志愿团体、NPO等，这些组织会随着时间的推移形成一种支持并推动移民进入当地劳动力市场的机构组织，最终成为一种移民产业。[②]"移民因果积累论"（又称"连锁因果"或称"惯习"说）认为移民行为具有其内在的延续性：一是相识人群中的移民人数越多，此人的移民倾向越大，有移民经历的人再度迁移的可能性更大，同时会影响身边的亲友；二是移民向迁入地的汇款会使当地居民在对比中增加失落感，从而诱发新移民。[③]

随着后现代社会理论的兴起，基于吉登斯和布迪厄的空间和场域观的"空间-实践"的范式成为移民研究的新风向。空间不仅包括表象的物理空间，也包括情感空间和文化空间，具有多样性和动态性。[④] 从功能上空间可以划分为生产空间和日常生活空间，生产空间包括工厂、办公室等具有特地目的的场所，强调空间的政治和经济维度。日常生活空间包括家庭、社区等日常活动的场所，强调空间的社会和文化维度。空间并非纯粹的物质存在，而是一种生产和创造，既包括空间实践（spatial practice），即人们的实践活动和结果，也包括空间呈现（representation of space），即空间的象征秩序以及人们对空间的自我意识，是实践与认知互动的场所。[⑤] 空间是具有实践意义的场域，这一理论强调移民不是被动的，而是作为移民生活实践的主体。移民不仅跨越了国界，同时跨越了多个空间领域，包括物理、社会和精神空间。移民脱嵌于原有的生活场域和社会关系，进入并不熟悉的新空间，需要发挥能动性进行社会资本的重组和行为模式的调适。[⑥] 这一理论为理解女性白领的社会适应提供了一个新的视角，需要将女性白领的迁移和社会适应行为置于生产空间和日常生活空间中，对女性白领的迁移决策进行主体分析。

---

① Gurak D T, Caces F. Migration networks and the shaping of migration systems[J]. International migration systems: A global approach, 1992(150): 176.
② 周敏, 黎相宜. 国际移民研究的理论回顾及未来展望[J]. 东南亚研究, 2012(6): 56-62.
③ 李明欢. 20世纪西方国际移民理论[J]. 厦门大学学报(哲学社会科学版), 2000(4): 12-18.
④ Lefebvre H. The production of space[M]. Translated by Donald Nicholson-Smith. Oxford: Basil Blackwell Limited, 1991: 14.
⑤ 刘伟. 在华外籍就业人员的社会适应[J]. 社会, 2010, 30(1): 152-177.
⑥ 杨菊华. 空间理论视角下老年流动人口的社会适应[J]. 社会学研究, 2021, 36(3): 180-203.

（二）适应结果

关于移民适应结果和特性的研究理论主要围绕移民与主流社会关系展开，同化、融合、整合等概念被频繁使用。其中，颇为权威的理论有同化论、文化多元论、区隔论和族群分层理论。

20世纪前期，同化概念是以北美为中心的移民研究的主流，"新移民如何和当地社会的主要构成人员别无二样"成为这一适应形态的终极目标。Park认为移民在迁入国大多会经历接触、竞争、适应和同化四个阶段，并认为生活在共同区域内的不同种族和文化最终会形成一种共同文化。[1] 到20世纪中期，Gordon等学者将其发扬光大，提出了以美国为实证基础的"熔炉论"这一同化模式的表述，后又衍生出"边疆熔炉论""三重熔炉论""变形熔炉论"等代表性理论，这些理论都认为：各民族最终会在美国融合为具有同质性的"美国人"。[2] 随后，伴随移民群体的多样化，同化模式及熔炉论不再符合各族群传统关系和差异性的社会现实，"文化多元论"向"熔炉论"提出了批判并主张尊重族群差异及保持多样性。[3] 然而，源于政治主张的"文化多元论"在实践结果方面并不理想，许多欧美二代、三代移民仍难以获得当地社会的认同，甚至部分处于边缘化或被隔离状态。[4]

20世纪后期，"区隔论"认为传统的移民理论无法全面概括当代移民的趋势和形态，将当代移民群体间的适应结果分为三种：第一种是融合于主流社会，适用于拥有较高人力资本的移民群体及其后代。第二种是融合于城市贫困文化。一些群体人力资本偏低，在劳动力市场处于劣势，因生活水平受限很难为子女提供良好的教育机会，只能被阻隔在贫困亚社会。第三种是选择性融合。一些群体在社会经济方面努力实现向上流动，但并不希望子女全面地融入主流社会，如坚持鼓励子女保留传统文化的观念和价值。[5] "区隔论"考虑到不同少数族裔的自身特质和流入地当地社会经济背景的差异，认为人

---

[1] Park R E. Race and culture[M]. Los Angeles：The Free Press，1950：150.
[2] 李明欢. 20世纪西方国际移民理论[J]. 厦门大学学报（哲学社会科学版），2000(4)：12-18.
[3] Kallen H M. Democracy versus the melting-pot：A study of American nationality [J]. The nation，1915(2)：217-218.
[4] 王明进. 文化区隔催生仇视与暴力[J]. 北京青年工作研究，2011(9)：42-44.
[5] 杨菊华. 从隔离、选择融入到融合：流动人口社会融入问题的理论思考[J]. 人口研究，2009，33(1)：17-29.

力资本(如教育、技能等)和社会资本及迁入地的公共政策和本地居民的社会态度等都会对融合的过程及结果产生重要影响,对传统移民理论进行了修正和拓展,解释了早期理论无法阐述的移民现象。传统移民融合理论及其后续发展主要解释了移民的社会适应结果,但缺乏对少数族裔内部差异性的细化研究。20世纪70年代起,"族群分层理论"聚焦于移民的异质性,并主要集中于三大领域。一是社会经济融合。20世纪下半叶的欧美经济发展为移民提供了更多的就业机会,除种族以外,人力资本成为影响移民社会经济融合的关键要素。[1] 其中,特别是受过高等教育的精英群体移民已融入迁入地的中产阶级社会。二是空间融合。在移民早期,许多移民倾向于居住在少数族裔集聚区,可以降低生活成本,减少适应阻碍。[2] 随着时间的推移和社会资本的积累,部分新移民移居到可以提供更好的医疗和服务的主流社区,在居住模式上实现了与主流社会的融合。[3] 三是婚姻融合。与本地居民的族际通婚可以使社会距离和边界模糊化,并会加速移民及后代的适应进程。[4]

上述4种基本理论相互补充,从多个角度解释了各时期移民的适应和融入过程。"同化论"为早期移民融入流入地提供了理论框架,并引领和指导了此后的理论发展和实证研究。"文化多元论"和"区隔论"对移民的融入目标、适应模式、融入结果进行了理论修正,是对传统融合理论的补充和拓展。"族群分层理论"是对传统融合理论的纵向深入探究,聚焦于移民融合的异质性并阐释了其特征和结果。伴随着全球化的进程和移民的多样性,几十年来学者们已经发现了传统移民理论的缺点和不足,但目前还无法确立一个全面的可替代的概念。国际移民的社会适应理论建立了对迁徙过程的多重关系和身份的理解框架,阐述了移民在地理环境、社会关系、政治和权力关系中的位置,为本书研究女性白领移民提供了理论基础。

---

[1] 刘程.西方移民融合理论的发展轨迹与新动态[J].河海大学学报(哲学社会科学版),2015,17(2):33-39.

[2] Allen J P, Turner E. Ethnic residential concentrations in United States metropolitan areas[J]. Geographical review, 2005, 95(2):267-285.

[3] South S J, Crowder K, Chavez E. Migration and spatial assimilation among US Latinos: Classical versus segmented trajectories[J]. Demography, 2005, 42(3):497-521.

[4] Hout M, Goldstein J R. How 4.5 million Irish immigrants became 40 million Irish Americans: Demographic and subjective aspects of the ethnic composition of white Americans[J]. American sociological review, 1994, 59(1):64-82.

二、嵌入理论

"嵌入"最早属于经济学概念,由经济学者波兰尼提出并应用于经济理论分析中。他认为经济行为并非孤立存在,而是嵌入在社会关系、政治、宗教和文化中。[1] 随后格兰诺维特将"嵌入"引入新经济社会学并对这一概念进行了拓展,修正了波兰尼关于嵌入概念只能适用于非市场社会的论点,并将此概念应用于市场社会的经济分析中,用来分析社会结构和经济生活,提出了关系嵌入和结构嵌入的经典分析框架,将微观的个体行为和宏观的社会结构连接起来。[2] 此外,格兰诺维特也强调个体行为是在网络关系中进行的,不能仅从经济动机来解释,个人的经济动机与社会、认可、地位、势力等非经济动机相互重叠。在此基础上,Dimaggio 和 Zukin 细化了嵌入性关系,将其归纳为四种类型,即认知嵌入、文化嵌入、结构性嵌入和政治性嵌入。[3] Evans 在研究政府与产业转型的关系时提出了嵌入式自主性(embedded autonomy)的概念,强调政府在制定政策和干预市场时应该保持自主性和独立性,以引导和推动产业转型。[4]

基于上述理论基础,嵌入概念被经济社会学频繁引用,其中除了"经济行为镶嵌于社会构造中"这一基本研究方向外,"嵌入"这一抽象的概念也为各领域的研究学者提供了自由讨论和活用的空间。20 世纪 90 年代,嵌入概念在社会科学学科中得到发展,并应用于移民研究中。在移民语境里,嵌入被定义为"移民在当地环境中形成的扎根感和融合感的社会关系"。[5] 在跨国移民的地理学研究中,强调"地方的物质性的必要性,移民可以利用的机会和资源受制于迁入地的社会经济、文化和物理特性"[6]。学者们区分了不同空间、

---

[1] 波兰尼.大转型:我们时代的政治与经济起源[M].冯钢,刘阳,译.杭州:浙江人民出版社,2007:15.
[2] 格兰诺维特.镶嵌:社会网与经济行动[M].罗家德等,译.北京:社会科学文献出版社,2015.
[3] DiMaggio P, Zukin S. Structures of capital: The social organization of economic life[M]. New York: Cambridge University Press, 1990.
[4] Evans P B. Embedded autonomy: States and industrial transformation[M]. Princeton: Princeton University Press, 1995: 12.
[5] Korinek K, Entwisle B, Jampaklay A. Through thick and thin: Layers of social ties and urban settlement among Thai migrants[J]. American sociological review, 2005, 70(5): 779-800.
[6] Ryan L, Mulholland J. Embedding in motion: Analysing relational, spatial and temporal dynamics among highly skilled migrants[M]//Migrant capital: Networks, identities and strategies. Basingstoke: Palgrave Macmillan, 2015: 135-153.

不同层次如家庭、工作场所、邻里以及更广泛的社区嵌入性。① 随着移民群体的多样化，Schiller 指出移民的嵌入策略和社会关系的形成也受到迁入地的时空背景、人地互动的影响。②

综上可知，在个体层面，嵌入理论可以用来解释移民的迁移决策和适应过程；从社会和文化层面，嵌入理论可以用来解释社交网络、社区参与等移民与迁入地环境间的相互作用；在政治和经济层面，嵌入理论可以用来解释移民政策和移民福利等问题，嵌入理论在国际移民领域具有广泛应用。从嵌入理论和本研究的适用性来看，作为一个研究范式，嵌入理论可以将移民理论、移民系统和移民适应的结果串联起来，为理解移民的行动逻辑提供一个链接个体行为和结构因素的视角。嵌入是一个过程，而不是一个静止的状态，既受到结构的制约，也受到个体能动性的影响。根据社交网络的内容和结构，存在不同的"嵌入程度"，不同身份的移民有着不同的"嵌入策略"，嵌入理论可以更好地帮助理解女性白领适应日本社会的这一动态过程、模式和结果。

三、社会性别理论

社会性别理论的发展大致可分为两个阶段，一是对原有性别差异本质论的批判，二是"社会性别"这一概念的形成。

最初社会性别（gender）是语言学用语，是用来将名词进行性别化分类的语法性别。将性别角色这一观点带入大众视野的是美国人类学者玛格丽特，她在 19 世纪 40 年代通过对南太平洋岛屿的田野调查发现，男性和女性因文化和社会的不同而具有多样性，各个社会是根据该社会特有的性别秩序而构造化的产物。③ 此后，心理学家 Stoller 区分了性（sex）与社会性别（gender），规定社会性别是作为生物学上的性别差别的性（sex）基础上所形成的文化性

---

① Korinek K, Entwisle B, Jampaklay A. Through thick and thin: Layers of social ties and urban settlement among Thai migrants[J]. American sociological review, 2005, 70(5): 779-800.
② Schiller G N, Çağlar A. Displacement, emplacement and migrant newcomers: Rethinking urban sociabilities within multiscalar power[J]. Identities, 2015, 23(1): 17-34.
③ 米德. 三个原始部落的性别与气质[M]. 宋践等, 译. 杭州: 浙江人民出版社, 1988.

别。① 第二次女性主义潮流之后,社会性别开始用于解释社会及文化的性别差异的语境中。

性别理论在女权运动中得到了发展和阐述,该运动试图消除基于性别的歧视,其目的不仅是解决在公共空间的性别差异,同时也包含私人空间的性别差异。作为"社会性别"概念提出的先驱者,波伏娃认为女人并非生而为女人,而是逐渐形成的,②为社会性别理论的提出奠定了基础。此后,美国人类学家卢宾首次提出"社会性别体制(sex-gender system)"的概念,将社会性别定义为一种由社会强加的两性区分,揭示了资本主义社会存在的使女性从属于男性的性别体制。③ 对社会性别概念的阐释见仁见智,但取向基本一致,即社会性别是社会制度和社会文化对其女性社会角色的建构,是一种社会关系和权力机制的体现。④ 社会性别理论强调以下几点:一是性别角色与生理性别不同,是在教化中形成并可以改变的。二是将主体意识引入性别范畴,强调女性的主体性地位。⑤ 三是研究女性问题时不可以将女性孤立出来,应该将其置于两性社会角色和权力结构之中。为了避免党派色调较浓的"女性学"和"女性主义",社会性别也被视为中立的分析因子,并使用"社会性别研究"这一称呼。社会性别理论被作为一种重要的分析范畴,被用于社会性别结构、社会性别制度及与种族、阶级、国家等社会性别关系问题的讨论,特别是关于女性在家庭内部(护理、育儿等)的作用、劳动参与、职业地位的研究较为盛行。20世纪80年代起,在国际人口迁移研究和政策制定中基于社会性别的研究也越来越受到重视。

从社会性别理论与本研究的适用性来看,首先,除了社会适应研究已有的社会、经济、政治、文化等维度外,社会性别理论为本书的女性白领的社会适应过程和行动逻辑的研究提供了一个新的视角。对移民的社会适应研究

---

① Stoller R J. Sex and gender: The development of masculinity and femininity[M]. New York: Routledge, 2020.
② 波伏娃. 第二性[M]. 陶铁柱,译. 北京:中国书籍出版社,1998:309.
③ Rubin G. The traffic in women: Notes on the 'political economy' of sex[M]// Reiter R R. Toward an anthropology of woman. New York: Monthly Review Press, 1975: 157-210.
④ 李银河. 妇女:最漫长的革命[M]. 北京:生活·读书·新知三联书店,1997:167-168.
⑤ Said E W. The text, the world, the critic[J]. The bulletin of the Midwest modern language association, 1975, 8(2): 123.

中加入社会性别因素，并非需要单独划分出独立的研究维度，作为一个研究视角，社会性别的影响和作用通过现有维度表现出来。其次，社会性别理论强调女性的主体性地位，通过这一视角，能够聚焦作为跨境迁移主要成员女性白领的利益与需求，超越"捆绑式移民"的概念，更为全面地研究性别规范、关系和期望对移民（家庭）决定和计划的影响。最后，社会性别理论超越了传统的"男女平等"观念的局限性，将女性立场和经验纳入理解移民生活经验的视域，可以为移民的社会适应提供可行性的改进策略，促进女性移民的进一步发展。

第三节 分析框架与研究思路

一、分析框架

社会适应是一个灵活有弹性的研究课题，国内外的社会学者对社会适应的研究有不同维度的解读和引申。笔者在翻阅国内外参考文献时发现，其研究对象广泛、研究方法多样，目前为止还没有统一的分析框架。基于社会适应的"实践-空间"理论和嵌入理论，结合女性白领的性别特征和流动经验，本书借助"主体-实践（多维嵌入）"的研究框架（图2-1），来探讨在日中国女性白领社会适应的行动逻辑，对女性白领进行社会适应和社会性别的交错研究。此外，性别差异在日本社会显著存在，在社会角色、职业选择、工作经验等方面，男性的社会适应经验都不同于女性，所以需要对男性白领和女性白领分开研究。本研究选择对女性白领这一群体进行更深入的研究，以便更好地了解她们在社会适应中的不同经历和挑战。

（一）主体

主体性是主体的本质特征，是主体独立自主存在和实现自身价值的基础。正如马克思所说，"一旦人开始生产自己的生活资料的时候，人本身就开始把自己和动物区别开来……人通过实践创造对象世界证明了自己是有意

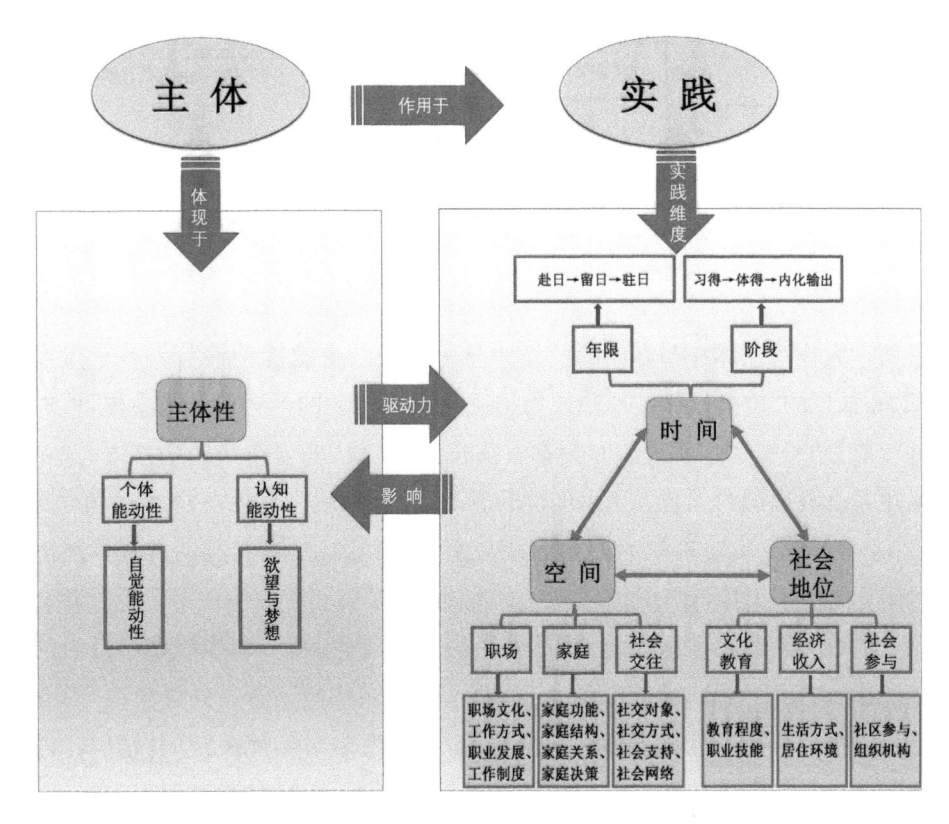

图 2-1 分析框架

识的类存在物"。① 实践是人的自觉的能动活动,②人的能动性在主体性的基础上具体体现出来。社会行为因人而异,如果基于这一点,所有的行为都可以称为"主体"的行为。但是如果这样理解,主体就失去了其概念的有效性,变成了"行为主体所进行的行为"。作为主体的行为、思维和情感的基础,主体性是本研究的核心要素,笔者对这一要素的内涵进行了延展。具体来说,本研究中的主体性包含"个体能动性"和"认知能动性"两层含义(图 2-2)。

主体性的第一层含义是指"个体能动性",即传统哲学范畴内对主体性的

---

① 马克思,恩格斯.马克思恩格斯选集:第 1 卷[M].中共中央马克思恩格斯列宁斯大林著作编译局,译.北京:人民出版社,1995:46-47.
② 陈秉公."主体人类学"概念的提出及知识体系建构[J].吉林大学社会科学学报,2011,51(3):57-67.

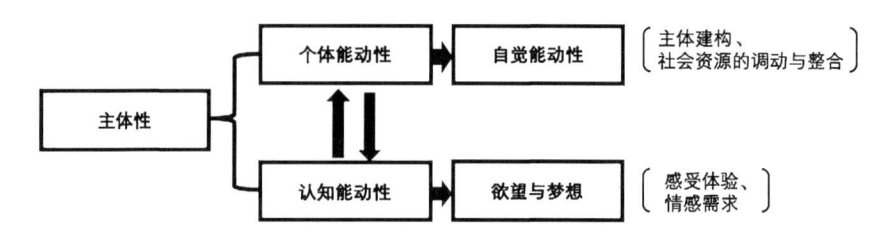

图 2-2　主体性的两层含义

理解,"人作为主体在与客体的关系中显示出来的自觉能动性"。[①] 基于吉登斯、布迪厄的"空间-场域"理论认为移民是一个能动的社会和政治主体,他们并没有被"结构"完全困住,时刻都在靠自我"实践"来创造新的东西。[②] 这一点也符合我国国内学者关于主体性的普遍理解,郑航生认为"在社会学中,所谓人的主体性,可以理解为人作为社会生活实践的主体,其行动过程体现出的自主性、能动性和创造性"。[③] "个体能动性"强调女性白领在每个阶段调动自己的社会资源来实施改变,侧重移民的主体建构、调节和控制自己行为的能力。"移民不是被动的行动者,而是有着强烈主体能动意识的行动者。"[④]女性白领的社会适应是自主建构的结果,而不仅仅是由环境决定的,她们将内在的主观意识和外在的实践行为能动地联系起来,并对自我和他人的行动、意图等赋予自洽的意义解释,进而制定或修正自己的迁移决定和生活方式。

主体性的第二层含义是"认知能动性",包括对未来的憧憬、对梦想的追求、欲望等。女性的自我感受和体验、情感需求、内心想法也是自身经验的重要组成部分,在女性移民的社会适应研究中不可缺少。然而,正因为这种难以量化和具象化的特性,上述女性的自我感受和体验等在学术讨论中经常被忽略。驱使她们离开祖国赴日求学的动机是什么?又是什么念想让她们决定毕业后和本地日本人竞争进入日本企业?她们对"国际人"的身份想象和多国生活的梦想对迁移方向产生了什么影响?认知的能动性产生"无形的行

[①] 赵小华.女性主体性:对马克思主义妇女观的一种新解读[J].妇女研究论丛,2004(4):10-15,60.
[②] 刘伟.在华外籍就业人员的社会适应[J].社会,2010,30(1):152-177.
[③] 郑杭生,杨敏.个人的当代形貌:社会化理论的世纪挑战——人的主体性的新发展与以人为本的时代源泉[J].河北学刊,2006,26(3):73-82.
[④] 王春光.巴黎的温州人:一个移民群体的跨社会建构行动[M].南昌:江西人民出版社,2000:232.

为",它未必会直接地导致行为,但透过它可以更好地解释行为的产生,[1]如移民行动的发起、经历和表现方式等。

(二) 实践

1. 时间维度

社会适应是"再社会化"的动态过程,时间是女性白领社会适应过程的内在维度。女性白领通过留学生的身份进入日本社会,在日本生活5～20年不等,从短期学习到永久居住,社会适应伴随着生命历程呈现出清晰的时间特征。人类学者Spiro按照移民对新环境的习得和适应程度,将适应过程分为4个阶段:首先通过学习或者他人的言语中对其有所了解(learn about)。其次在了解现象的基础上了解并理解原因(understand)。再次不仅限于理解,同时相信对方是正确、真实、妥当的(believe),进而形成特有的思考方式、意识形态(ideology)能够影响并成为其认知外界世界的行动环境(behavioral environment)。最后被吸收内化,从而影响此人的行动(internalized)。[2] 女性白领的社会适应不是一蹴而就的,也经历了如上的"习得—体得—内化输出"的过程,除了要对焦她们现阶段的白领生活,同时也要去考察她们的过去和未来,曾经的留学生活和对未来生活的憧憬影响了她们当下的适应模式。此外,伴随着移民的不断流入和居住时间的增长,日本当地人的态度和国家政策等也会随着时间这一维度发生变化,进而影响女性白领的社会适应行为。

2. 空间维度

女性白领的社会适应实践于多个空间和场域中。新原道信在研究日本的越境移民的族群时认为,移民的日常互动世界在其生活的几个重要场域中逐渐形成,这些场域又为他们在该世界的社会及空间上的扩展提供了具体的支撑。[3] 女性白领在日本的生活跨越多重空间和场域,包括工作场所、居住社区、城市公共空间、社交场域以及通过互联网而连接的国内社交场域等,社会适应的形态和社会性别的影响在场域中得到了阐述和体现。在研究中发现,女性白

---

[1] 丁瑜.她身之欲:珠三角流动人口社群特殊职业研究[M].北京:社会科学文献出版社,2016.

[2] Spiro M E. Buddhism and economic action in Burma[J]. American anthropologist, 1966, 68(5): 1163-1173.

[3] 新原道信."移動民"の都市社会学——"方法としての旅"をつらねて[M]//奥田道大.コミュニテイとエスニテイ(21世紀の都市——社会学).東京:勁草書房,1995.

领的日常生活嵌入各个空间之中,她们在多重情境中构建出了不同的性别角色,并生成了与之相应的适应策略。比如,在工作场域中,她们呈现出"强势的中国女人""拼命派"的形象,达到了职业晋升和自我实现,为适应日本社会提供了经济资本和人力资本。在家庭场域中,她们呈现出"华人虎妈""双面娇娃""亏欠的女儿"形象等,形成了以家庭为单位的迁移决策和适应行为。在社交场域中,她们呈现出"不主动的外来者"形象,建立了自成一派的社交圈,为社会适应提供了缓冲。

3. 社会地位维度

社会地位,即在权力等级中,由历史、政治、经济、地理、家族关系等社会分层因素决定的个人所处的位置。[①] 进一步说,阶级、种族、民族、国籍、性别等在不同层面上约束和形塑了人们的身份认知,并影响着人们的行为方式和社会地位。这一视角链接了布迪厄的"惯习-场域"理论,即不同场域里的行动者根据在场域中所处的位置采取相应的行动策略而生成了一种社会化的主体性的"惯习",社会塑造了个体的实践方式。根据布迪厄的观点,{(惯习)(资本)+场域}=实践,即实践是惯习、资本与场域相互作用的产物。[②] 同样,女性白领的适应实践也是场域、资本和惯习相互作用的结果。通过留学途径赴日的中国女性白领,充分调动经济资源、信息资源、知识资源、人力资源等,伴随着跨国迁移她们进行了多次身份转换,实现了社会地位的改变。

社会适应的行动逻辑反映了移民主体对世界如何运作的主观解释。女性白领在日常生活情境中聚集身边不同的资源或开拓创造新的资源来实现各种资本的整合,并在社会适应过程中进行协商与改变,她们的社会适应形态不仅受到生活情境的结构性影响,也是女性白领充分发挥主观能动性的结果。通过上述"主体-实践(多维嵌入)"的分析框架,可以帮助我们在全球化和跨国主义背景下探究中国女性白领在迁入地的社会环境的变化或限制下所呈现出的差异性和能动性,系统地理解她们的移民模式、流程和结果。

[①] Mahler S J, Pessar P R. Gendered geographies of power: Analyzing gender across transnational spaces [J]. Identities, 2001(4): 445-446.
[②] 布迪厄,华康德.实践与反思:反思社会学导引[M].李猛,李康,译.北京:中央编译出版社,1998.

二、研究思路

在国际女性移民的背景下,本研究围绕上述分析框架展开,分析女性白领社会适应模式选择的行动逻辑,具体要分析女性白领在适应日本社会中的主体性及行动策略,即在不同时空中的表现和实践(图2-3)。

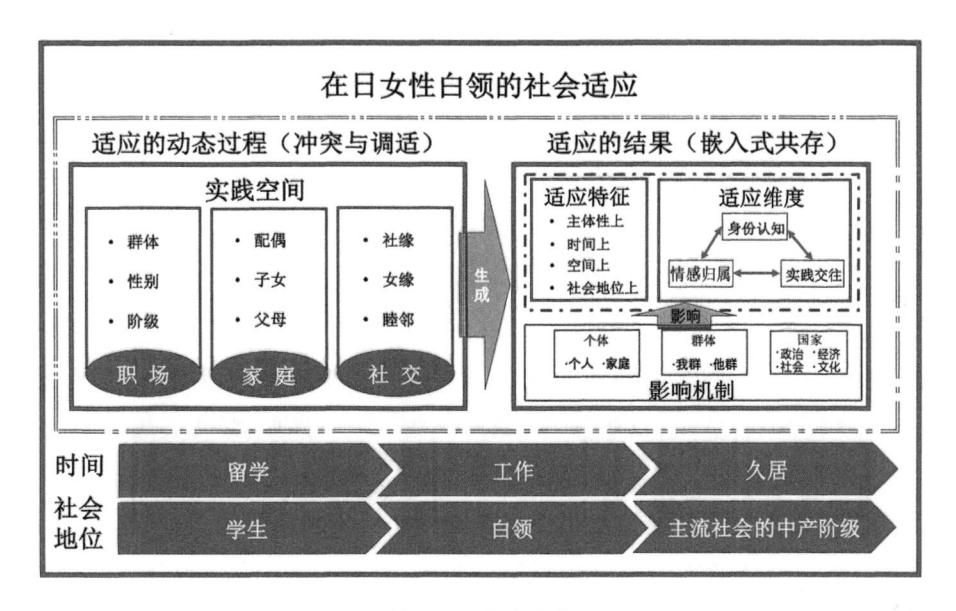

图2-3 研究思路

（图中内容：在日女性白领的社会适应。适应的动态过程（冲突与调适）——实践空间：群体、性别、阶级；配偶、子女、父母；社缘、女缘、睦邻。对应职场、家庭、社交。生成适应的结果（嵌入式共存）——适应特征：主体性上、时间上、空间上、社会地位上；适应维度：身份认知、情感归属、实践交往。影响机制：个体（个人·家庭）、群体（我群·他群）、国家（政治·经济·社会·文化）。时间轴：留学→工作→久居；社会地位：学生→白领→主流社会的中产阶级。）

从纵向的时间轴来看,女性白领经历了"留学→求职→工作→成家→生育"的生命历程,同时也实现了"留学生→白领→高度人才""短期居住者→永住者"等社会地位的跃迁。为了理解女性白领的行动逻辑,本书首先以在日女性白领的前身——留学生的生活为依托,从政策层面和个人层面探讨其留学日本及毕业留日的动机、进入日本劳动力市场的方式。和其他劳动移民或者婚姻移民的女性有所不同,留学生活可以说是白领进入日本社会的适应缓冲期。"学校→打工→家"的三点一线的生活导致她们处于日本社会"一脚在门外,一脚在门里"的状态,对于女性白领来说,笔者将其称为先行适应阶段。

从横向的空间轴来看,如上一节理论分析框架中所述,社会适应的形态和社会性别的影响在日常空间中得到了阐述和体现,同时移民主体性的发挥和社会地位的改变也呈现于日常空间中。因此,本研究从实践空间切入和引申,将职场、家庭和社会交往作为白领社会适应的实践场域,探寻其适应过程和程度的行动逻辑。首先,在职场这一活动场域,分别从族群、性别、阶级三个角度来阐述中国女性白领所遇到的文化碰撞、工作制度和环境的不适,她们如何摸索出适合自己的职场生存法则以实现安身立命之本的经济适应。其次,试图以女性白领缔结婚姻的动机为起点,走进她们在日本的"中国家",在日本生活的生命历程中个人角色的身份转换下,通过家庭功能、家庭结构和家庭关系等视角,对她们在家庭这一场域所遇到的问题和困惑进行剖析,对其家庭行动策略的形成路径进行探讨。最后,从社缘、女缘、睦邻关系三个方面对女性白领的多重社交形态进行概括,考察她们在社交场域的适应特征和适应痛点,并探讨其对女性白领适应日本社会过程中所产生的影响。

最后,和国际移民社会适应的理论研究和实践经验对话,通过上述分析提出女性白领的社会适应具有嵌入式共存的特点,通过和其他移民群体的比较从主体性上、空间上、社会地位上对其特点进行概括。从移民主体的感受出发,分别从身份认知(心理适应)、情感归属(情感适应)、交往实践(行为适应)三个维度提炼嵌入式共存的表现。三个维度之间的双向箭头(图2-3)表明,它们相互影响,互为依存,不存在单向的递进或因果关系。然后从个体、组织、国家三个层面对其形成路径进行分析。最后的结论与讨论部分通过和国际移民理论进行对话,并结合本研究的论述分析,希望能够为跨境社会适应和女性移民的社会适应提供研究视角和模式的补充。

第三章

负笈东瀛：
从留学生到白领

日本的语言学校和大学的入学时间一般为 4 月（春学期）和 9 月（秋学期），每年 3、4 月和 8、9 月是留学生入境高峰。大多数受访者第一次出国便是赴日读书，出国年龄在 18~25 岁之间。她们在中国接受了基础和初等教育，中国文化和中国式的思考方式处于强势。虽然一部分人在赴日前已经学过基础日语并通过多渠道对日本的基本情况有所了解，但她们中的大多数表示"在日本的初期生活仍受到了强烈的文化冲击"。和直接进入日本劳动力市场的传统移民不同，留学生活在她们眼里被赋予了怎样的意义？对个体决定又产生了怎样的"推力"与"拉力"？在赴日初期她们对未来有怎样的规划？在本章中，在梳理近年来中日留学政策后，以在日女性白领的前身——留学生的生活为依托，探讨其留学日本及毕业留在日本的动机、进入日本劳动力市场的方式等问题。

第一节　政策层面：迁移体系中的守门人

　　1980 年以来，以美国为中心的欧美及大洋洲等英文圈国家一直是亚洲学生的留学首选。1990 年以后，受到各国国际化的高等教育战略和国际政经情势的影响，许多亚洲学生放弃了留学欧美的想法并把目光投向亚洲区域内的发达国家和地区，和欧美地区相比，相对缓和的留学生签证政策、相对较低的学费、优秀的教育资源、配套的英文学位课程设置等成为日本高校吸引生源的优势。

一、日本：30 万留学生计划

　　作为迁入国，日本政府制定的有关留学生及移民的政策对留学生赴日的方式及数量有极大影响。从整体来看,战后日本留学生输入计划呈现出从"知识性的国际贡献"到"获取国际人才"的变化趋势。

与欧美国家相比,日本国土狭窄、人口密度高,再加上其"同质性"的特点,过去很长一段时间,日本政府对于移民的态度并不积极,1951年颁布的《出入国管理条例》中曾明确指出"不承认以永住为目的的外国人进入日本国"。二战后,日本经济迅猛发展,一跃成为世界第二大经济体。1982年,日本政府设立"研修生(技能实习)资格"①等劳动力输入签证以缓解劳动力短缺问题。为了增进与海外诸国的相互理解、帮助发展中国家培育人才、提高日本的国际地位,1983年中曾根内阁首次提出"关于21世纪的留学生政策的提言",即"留学生10万人计划"②,这一计划奠定了近年来日本留学生政策制定的基础。1990年,日本修订《出入境管理及难民认定法》以鼓励具有专业知识和技能的外国人留学生在日就职。2003年12月,日本中央教育审查会提出了"新留学生政策"这一议题,同年日本留学生超过11万人,占全体学生总数的2.6%,但和其他发达国家(美国6.6%,英国18.1%,澳大利亚14.8%,德国11.6%)相比,留学生比重并不高。2005年,日本文部科学省在《留学生制度概要》中强调高等教育机构为引进留学生而设立相应的教学课程和环境的重要性。③ 2008年6月,在日本经济财政运营和改革的基本方针《骨太方针2008》第2章中明确记载了有关吸引留学生的相关政策,指出"扩大留学生的引进,可以开拓本国学生的视野,在年轻时培养自己作为'国际人'的意识,从各国家优秀的留学生身上博采众长"。④

随着世界经济的发展、发展中国家的崛起、国际人才争夺战的白热化,日本政府逐渐意识到被称为"高度人才の卵"(人才后备军)留学生的重要性,并积极投身于这一激烈的国际竞争中。为了提高大学教育研究的国际竞争力,吸收优秀的外国人毕业生留日工作,缓解日本因少子化(指生育率下降,造成

---

① 研修生资格后来遭到多方批判,认为是打着"帮助发展中国家培养高技术人才"的口号以输入廉价劳动力。
② 日本文部科学省.当初の「留学生受入れ10万人計画」の概要[R].2022.
③ 岡田昭人,岡田奈緒美.日本における留学生受入れ政策の史的展開過程と現状に関する考察[J].学苑 総合教育センター国際学科特集,2011,847(5):11-21.
④ 日本厚生労働省.経済財政改革の基本方針2008〜開かれた国,全員参加の成長,環境との共生〜に関しては[R].(2008-6-27).

幼儿数量减少的现象)而带来的学生及劳动力不足等问题,2008年福田康夫内阁正式提出"留学生30万人计划",力求在2020年将留学生人数提高到30万人,并将其列为国家发展战略之一。日本政府和日本国内大学、入国管理局等联手,推进并实施诸多政策以吸引更多留学生来日,促进国际人才的流动。例如:扩大文化及日语教育的影响力,调动海外学子来日留学的意愿;改善选考、入学、入国方式,创造便捷的日本留学途径;推进大学的国际化创造,选定30所大学作为接受和培养留学生的"国际化大学"并提供专项资金等。

二、中国:"爆留学"热潮

2015年,与荣登"日本流行语大赏"年度首位的"爆买"一词相呼应,出现了"爆留学"和"爆就职"现象,用以形容在日中国留学生陡增的现象。[1] 自20世纪80年代中后期起,在日中国留学生数量超过韩国并持续位居第一。依据日本学生支援机构(JASSO)关于"留学生数量推移"及"出身国(地域)留学生数"的统计数据,[2]至2020年5月,在日留学生总数约为242 444人,其中,在日中国留学生有114 255人,约占全体留学生的47%。

作为当代中国海外留学热潮的一环,日本留学并非孤立存在。自20世纪60年代起,随着北美及澳大利亚等移民社会政策的调整,欧洲重组及中国在国家层面上对外移民政策的重新定位,中国开始进入"移民新时代"。[3] 改革开放以来,特别是20世纪80年代中期,中国出现海外留学热潮,由于经济发展的需要和优秀人才不足等问题,派遣留学生去海外学习,可以博采众长,吸收各国先进的文化和科技,加快我国科教事业的发展和人才培养。1978年6月,邓小平在听取清华大学工作汇报时提出增大派遣留学生的数量,"要成千成万地派,不是只派十个八个",并将派遣留学生视为见效快、提高科教水平的重要方法之一。[4] 这一决策拉开了中国向海外大量派遣留学生的序幕,也

---

[1] 中岛惠.中国人エリートは日本をめざすなぜ東大は中国人だらけなのか?[M].東京:中共新书,2016.
[2] 独立行政法人・日本学生支援機構.2021年度外国人留学生在籍状況調査結果[R].東京:JASSO,2022.
[3] 孔飞力.他者中的华人:中国近现代移民史[M].李明欢,译.南京:江苏人民出版社,2016:328-329.
[4] 冷溶,汪作玲.邓小平年谱(1975—1997)(上)[M].北京:中央文献出版社,2004:331.

被视为中日留学交流的原点。1993年,中国政府提出"支持留学、鼓励回国、来去自由"的方针,表明了支持自费留学生的态度,精英留学逐渐趋于大众化,出现了由公费留学向自费留学发展转变的趋势。另外,伴随着国民收入的增加及国内高等教育大众化,大学毕业生就职竞争日益激烈,作为教育投资的途径之一,越来越多的富裕家庭将子女送到国外留学。至2015年,中国海外留学生的数量年年增加,占全球留学生比例的17.38%。[①] 近年来,中国出国留学人员增速放缓,但仍保持世界留学生生源国第一位,2018年中国出国留学人员总数为70.35万人,同比增长6.25%。[②]

在1972年中日邦交正常化的背景之下,1978年中国改革开放政策中的留学生派遣政策和1983年日本政府的"留学生10万人计划",在同一时期起到了"推"与"拉"的相互作用,影响了日后在日中国留学生热潮的兴起。此外,部分日本和中国大学的留学中心也在这股留学热潮中充当了"留学中介"的角色,起到了推波助澜的作用。一位在日本私立大学留学中心任教的老师表示:"招生并不困难,一般都是名额不够。虽然日本少子化,但仍需考虑日本学生和留学生的比例。"日本大学在中国合作大学校内设立专属报考试点,委派日本校方老师来中国定期选考。相对于市场上鱼龙混杂的留学中介,通过学校留学中心办理留学更加方便可靠。有些合作校间还设有"双学位"或者"推荐入学(免考)"项目,多位受访女性通过"交换留学""2+2""3+1"等合作办学的方式赴日。

> 我留学走的是"本科2+2"的方式:中国两年、日本两年。在国内大学的2年学分可以直接加算到日本的大学成绩里,毕业的时候就可以拿两边的双学位。(LWJ-20180914)

> 我们是我们学校交换留学的第5批学生,之前已经去了好多学长,学校留学中心有前辈们的联系方式。我们从他们那里了解了不少学校和生活的信息,办签证也是学校留学中心统一领着我们一起办,到了日本也有前辈接机、安排住宿,比我了解的通过中介来日本的留学生方便好多,更省心。(ZWX-20180920)

[①] Institute of International Education. Project atlas 2017[R]. New York: IIE, 2017.
[②] 中华人民共和国教育部.2019年度我国出国留学人员情况统计[R/OL].(2020-12-14)[2024-09-16]. http://www.moe.gov.cn/jyb_xwfb/gzdt_gzdt/s5987/202012/t20201214_505447.html.

第二节　个人层面：理性与情感的选择

作为跨国迁移的主要渠道之一，留学被每一个迁移者赋予了不同的意义。如第二章"概念界定"中所述，本书的研究对象都是按照"留学-工作"路径定居在日本的中国女性白领，[①]除迁出国和迁入国两国结构性的影响之外，对留学生活的期待及最终的实现程度，对其毕业后的从业选择乃至今后对日本生活的适应都有极大的影响。根据获得的访谈资料，本节从工具性流动和情感性流动两个方面来分析赴日留学生的跨境流动行为。

一、工具性流动

（一）经济诱因再思考

依据推拉理论，迁入地有利于改善生活条件的因素是劳动力迁移的拉力，迁出地的不利条件是其推力，二者相互作用从而影响劳动力的流动。[②] 和跨国劳动力相比，留学生虽然不是为了直接的经济收益，但从长远来看，大多数受访者仍是考虑到职业规划和未来的经济收入而选择赴日留学。当问及"当年为什么来日本留学？"，最多的答案是"镀个金，回国好找工作""人家说，留学并在日企工作过的中国人回国找工作很抢手"。未来的个人发展无疑是大部分人赴日留学的主要驱动力，在日本的留学经历及在日企的工作经历为个人的长期职业发展积累了人力资本和社会资本。虽然毕业后部分留学生调整了方向，选择留在日本，但赴日初始大多数留学生都计划"以后会回国"，留学日本也是为今后回国做准备。

> 以前日语还是小语种，等我念大学的时候我才发现大连学日语的实

[①] 除"留学-工作"的路径外，还有"婚姻-工作"或"日本总公司"（即从国内公司直接派遣到日本总公司）的女性白领，这几类白领并不在本书的探讨范围之内。

[②] Ravenstein E G. The laws of migration[J]. Journal of the royal statistical society, 1889, 52(2): 241-305.

在太多了，我们日语学院，一届就有800多人。大连日企多，好多不是日语专业的大学生还在外面的辅导班学习日语，我是一个日语专业学生，除了日语啥也不会，就想来日本留学，考个有专业倾向的研究生，以后回国也好找工作。(JHY-20181120)

在国内我学的是日语国际贸易专业，考大学的时候也没想着以后会出国。大二寒假，我爸带我去他一个同事家拜年，他同事的女儿和我是一个学校，她去日本读研，毕业后进了本田汽车公司工作。听她爸妈讲了一些留学的经验，从她家出来后我们一家就决定也要出国。2月决定要出国，5月考试，9月就来日本了。(ZNL-20180812)

从留学经济成本上来看，和欧美留学相比日本留学学费相对便宜，私立学校获得奖学金的机会更多，同时日本政府允许留学生在一定限额内打工，[①]可以帮助减轻留学费用的负担，本书受访女性白领都曾在求学期间获得过奖学金并有过打工经历，由家里提供学费、自己打工负担生活费是赴日留学生的普遍模式。[②] 对于留学期间的打工经历，受访者均表示"是人生中宝贵的财富"。通过打工，不但帮助家里减轻了负担，也强化了日语能力，增进了对日本社会的了解，扩大了留学生交际圈。打工是留学生接触日本社会的重要方式之一，同时也潜移默化地影响了她们毕业后的决定。

（二）随波逐流与备胎选择

2008年，日本政府大刀阔斧地实施"留学生30万人计划"，联合海外大学和高中增加日语教育试点，推进海外日语教育，积极宣传并树立与日本高等教育相关的国际品牌。合作高校的优惠招生政策、完善的奖学金制度、"入学后再学日语、全英文授课"等措施的实施吸引了不少"就是想出国，但没想清楚去哪里去学什么"的一类中国学生。

我们高中念的外国语大学附中，出国机会多。高三的时候我两个好朋友分别拿到了新加坡国立大学和南洋理工大学的入学名额，她们就不

---

① 具有留学资格的外国人可以申请"资格外活动许可"，即打工许可资格。日本政府规定留学生的打工时间不得超过每周28小时。
② 在后续田野调查中，笔者有机会接触到多位赴日留学的"95后"，与上一代的留学生（即本书研究对象）相比，这一代的留学生大多数都没有打工经验，完全由家里提供学费和生活费是常态。

怎么学习了,我还吭哧吭哧地准备高考,心里就不淡定了。后来日本的学校来招生,没有笔试,只有英文面试,我面试结果不错,按成绩还能拿到学费减半的奖学金,就决定来了。高三的时候实在很累,现在想想,我当年要是参加高考,没准儿能考一个比日本大学更好的学校。(ZSX-20190818)

我自己其实没有那么强烈的特别想出国的想法,觉得在我爸妈身边挺好的。我哥念书的时候留学还没那么火,等我念高中的时候,爸妈的朋友中有好几家出国念书,家里就想着要把我送出去"镀个金"再回来。我后来选了一所可以全英文授课的大学,可以来日本后再学日语,就来了。(ZN-20180827)

大学临毕业前我和前男友分手了,看哪儿都触景生情,想换个地方生活。我本科学的是日语,刚好学校又有研究生交换留学的名额,日本这边的签证、住宿都是学校安排好的,我就带着受伤的心来日本疗伤(笑)。(TT-20180813)

日本和中国距离较近且同属亚洲文化,和欧美留学相比,往返便利,文化接近易于融入,在一定程度上降低了留学的心理成本,"爸妈想送我出来,又舍不得女孩子走得太远"在多位受访者的访谈中被提及。此外,日本还是许多留学生的备胎选择,访谈中有两位女性白领表示,因为去其他国家的留学签证出了问题,"退而求其次"才选择来日本读书。

我本科时就计划着出国读研,本来申请的是美国学校,但签证出了点问题,就改变计划来日本了。(LDJ-20190912)

我当时本来是想去英国,但签证没下来,就改变方案申请了日本学校。当时我一句日语都不会说,一点心理准备都没有,内心特别崩溃,想着过了那段时间就回国,但没想到我最后和日本人结婚还在日本定居了。(LXH-20181002)

二、情感性流动

(一) 文化想象

互联网的发展加速了全球化的进程。世纪交替"日流韩流"席卷中国,

"哈日族"在中国悄然兴起。有些日本明星是"80后"心目中的男神、女神,《灌篮高手》《哆啦A梦》等动漫取得历史性收视纪录,成为一代人的美好回忆,电视、网络、杂志中对日本生活的再现形塑了她们来日本前对日本的幻想。

  大学时我们女生宿舍合买《米娜》《昕薇》杂志,日本女孩真的好会打扮啊,皮肤也好。(MM-20190903)

  日剧里的日料好精致啊!(MCF-20191011)

  我想去看看村上春树笔下的那个他所厌恶的高度发达的资本主义社会。(ZNL-20180812)

根据日本经济产业省发布的《外国人留学生就职状况》[①][②],有56.2%的留学生因为喜爱动漫等日本文化而选择留学日本,位居"留学动机"排名之首。

  我从小就喜欢日本音乐和日本动漫。小学每次考试考得好,我爸就奖励我一本《哆啦A梦》漫画,到初中毕业时国内卖的《哆啦A梦》漫画书我差不多都集齐了,我喜欢画画也是因为从小爱看漫画。高中的时候,他们怕影响我学习,就不给我买漫画了,我省下饭钱自己买。我高考的时候全家都支持我报日语专业,大三时因学校的合作项目来了日本。打工时我也选在了秋叶原的电器店,每次打工休息、上下班的路上我就在秋叶原逛,逛完都感觉元气满满。(LWJ-20180914)

  我的玩具、文具、衣服啊,好多都是去日本的亲戚送的,花仙子的贴纸、Hello Kitty的玩偶、美少女战士的手办、无印良品的笔……我留学的时候日元汇率很高,家里供我从大学到研究生毕业。(FJH-20181112)

人类学家Mathews在研究菲律宾移民时发现,和肉眼可见的经济回报相比,移民的主要诱因是为了维持某种难以言表的生活品质,包括一些不易量化的因素,比如对名望的追求、对未知世界的探险、实现期望等。[③] 女性白领在16~25岁赴日留学,日本是她们许多人的海外第一站,"感受国外文化""看

[①] 日本経済産業省.外国人留学生の就職及び定着状況に関する調査[R].2015.
[②] 其中,"日本大学研究和教育魅力的吸引"(39.2%)和"为了在日本就职"(29.2%)分别位居"留学动机"的第2位和第3位。
[③] Mathews P. Remittances and returnees: The cultural economy of migration in Ilocos (Book Review)[J]. Journal of contemporary Asia, 1993, 23(4): 570.

看外面的世界"是她们走出国门的原始动机。在这样的文化脉络下,留学不只意味着为今后的职业发展锦上添花,更成为一种对全球性现代化的文化巡礼。

(二) 为爱坚守

白领 DQM 在国内本科就读的是法语专业,并在法国留学后获得了中法两国双硕士学位,但由于放不下在国内本科时结识的男朋友,研究生毕业后跟随日语专业的男朋友来到日本,从语言预科重新开始学习,后又获得了日本的硕士学位。

> 我念本科的时候就认识我老公了,他是日语专业的,他大三的时候来日本留学,读研后就留在日本工作了。我们就这样异地着(中国—日本、法国—日本),中间也分分合合几次,后来我觉得还是离不开他,研究生毕业我就奔他来了。刚来日本的时候,我真的是一句日语都不会,已经获得法国、中国的两个硕士学位却在日本从语言学校开始读。我有时候就想,以后如果我有女儿了,她会不会为了爱情也做出这么大的牺牲,她这么做我会不会心疼。(DQM-20181130)

前文中的白领 TT 提到自己是因为"失恋疗伤"选择赴日留学,"爱情"这一情感性因素在官方数据及现有研究中鲜有提及,一方面是被"其他"一言以蔽之,另一方面因为在定量研究的统计数据中难以被体现。通过深度访谈发现,"爱情"对女性的人生目标和价值观产生了深远的影响,甚至改变了她们的生活轨迹。笔者在多年的日本生活中,也曾遇到多位和 DQM 一样因"爱情"而留学日本的中国女性,与前文提到的看重留学的工具属性的女性相比,这些女性在留学学校和专业选择上更多的是被动地跟随男朋友的预设。虽然和传统的作为移民男性的被扶养者或妻子身份移居他国的女性移民有所不同,但从移民的动因来看,留学生中也存在类似于传统移民类型中的"跟随者"。

第三节 在日求职:日本社会初探

大多数的女性白领并非在留学前就决定要在日本工作。如第二节所述,她们本以为"留学是为了镀个金""毕业后要回国工作",但伴随着 2 年或 4 年留学生活的结束,初到日本时的想法又发生了变化,她们决定"先留下来找工作试试看"。

一、劳动市场:供与求的双向匹配

(一) 日本政府

日本厚生劳动省公布的最新日本人口统计数据[①]显示,2021 年日本出生人口仅为 81.2 万人,自 2007 年起连续 15 年逐年下降,创下 1899 年初次统计以来最低值。根据日本人口问题研究所公布的《日本将来人口推算》[②]报告,在保持当今日本女性生育率[③]不变的前提下,2053 年日本人口将跌破 1 亿[④],劳动人口将减少 4 成。2065 年,日本总人口将减少 3 成降至 8 808 万。对此,日本政府提出了"1 000 万人移民计划",希望能在 50 年内使外国人口达到总人口的十分之一,以此来填补因"高龄少子化"而导致的劳动力不足。

为了鼓励更多的外国劳动力留日工作,日本政府放宽了来日审核程序并增加了多种类的合法居留资格(在留资格),至 2018 年 8 月,面向外国人的在留资格包括"高度人才""经营管理""技能实习"等共计 28 种。[⑤] 截至 2021 年 10 月底,约有 172 万外国人在日本工作,为历史最高。[⑥] 2016 年,日本内阁公布《日本再兴战略改定 2016》,力争将留学生的就业率从 30%提高到 50%。日本政府和大学、地方自治体、经济团体等联手,设立"留学生就职促进项目"[⑦],积极推进支援外国留学生在日本就业的活动。例如:定期无偿开展讲座传授就职方法,由企业派遣老师教授商务日语、职业教育等课程,并向留学生提供专属实习通道,增加企业录取留学生指标等。

---

① 日本厚生労働省.令和 3 年(2021)人口動態統計(確定数)の概況[R].2022.
② 日本国立社会保障・人口問題研究所.日本の将来推計人口——平成 28(2016)〜77(2065)年[R].2017.
③ 即一位女性一生生育孩子的数量,2015 年日本女性生育率为 1.45。
④ 日本国势调查(2022 年)的结果表明,包括在日外国人在内日本当今总人口为 1 亿 2 483 万人。
⑤ 日本入国管理局.在留資格一覧表[R].2018.
⑥ 日本厚生労働省.外国人雇用状況の届出状況まとめ[R].2021.
⑦ 日本文部科学省.外国人留学生の就職支援について[R].2018.

（二）日本企业

2019年因人手不足而导致破产的日本企业高达426家，创历史新高。① "高龄少子化"导致企业"后继无人"，迫使企业不得不面对人才短缺、人工费增加、企业活力下降、国际竞争力下降等问题。同时，伴随着日本国内市场的饱和，扩大海外业务迫在眉睫，越来越多的日企开始进入海外市场。在面向留学生的就职说明会专场，"地产地消"一词经常出现，意为"当地生产、当地消费"，日本企业的长久发展需要更多了解当地文化的外国人才。日立制作所从2012年开始实施"不限定国籍"的国际型人才的录取制度，并设立明确的录取目标，每年录取的外国人社员不得少于10%。② 日本大型电气公司NEC为了发展和壮大海外事业，于2011年提出"在3年内使海外营业部的外国人社员比例达到30%"的目标，③并从2012年起扩大在日外国人的录取。至2016年，该公司新入社员中外国人的比例超过10%。④ 此外，一些日企在招聘时不分文理、不分地域，甚至直接从海外录取优秀人才。日本大型零部件制造商ALPS电气于2016年在全球录用了93名综合职社员，其中有12名外国人（8名中国人）。⑤

我当年报考了日本第一大保险公司，笔试合格后，参加面试。面试时有一道题我印象特别深刻。面试官看到我的简历上写的"念书期间在便利店打工"，就问我便利店里是否有其他中国人，我说："有3个中国学生，其余都是日本人，大家轮班制。"面试官又继续问我："有没有发现中国人和日本人在工作时有什么不同？"我的回答是："有一个有意思的现象，比如我们打工是按15分钟计费，每满15分钟是300日元左右。5点下班，4点50的时候，一起工作的中国人想的是'还有10分钟就下班了'，而日本人想的是'还有20分钟就下班了'，大家对待工作时间的概念是不一样的。一方面，日本人觉得多工作10分钟而且不要钱是正常的，表明其对工作尽心的态度，对比之下中国人可能就会显得很'自私'。但

---

① 株式会社東京商工リサーチ.2019年「人手不足」関連倒産[R].東京：TSR,2020.
② 日立制作所有员工3.5万人，每年录用的600人中，大概有60名外国人。
③ NEC.海外営業部門の3割を外国人に切り替え[N].日本経済新聞,2011-06-12.
④ 截至2018年4月，总公司员工21 444人中有外国社员194人。
⑤ 中島恵.静かに加速する中国人採用、その「光と影」—見せかけだけのダイバーシティ？[N].東洋経済 ONLINE,2016-10-31.

另一方面，因为我们中国人想的就是还有 10 分钟就下班了，所以我们会提前计划好，抓紧时间把剩下的工作干完，告诉自己不能拖到 5 点以后，效率会更高，而日本人可能想的就是，5 点以后还可以再工作 10 分钟，所以就不会那么有紧迫感。我觉得两种想法各有利弊。"面试官对我的回答很感兴趣，说第一次听到这样的答案，如果不是同时了解两种文化的人是不会想得这么深刻的。(LWJ-20180914)

从白领 LWJ 的求职故事中可以看到，日本企业在招聘外国人时会有的放矢地考察其异文化理解能力。20 世纪 90 年代初，日本公司在招聘外国人时更看重的是外国人的语言能力及文化背景，近些年来，随着留学生数量的增加、留学生素质的提高以及海外业务的需要，日本公司更加看重个人的整体素质，包括沟通能力、团队合作能力、思维方式等。在日企负责招聘的日本人事经理(HR)NM 表示，和语言能力相比，他们更看重留学生的综合能力。

我们经常会听到有外国员工说自己的日语不好，没有一起进公司的谁谁谁好，对以后自己是否能顺利地和客户交流没有信心。其实，在我们看来留学生之间的日语水平并没有相差那么多，确实有说得好的人，但肯定也没有日本人好，对不对？如果我们看重的是语言能力，就不会招外国人了。分析问题时是否有独到的见解、是否有清晰的逻辑思维，这才是我们更为看重的。从公司的角度，我们期待外国员工能给办公室带来新的风气，可以影响并带动身边的日本人从不同的角度来分析问题和解决问题。(NM-20191213)

(三) 中国留学生

截至 2021 年 10 月末，在日中国劳动者约为 39 万人，占外国劳动者的 23%。[①] 其中，31.7%的中国人持有"专门、技术类在留资格"。[②] 可以说，中国人已经渗透到日本的各行各业。据日本法务省的调查数据[③]，在 2020 年申请

---

① 日本厚生労働省.外国人雇用状況の届出状況まとめ[R].2021.
② "专门、技术类在留资格（専門的・技術の分野の在留資格）"包括：教授、艺术、宗教、报道、高度人才 1 号和 2 号、经营、管理、法律、会计、医疗、研究、教育、技术、人文知识、国际业务、企业内调岗、演出、介护、技能资格。
③ 日本出入国在留管理庁.令和 2 年（2020 年）9 における留学生の日本企業等への就職状況について[R].2021.

从"留学签证"变更为"工作签证"的留学毕业生中,中国留学生的就职者占36.8%,位居第一。随着中国经济的迅猛发展和中日间经济合作的紧密,许多留学生希望能够抓住机遇,成为两国跨国贸易的桥梁。

我毕业找工作的时候,国内本科毕业生一个月四五千块就很不错了,但日本大公司的话,基础月工资是22万日元起,按当时的汇率换成人民币13 000元,一年还有1~2次的奖金,相当于6个月工资,公司还给提供单人公寓,公寓内还有食堂,待遇比国内好太多。(ZSX-20190818)

我本科和研究生读的是经济学,觉得没什么实质性内容,想学点专业性的。当时我们公司招程序员的时候没有要求一定要有IT基础或者理科背景,举行说明会的时候公司也表示"只要想学,可以从零培训"。在大公司,我拿着工资,有人从头儿教我技术,待遇也不错,正合我意。(LDJ-20190912)

日本大企业的培训制度是最吸引我的地方,因为它们是"终身雇佣",所以从一开始就很用心地培养人。我刚进公司的前三个月一直在上培训课,从怎么交换名片到如何和客户进行破冰交流(ice break),还有坐姿、仪表等都有老师教。正式配属部门后,我几乎每个月都有培训的机会,除了工作相关内容,还有人生规划、时间管理课程,全部是公司出钱让我在上班的时候去听课。现在不太了解,但我们那个时候这种培训制度在中国企业太罕见了。(ZX-20191207)

研究生就2年,太快了!除了每天打工—学校—家三点以外的生活外,我对日本社会根本没有深入的了解和互动,日语也是一般般。还有半年多要毕业的时候,我一想到就这样回国了就会很失落,后来和父母商量想在日本工作几年,有了几年工作经验回国也容易跳槽。(THY-20180820)

我是没有参加任何就职活动直接进了我们公司。我念书的时候成绩不错,我们学校排名高,我的研究方向又和现在的公司对口,指导教授有直推名额,他就把我报上去了,公司面试了我一下,我就拿到offer(职位)了。我当时就想,这也太简单了吧,在国内我得过五关斩六将才有可能进入一个世界500强企业。(TT-20180813)

由上述访谈可以看出，完善的培训制度、相对较高的毕业起薪、百年长青的企业魅力是吸引留学生在日本就职的重要因素。对早期在日本就职的中国留学生的调查发现，留学生并没有太多的机会去考虑收入和企业规模，[①]但本研究发现，这一时期的女性白领大多数都有2个或以上的工作机会，并认为虽然在日本工作是首选，但回国和留在日本都在考虑之中。相对于男性，女性在工作后会考虑到企业"女性员工活跃程度""生育相关制度"等福利待遇，"适合女性员工工作的企业排名"是许多女留学生找工作时的重要参考标准之一。

二、文化碰撞：求职活动中的"日本特色"

（一）日本特色的求职体验

我记得当时是东芝公司的第一轮面试，在一个大体育场里，分成10组，每组5个学生，一个一个地进入面试，里面有2个面试官。面试时除了那几个典型问题以外，还让我当场读一篇英文，然后用日语翻译一下大概内容，再用日语谈谈感想。读完以后，面试官还问我觉得英语和日语哪个难、学习方法上有什么不同，我觉得他们在考我的学习能力和思维方式。（XQQ-20190403）

就职活动的2月，我刚参加完企业说明会，就去机场接我爸妈，我妈一看到我就哭了，这么冷的天，穿个5cm的高跟鞋、肉色透明丝袜、及膝黑色套裙，黑皮包里装着企业资料和厚厚的笔试练习题册，风风火火地出现在他们眼前。我妈问我冷不冷，我说没办法，人家企业就要求这么穿。（WZM-20181010）

日本大学的本科生从大学三年级起、研究生从入学开始就要着手"就职活动"，简称"就活"，包括收集企业信息，参加企业实习和就职说明会，准备履历书、备战笔试和面试题目等。参加就职活动的求职者，被称为"就活生"。和国内的参加企业面试时要求的"大方得体并能展现自己的个性"着装有所不同，传统的日本企业对"就活生"打扮有统一要求，无论男女必须统一黑色

[①] 刘双.从打工者到跨国人才：当代中国人赴日留学30年[M].广州：暨南大学出版社，2016：93.

套装、白色衬衫、黑色皮包,对女性的套裙长度(及膝)和鞋跟的高度(不宜超过5cm)也有公认默许的标准,同调文化(当多数人作出决定后,少数人会选择服从或沉默)已植入日本社会,许多中国留学生表示难以适应。

(二)"高学历"还是"名学历"

学者橘木从政府机关中名校毕业人数、上市公司董事中名校毕业人数的数据中得出"和专业及学历高低相比,日本是更为重视毕业学校名气的学历社会"的结论。[①] 一家有400名员工的中小型企业的日本社长告诉笔者,虽然在招聘启事里没有明文规定(也没办法写),但在招聘时企业会告诉人事"倾向选择MARCH以上[②]和国公立大学毕业"的学生。前文提到的有中、日、法三国硕士学位的女性白领DQM,在提交简历时刻意隐瞒了在中国的硕士学位,因为"怕人事(HR)认为自己是书呆子,拿日本早稻田大学的研究生学历找工作就够了"(DQM-20181130)。多位受访白领也认同,在日本硕士学位相对于学士学位在就职时并没有明显优势,虽然起薪硕士生比本科生高2万日元左右,但在年功序列制的日企里,随着工龄的增加,大家逐渐持平。如果常年在一家企业,反而是本科毕业生更有优势,因为工龄长级别可能更高。

从受访女性白领的实际经历来看,一些企业在就职活动正式开始前会根据出身校安排"OBOG面谈"[③],面谈的次数和评价会直接影响选考结果。也有企业会给名校毕业的留学生"开小灶"设立单独交流的机会,一方面便于集中力量吸引更优秀的人才,另一方面也可以减少企业的选拔成本。

> 我进公司第三年被我们公司派去给我同一出身校的后辈们做OG访问,先是在学校讲堂面向毕业生做了一个关于就职的宣讲会,然后和对我们公司感兴趣的后辈们一起吃饭聊天,费用由公司报销,按照人事的说法,目的是"通过我们和后辈们的交流,能够让后辈们更倾心于我们公司"。(LJX-20190427)

> 我曾经向一家日本有名的手表公司提交过简历,没几天就接到她们

[①] 橘木俊诏.日本的贫富差距:从收入与资产进行分析[M].丁红卫,译.北京:商务印书馆,2003:118-131.

[②] MARCH是日本私立名校明治大学、青山学院大学、立教大学、中央大学、法政大学5所学校首字母的简称。"MARCH以上"是指和它们水平相当或更高水准的大学,大概有15所左右。

[③] OBOG是"Old Boy"和"Old Girl"的缩写,即在应聘企业里同校毕业的学长。

人事的电话,说有一个"午餐会",就是几个学生进公司参观一下,再一起吃个午饭,时间是在官网公布的官方面试时间之前。到了"午餐会"那天我才发现,一起的20个学生都是MARCH以上毕业的,说是吃饭,其实就是一种变相面试。(MX-20190611)

(三) 寻找相同DNA

针对不同的公司,我会修改我的简历内容,同样的故事,不同的讲法。前辈告诉我们,一定要仔细研读各个企业招聘网页的"前辈访谈"、"企业沿革"和"需要的人才画像"这几项,从这些内容中寻找蛛丝马迹,把自己包装成符合这个公司DNA的求职者。比如说,我有过参加辩论队的经历,但对于那种保守的传统大公司,我就会把这段从简历里删掉。(JC-20191209)

笔者曾经担任过公司的招聘者(recruiter)[①],公司交给recruiter一张投递过简历的大学生名单,上面不但有学生的基本信息,还有学生登录公司个人招聘主页的次数统计,由此可以推断出求职者对公司的重视程度。recruiter会主动约见投递简历的大学生,在分享就职经验的同时对面谈者进行评估,面谈结束后,要向公司人事部汇报对面谈者的综合评价。每一年求职季,公司会对被选拔的recruiter进行专业培训,其中一个训练是"想象对方进入你部门后工作的样子",目的是设想求职者进入公司后是否合拍。抛开能力和资质,应聘者的性格是否与公司的整体氛围一致非常重要,具有相同特性的人组成集团时,更有利于今后工作的顺利推进,提高沟通效率。尤其是在进入公司的前几年,公司更希望新入社员是一个很好的效仿者和执行者。

与乐于招聘具有工作经验的求职者的中国企业不同,日本企业更乐于招聘没有任何工作经验的应届毕业生(日语为"新卒")。被视为"一张白纸"的应届毕业生,未受到过其他企业文化影响,可塑性和忠诚度更高,更有利于企业文化的传承。除一些技术性的专职工作外,大多数毕业生进入公司后从零学起,通过培训课程、OJD[②]和跟随前辈,接受公司特有的工作习惯和相关技能的培训。许多公司都喜欢体育系或者自幼参加体育社团的学生,因为他们

---

① 社内recruiter:被公司人事部门任命辅助招聘活动的非人事部门的员工。
② OJD:On the Job Development,通过实际的工作来开发社员能力的人才培训方法。

的合作力、行动力和执行力都很强。此外,一般大公司每年录取的应届生在100人以上,根据入职时间的长短会定期安排跨部门的集体培训,在未来的工作中相互激励、相互影响,有利于公司内部"一体感"[①]的形成。

第四节 本章小结

对于女性白领的前身——留学生的研究对理解移民驱动因素非常重要,它强调了移民过程、融入新环境以及建立和保持与祖国的联系是如何同时发生并相互影响的。从迁移动因来看,作为留学生的跨境行为是两国政策影响下的个人选择。在1972年中日邦交正常化的背景之下,改革开放后中国的留学生派遣政策、日本的"留学生10万人计划"、两国高校留学中心的推波助澜,起到了"推"与"拉"的相互作用。未来的职业规划和经济回报无疑是女性赴日留学的主要驱动力,除了"留学镀金""欧美留学的备胎选择"等的工具性流动外,其中不乏追随日本文化和依附爱情的情感性流动。

为了填补因高龄少子化而带来的劳动力不足的缺口,日本政府扩大移民计划、放宽了签证审核程序并增加了新的在留资格,鼓励留学生在日本工作。同时,伴随着日本国内市场的饱和、全球化业务的扩张,日本企业扩大留学生的录取比例,积极主动地获取优秀的外国人才。完善的培训制度、和国内毕业生相比较高的起薪等促使女性白领改变了留学初期"镀金后就回国"的想法,做出了"工作几年再回国"的调整。

教育是职业获得的重要变量,教育程度的高低直接影响到职业地位和收入水平,是提升个人社会地位和社会融合程度的重要因素。持有较高学历的留学生受到日企的青睐,通过参加求职活动对日本社会进行了初探,加深了对日本社会和企业文化的理解,为其今后尽快适应日本职场和日本社会奠定了基础。

---

① 日语中的"一体感"侧重于个体与整体之间的紧密联系和协调一致性,更多地强调个体对整体的认同和归属感。

第四章

职场：日企中的族群、性别与阶级

与通过人力中介或跨国婚姻实现跨国迁移的传统女性移民不同,通过留学和教育所积累的人力资本帮助女性白领获得了踏入日本社会的入场券。在日企中同时兼有"外国人""女性""后辈"多重身份的中国女性白领,无论是和同一时期进入公司的日本大学生相比,还是与在国内工作的大学同窗相比,她们在职业适应中都遇到了更为复杂的挑战。本章将对白领这一身份的重要活动场域——职场进行描述,分别从族群、性别、阶级三个角度来阐述中国女性白领所遇到的文化碰撞,以及她们是如何摸索出职场生存法则以实现安身立命之本的经济适应的。

第一节　群体差异：个体的群体化适应

　　日语的"社会人"一词在其他外国语中都没有可以替代的确切词语,英文翻译成"participant in civil society",意为"步入社会后有担当的劳动者"。日本社会一般将工作视为学生和"社会人"的分界点,进入公司以后,无论是新人培训还是自我认知,大家都强调"作为社会人"的担当和责任感。在传统日企工作的中国女性白领,身处日式职场文化环境中,面对日本的同事和客户,说着并不完全地道的日语,她们感受到了激烈而深刻的文化碰撞,对日本人所谓的"社会人的常识"不明就里,并会习惯性地将矛盾的症结归根于巨大的文化差异。

一、暧昧文化：看破不说破的职场交际术

　　日本学者中根从人际关系交往的角度对比了日本和西欧的认知态度。她认为,与西欧独立个体的习惯性的思考方式有所不同,日本人的人际关系

一旦确立，作为个体的独立性就会随之消失，二者被连接起来。前者是点和线的构成关系，而后者是面的范围扩大的关系。① 正是由于这种认知态度的差异，日本人在人际交往中，不喜欢非黑即白或者清楚明了地表明态度：为了避免冒犯对方并为自己留有余地，日本人在职场中的交流具有含糊不清、模棱两可的特点，日文汉字写作"暧昧"。哪怕是亲眼所见的事情，日本人也不会用完全肯定的语气来表述，经常会说"好像是""觉得是"，这一点在日本女性中更为普遍。在表明立场和观点时，日本人很少会用到"我认为"，而是用"……可能更好一些"之类的措辞。② 在职场中如果过于直截了当或者唐突、鲁莽，会被同事说成是KY（空気を読めない），即"不能读懂空气"的人。

与日本人努力弱化自我以维护所处共同体的和谐不同，当意见不一致时，刚刚毕业的中国留学生直截了当的表态给双方的交流带来了阻力。再加上还不够变通及灵活的商务日语表达能力，多位白领表示曾对"如何读懂空气"十分苦恼。

> 我进入公司第三年的时候有一个培训课，模拟给客户提案的各种场景，课程结束后培训老师给我的评价就是："过分直接。"老师说："有些话，不能那么直来直去地问，要含蓄，要旁敲侧击，要引导对方说出你想表达的意思。"反正就是像他们日本人那么说话。（WZY-20190619）

> 我和我的经理一起去见客户，我的经理是日本人，客户也是日本人，我坐在旁边真正见识了一场"两个日本人是怎么拐弯抹角地说话的"。一个多小时的会议，其实就是那一个点，但大家都不愿意去触碰那个点，围着那个点在那儿兜圈子，我在旁边听得抓心挠肝、累得慌。（LJX-20190427）

> 我以为这么多年我在职场做得已经很"暧昧"了，辞职的时候，大家送我的送别卡片上就有人评价"喜欢我直来直去、爱憎分明的性格"，原来在人家眼里我还是"愣头青"一个。（LWJ-20180914）

日本社会心理学家山岸俊男从"安心社会和信赖社会"的角度对日本社

---

① 中根千枝.適応の条件[M].東京：講談社現代新書，1979：138.
② 日本人表达拒绝，不会直接说"不要"，而是说"良い"。单从字面上理解"良い"是"可以"，但在句子里则理解为"够了、好了"，以表达"不要了"。

会的特质进行了研究。结果表明：许多日本人宁愿将主动权拱手让人，也不愿意承担因享受主动权而带来的潜在风险。规避风险的这类人具有自主性低、谦逊、深思熟虑的特点。①② 准确的发言伴随着明确的责任，而承担责任也伴随着一定的风险。在日本人眼中，似是而非的"暧昧文化"可以避免摩擦、维护人际关系的和谐，也可以避免发生问题时全部由一个人来承担责任。白领 WZM 认为日本公司里一些烦琐的程序表面上看是严谨认真，实则是"暧昧文化"制度化的一种体现，是日本人逃避责任的利器。

500 万日元以上的提案要经理、营业部部长、会计部部长签字，500 万日元到 1 000 万日元的提案还要加一个事业本部长代理签字，1 000 万日元以上的提案还要加一个事业本部长签字。这只是提案阶段，还不是说人家客户已经决定下单。大家都那么忙，我就要确认每一个上司的时间表，我自己哪儿也不能去，时刻盯着他们的座位，抓着一个签一个，有的时候这个出差那个生病的，还要拖两天。但我的经理就和我说，这也是合理安排工作时间的一种能力。但说白了，不就是怕出事，怕担责任吗？没人敢拍板。（WZM-20180910）

我今年负责公司集团新入社员的入社说明会的安排，我做完资料汇报给科长和经理，然后科长和经理再汇报给人事总部长，总部长再约社长秘书，然后科长和经理再向社长汇报。汇报完，社长让改哪儿，我们就改哪儿，然后再循环，再汇报，就这个说明会的资料已经折腾 4 个月了……有一次他们俩对于社长的反馈理解还不同，谁都不敢问社长，就让我做了两份修改，大无语！1 300 人的新入社员，从大讲堂移动到 B 会场，再从 B 会场移动到 C 会场，光这个走法怎么走，就商讨了一周。（GHC-20191020）

---

① 山岸俊男，メアリー・C・プリントン.リスクに背を向ける日本人[M].東京：講談社現代新書，2010.
② 山岸俊男曾对不同国籍、性别、年龄的参加者进行"独裁者游戏"的实验。参加者两人一组，其中一人按照自己的喜好分配金币，而另一个人只可以接受对方分配的结果。很明显，享有分配金币权力的人具有更大的优势，但在实验参加者中，有 35%的日本人选择了"接受分配结果"的一方。山岸俊男认为，这是日本人规避风险的一种方式，分配者同时是责任承担者，不主动分配金币的一方，哪怕在结果上会有不公平的对待，但心理上更加轻松。

复杂的审核程序打乱了中国女性白领"设想"的工作节奏,导致工作效率低下。"责任在于大家"也意味着"每个个体并不承担责任",导致"谁来承担责任"的问题变得含糊不清,最后也就不了了之。

二、以社为家:"工作狂"的勋章

> 我们公司在进行"工作改革",呼吁大家"少加班,早回家",每周三是"无加班日",午休及临下班的时候公司广播就会提醒:"今天大家不要加班啦!不要加班啦!"过了下午6点还没走的,人事小组几个人会到你的办公桌前提醒你:"今天是无加班日,请您尽早离开。"可到了晚上,你就看到加班的还是在加班,坐我对面的别的组经理,他一般会从下午4点开始自言自语地说:"今天不能加班,我得早走。"5点再说一遍,6点再说一遍,反正我走的时候他都没走,真心觉得他们这种加班文化是刻在骨子里的。(ZX-20191207)

日本人对于血缘在价值观的优先顺序的认知有所不同,"忠"优先于"孝",职场这一"公"的地位要高于"私"的地位。[①]"以社为家""工作优先"的观念在日本职场极为普遍。据日本劳动政策研究机构的数据统计,每周工作超过49小时的长时间劳动者比例最高,占从业人员整体的20%。[②] 超时工作被日本人视为"荣誉勋章","公司人类""公司社会""社畜"都是对日本人超时工作的隐喻。

> 我特别佩服日本人"说睡就睡,说醒就醒"见缝插针睡觉的本事,我刚进公司时一位经理说过"迅速恢复体力也是一种职业素养",我一辈子都不会忘记。当年给一家公司做提案书,头一天晚上我们小组都熬到夜里10点以后,据说他和我的主任几乎是通宵。第二天去客户那里,坐电车大概15分钟,从上车坐稳开始他说"我先休息一下"就开始睡,睡得脑袋直晃的那种,但到了客户那一站都不用我们叫他立马就能一起下车,见到客户

[①] 瀬地山角.東アジア版「イエ社会論」へ向けて 家族の文化比較の可能性[J].家族社会学研究(特集文化と家族),1997(9):11-21.

[②] 独立行政法人労働政策研究・研修機構. Databook of international labor statistics(2018)[R].東京: JILPT,2018:209.

时他就像打了鸡血,根本看不出他昨晚熬了通宵。(JC-20191209)

我们的经理就是铁人,我们负责海外客户业务,有时差。每天早上我打开邮箱,无论是凌晨几点客户发的邮件,我们的经理回复邮件都是在半小时之内。当年"平成剧王"《半泽直树》的大结局收视率有42%,就在我们全家人紧张看剧的时候,我们经理的邮件又来了。第二天我就问他:"你难道没看《半泽直树》吗?"他说:"听了,边回邮件边听的。"有一次,他大肠里长息肉,医生本来建议他一次性做掉,但因为全切掉要连续休息的时间太长他就不能立马工作或坐飞机,他就分三次切了。(LWJ-20190914)

在访谈中,多位女性白领表示,日本人对待工作的认真态度以及"爱社如家"的精神值得敬佩,"如果我自己是老板也喜欢招这样的员工",但同时表示,在这样的工作环境下经常感觉到"工作强度大"、"干不完"并"对自己的健康担忧"。对自杀者的职业调查结果显示,"公司社员"仅次于"无职业者"连续多年位于第二位。其中有32%的社员因"健康问题"、25%的社员因"勤务问题"而自杀。[1][2] 白领ZX每到9月底和3月底体重就会突然飙升,是标准的"压力肥"。

一到3月、9月,终电(末班电车)回家太正常了。期末的压力一层压一层,我每天早上都要向上司汇报今天又拿到多少订单,实际进账多少,距离半年或者一年的目标值还差多少。我晚上加完班就食欲大增,3月、9月跨部门调动的情况多,聚餐也多,喝酒也比平时多,反正那时候就是"激肥",一个月就能胖五六斤。(ZX-20191207)

在一家服装公司做销售的白领HX在升职后身上不定期地会出现红疹,去医院检查后被告知是由于压力过大造成的荷尔蒙分泌失调。做海外市场咨询的白领LWJ,由于午饭和晚饭时间不规律加上压力过大,在公司的体检中被查出"慢性萎缩性胃炎"。多位女性白领表示,都曾有过"生病没时间去

---

[1] 日本厚生労働省.平成30年中における自殺の状況[R].(2019-03-18).
[2] 樱花烂漫的3、4月本应象征着新生活的开始,却成为日本人自杀人数最多的时期,3月也被日本政府设定为"自杀对策强化月"。每年3月,街头的传单、电视广告、车站的滚动广告牌都会提醒大家珍爱生命、防止自杀。

医院、没时间请假"等经历。

> 去年换了一个新上司,他就是工作狂,从来没见他按时吃过午饭,我也得跟着他的节奏来,有时候说是午饭会议(lunch meeting),一个饭团吃完就一直开会(meeting)。那时候我特别忙,上厕所的时间都往后推,憋着一直到把活儿干完,还有一次得了急性膀胱炎。(LWJ-20190914)

三、集体主义：权力的规训

(一) 一致性与协调性

人类学者中根千枝将社会集团的构成要因概括为"资格"和"场所"两种原则。"资格"包括男女、老少、经历、学历、地位、职业等,"场所"指不问资格差异的符合一定标准的集团,如一定的地区或者所属机构。个人从属于按"资格"或者按"场所"划分的集团或阶级,并存在着"资格优先"或者"场所优先"的情况。而日本人的集团意识一般遵循"场所优先",按场所决定的个人只能从属于一个集团。① 日本人的集团主义具有很强的黏着性,这种高强度的黏着性在职场中表现为高度的忠诚意识。笔者认为"集体忠诚意识"包含两层含义,一是强调所属关系的单一性,二是强调地位的差异性,集体利益优先于个人利益,这就意味着个人要与集体保持一致,有时甚至需要隐藏自己的意见而听从集体,牺牲个人利益以献身集体,职场中的个人主义会被认为是自私即不忠的表现。

一致性和协调性甚至存在于劳动法和公司规则之上,无形中制约着社员的言行。按照公司制度,一般日本大公司会有 20 天左右的带薪休假,随着年龄的增长,休假的天数也会相应增加。但很少有日本人会消化掉所有的假期,一位在日企工作了 25 年的日本经理表示,工作至今至少有 200 天的假期没有休完,除非生病会休假,其他同龄的日本人也大多如此。同时,他们也尽力避免把没有休完的假期凑在一起请长假,一方面会被看成是"以自我为中心"的自私的人,另一方面也避免给其他同事增加负担。女性白领深谙日企基本法则"報·連·相"(日语"報告、連絡、相談"的缩写),意为"时刻向上级

---

① 中根千枝.纵向社会的人际关系[M].陈成,译.北京：商务印书馆,1994.

汇报、保持和相关人员的联系、及时和大家商量"。可以看出,日本职场更为看重个体与他人的关系。访谈中曾外派上海多年的日本部长KK吐露,带中国人下属的初期最头疼的事就是"惊喜太多,有惊,有喜"。

> 我的下属之前在每周的工作汇报里都没怎么提到提案,过了一段时间,下属突然汇报"这个项目没有了"或"这个项目拿到了",我都不知道怎么跟进,拿到的项目,我又怕中间有什么漏洞,中文有个词叫"惊喜",我觉得就是这种感觉,有惊,有喜。(KK-20191213)

而女性白领则表示在这样的职场环境中,入社初期的冲劲和自主性被慢慢磨平,在不出错的大前提下会为了迎合大家在脑海里进行预设。会议的目的不是讨论,而是统一和传达观念。

> 在日本公司待久了,人都变得呆板了。(LXS-20181003)

> 规矩大于方法,方法大于脑子。日本公司不在乎想法是否创新,但一定要按规矩和标准去做。(MCF-20191011)

(二) 开放的办公室

> 你看那些部长经理都忙得不可开交、连眼睛都不抬,实际上心里都跟明镜儿似的。我们部长坐在最里面,我发现他每次从外面回来往里面走的时候,都会扫一遍大家的电脑,关注大家在看什么。(TT-20180813)

作为大型科层组织的一部分,工薪族更多地埋头于复杂的管理和手头的技术问题,缺少独立行动的空间,也更倾向于小心谨慎,容易受到外界的影响。[1] 与中国国内办公室的独立隔间不同,传统日企的办公桌间大多没有隔板,在一个开放的工作环境下,无论是旁边还是对面的同事,甚至是同一楼层的各个角落的同事都能尽收眼底。一方面,这样的设计更强调人与人的联系,有助于同事之间的交流与协作。但另一方面,社员完全暴露在众目睽睽之下,自己的一举一动都受到周围同事的监视。白领THY以前所在的办公室一层有200多人,大约每20人一个部门,各个部门的工作相互独立,但所有人都处在一个开放的环境中。

---

[1] 傅高义. 日本新中产阶级[M]. 周晓虹,周海燕,吕斌,译. 上海:上海译文出版社,2017.

> 我产假结束刚回来的时候,忘记了电脑登录系统端的密码,人事部说要等三天。没有电脑我无法查资料,而且我刚回来,工作内容本来就少,除了开会和见客户,一回到办公室里就待着。然后我就拿了几本和专业相关的书在那看,看了三天。有一次我和别的部门的同事一起出去见客户,他的座位离我大约有10米远,他竟然都知道我那几天在办公室看书的事,夸我特别努力之类的。听完后我反而有点害怕,不知道自己什么行为会被其他人看到,打那以后就会很注意。(THY-20180820)

米尔斯将白领工作的摩天大楼比作巨大的文件堆,而每一间办公室都是文件堆的一部分,这样的办公环境提供了既简单又有效的监督。[①] 此外,在透明公开的工作环境中,个体的行为会更多地考虑到他人。例如:无论你是离开还是回来都要向大家汇报,早上要一边向大家说"早上好"一边走向自己的桌子,晚上起身时也要和大家说"大家辛苦了,我先走了",然后再下班。工作时间离开办公室去见客户,要告诉周围的人"我这就去了",回来的时候亦是如此,告知"我回来了"。一方面,这样的工作习惯可以时刻向周围人汇报员工的工作状态,有利于工作的顺利推进;但另一方面,同调压力也在无形中压抑了个体的意愿。

> 每到下班时间,我有的时候想走,一抬头,看大家都没走,部长也没走,然后就在那纠结:我该不该走?我是不是应该再等一会儿?就这么走了是不是不大好?大多数情况我都是再继续工作一会儿,看有前辈走了,我也差不多就站起来和大家说"大家辛苦了,我先离开了"。(LCQ-20180811)

白领LCQ在入职前就知道日本人"上司不走,下属也不敢走"的职场文化,也做好了"不管别人,工作完成了自己就走"的心理准备,但真正走进职场后,她发现自己无法在众目睽睽之下做最早走的那一个。正如福柯在介绍全景敞式监狱时所述,"权力无所不在,这不是因为它有着把一切都整合到自己万能的统一体之中的特权,而是因为它在每一时刻,在一切地点,或者在不同地点的相互关系之中都会生产出来。权力到处都有,这不是说它囊括了一

---

① 米尔斯.白领:美国的中产阶级[M].周晓虹,译.南京:南京大学出版社,2016:187.

切,而是指它来自各处"。① 传统日企的开放办公室正是这种规训权力的体现,女性白领置身于其中,时刻规范着自己的行为以显得"得体"。

四、身份约束:职业发展的天花板

16世纪,中国东南沿海的商人曾与日本从事贸易往来,并在日本长崎港形成了中国商人聚集圈,德川幕府任命当地华人首领为翻译。与同时期其他东南亚国家的华人相比,在日本的华人翻译既不掌握管理的权力,也不可以从任职中牟取实际利益。同时,中国商人与当地社会被严格区隔,身份不可改变,活动受到政府法令的严厉限制。② 可以窥见,早在16世纪,推崇"同质性"的日本社会就对外国人持有"排他"和"存疑"的态度。

在外企职场中,"天花板现象"经常会被提及,受访的女性白领无一例外地认为"外国人的身份"限制了她们职位的上升,进而也抑制了其收入水平。曾任职日企海外部的白领LWJ认为在具有封闭性民族特性的日本,这一现象更为明显。

> 算上子公司、办事处,我们公司在中国有20多个分公司,这20多个分公司的经理和董事可能有中国人,但在中国的总公司——北京总部的董事长、总裁向来都是日本人,从来没有中国人当过日本公司的中国分公司的总裁,我去新加坡、马来西亚出差,发现东南亚的分公司和总部也是这样。这和一些同样规模的欧美企业就不一样……其实也是,日本人买张机票就来了③,也不太需要中国人拍板。(LWJ-20190914)

在上一章里曾提到,在日本企业扩张海外市场的背景下,需要更多的中国留学生来填补跨国贸易人才的缺口,许多中国人入职日企的初衷也是希望能够接触和中国相关的业务,但在入职前几年,个别白领的工作和中国毫不沾边。在一家解决方案公司担任5年日本国内销售的ZXX认为,公司对于外国员工的"定位不清晰"是造成外国人难以晋升的根本原因。

---

① 福柯.性经验史(第一卷):认知的意志[M].佘碧平,译.上海:上海人民出版社,2016:79.
② 孔飞力.他者中的华人:中国近现代移民史[M].李明欢,译.南京:江苏人民出版社.2016:78-79.
③ 2003年9月,中国政府开放了面向日本人的15天免签政策,这一政策有利于中日民间的文化交流和经济往来。

我们公司的新客户其实特别少，一般都是十几年、二十几年的老客户、大客户，有的大客户需要一个部门二十几个人共同负责。其实各个公司的技术和价格都差不多，业绩的达成也并不是因为自己的销售能力多优秀，更重要的是仰仗公司与客户间长久以来建立的信赖关系。日本国内客户的话，我们外国人就没有优势，日语没有同岗位的日本人好，大多都是常规的（routine）工作也不需要什么创造性，和客户沟通有时会去居酒屋吃饭，有些酒桌上的话也还是听不懂，就很没有存在感，搞不懂为什么要让一个外国人在日本国内市场熬这么久。（ZXX-20191209）

对此，从事多年人事工作的日本人 NM 持有不同看法，他认为"中国新人太着急"。

日本公司常说"一人前"[①]，成为能够独当一面的"一人前"至少需要5~8年。日本大公司多为终身雇佣制，它招进来一个新人，是按照长期发展的角度来考虑个人成长计划。在员工面谈中，许多中国员工都会提到"为什么不让做海外业务？"，其实根本原因还是条件不成熟。不单我们公司，我和其他日本公司的同行交流过，对于招聘来的外国员工许多公司都是这个培养方案。先花几年时间了解国内市场和产品，让国内市场的前辈们带一带后辈。要学会日本的商务礼仪、与客户交涉的技巧，了解并掌握日本总公司的企业精神和战略结构，才有可能去接触你想做的海外市场的内容。这个积累可能是三五年，也有可能因为公司的业务需要以及你个人的成长结果让你一直做国内业务。其实在日企工作了10年以上并且有意愿做海外相关业务的中国人，大部分都是有机会的。但是好多新人都渴望自己能够成为"即战力"，来的第一年就想去做海外市场，干了2年看没有机会就辞掉了。一个刚来的新人，若直接安排到海外市场，只能做基础的翻译和联络工作，这样的工作我们只要找海外分公司的当地人去做就好了，为什么还要花着日本本社的高额人力费去做呢？（NM-20191213）

---

① 一人前：定性标准是在业务上可以一人独当一面，定量标准是五年。

通过上文女性白领 ZXX 和日本人事经理（HR）NM 的访谈可以看出，女性白领和公司定位之间存在一定的认知偏差。在日本公司的人事看来，职场生涯的 40 年里，花几年时间跟随前辈了解日本国内市场是今后个人发展的基石，但这一点和从进公司起就本没打算在一家公司终身工作的中国女性员工的认知并不一致。一方面，女性白领认为造成职业天花板的主要原因是其外国人身份导致"错误的定位"和"不公平的培养模式"，但从公司的立场来看是由于"能力不足"和"时机不成熟"造成了现有职位的偏差。另一方面，与个人的能力和经济实力相比，是否能够运用情感及权力维系集团中的纵向关系、强化和下级的密切联系更为重要。① 职场领导力得益于集团，受到集团内外条件的制约，在纵向社会结构的日本企业中，身为外国女性白领的上下级调节的整合能力并不被看好，在短期内很难获得职位跃迁。

第二节　性别差异：社会建构下的职业角色适应

根据世界经济论坛发布的《2021 年全球性别差距报告》，日本性别差距的分值在 156 个国家中排名第 120 位，在七国集团（G7）中位于末位，并低于同属亚洲的中国、韩国和东盟各国。特别是经济领域，日本位于第 117 位，在男女收入差距和企业高管比例等方面远低于世界平均水平。② 日本企业和社会的传统性别观念使中国女性所处的职场环境更为复杂，并直接影响到她们未来的事业规划。

一、男女有别：职场用语与岗位"潜规则"

（一）"男性用语"和"女性用语"

日语中，人称代词有性别指定，依据性别使用的词汇也不同，比如男性或者女性专用的结尾助词或者感动助词，日语中将其划分为"男性用语"和"女性用

---

① 中根千枝.纵向社会的人际关系[M].陈成,译.北京：商务印书馆,1994：74-78.
② 日本内阁府男女共同参画局总务课.共同参画[R].2021.

语"。虽然在汉语中也有女性常用语和男性常用语,但并未像日语一样做出明确的区分,白领 ZTT 在留学时曾因努力模仿身边日本同学的口语而遭遇尴尬。

> 我那时还不知道有男性用语和女性用语,不管男女在日常对话中经常出现的口语我就会记下来,有一次中期发表会,我顺口说了一句"やばい",被老师课后叫住教育了一番,那是我第一次知道除了主语以外的各种词还有男女用语之分。至今我都还记得我说出那个词时,60 多岁的老教授突然抬头满脸惊讶的表情。(ZTT-20181112)

职场中亦是如此,对于"我"的称呼,男性职员可以称自己"俺(おれ)""僕(ぼく)",在表达情绪时可以用连音或者滑舌音,而女性如果使用连音,则被视为粗鲁、缺乏教养,在职场中的日本女性会避免使用男性用语。日本国语学者寿岳章子认为,从日语的语调,鼻音的频率,女性杂志中文章的长度、种类、词类变化的频率、汉语和外来语的比例,文学作品及歌曲中的女性用语中可以看出,日语是一种要求女性要有"女性气质"的语言。[①] 在语法上,相对于男性,女性在陈述观点时会更多地使用"好像(らしい)""也许(かもしれない)"等表示模糊概念的词结尾,不但削弱了内容的重要性,还会给人以不自信的印象,而如果女性采用直接的沟通模式,又会被认为不够礼貌、缺乏女性应有的谦逊亲和之美。

> 我觉得日语中最难学的就是敬语,如果能说一口标准的敬语就会显得你特别有修养,特别是女孩子,如果能说好敬语会加分不少。(DY-20190717)

> 刚进公司的时候,他们说的有些话我听不懂,我会自己做笔记,把每天新学到的日语记到文档里。我的经理有时候工作烦了就在那自言自语:"やりたくねーよー"(我可不想做),"こんなこと俺できねーよー"(这种事老子可不会)。那时候我听不懂,就抬头看着他,他和我说:"这句日语你不用记,女孩子不能这么说话。"(LXS-20181003)

(二)"综合职"和"一般职"

我们这一楼层大概有 10 个部门 200 多人,正社员的女性不超过 20 人,

---

① 寿岳章子.日本語と女[M].東京:岩波新書,1979.

还大多集中在人事和总务组,有的部门里一个女性都没有。我们部门里有23个人,正社员的女性除了我还有一个日本女生,她比我大5岁,此外还有两个派遣①的女性员工帮我们干事务类的杂活。(THY-20180820)

日本公司的招聘岗位一般会分成"综合职"和"一般职",②"综合职"的员工要求有全局视野,工作内容的难度、承担的责任和压力更大,可能还伴随着工作地点的移动。如:销售、企划、科研开发等。"一般职"则负责一些固定性工作,工作内容单一,不存在工作地点的移动。如:文秘,销售支援等。这种人事管理方法将日本的职业女性进行了分流,人力资本及社会资本丰富的女性多会应聘"综合职",另一部分女性则只能去做"一般职"或者派遣员工,两种岗位在福利、薪金、退休金、晋升空间等方面存在巨大差距。如第一章"个案描述"所述,本书受访对象全部是综合职。

据日本厚生劳动省 2021 年公布的《令和 2 年度雇用均等基本调查(女性雇用管理基本调查)》③,2020 年"综合职"岗位的女性仅占 20%、男性占 80%,即在综合职中录取的每 5 位中仅有 1 位是女性。入职 10 年后,"综合职"岗位入职的女性中有 33.1%仍是一般社员,有 7%升为代理科长或者科长,58.6%的人辞职。20 年后,有 8.4%的女性是一般社员,仅有 5.2%的女性升为管理职,85.8%的女性离职。也就是说,入社 20 年以后有近 90%的女性选择了离职。④ 从上述"男性成为综合职,女性成为一般职"的雇佣状况以及 20 年的职业生涯的发展结果来看,"综合职"和"一般职"的招聘制度只是将性别歧视转化成了"个人的自主选择"以及能力评价后的"正常结果",女性的持续就业状况并没有改善,在日企的雇佣环境中仍然存在着较大的性别差距。

《男女机会雇佣均等法》《男女共同参画社会基本法》等法案的实施鼓励女性走出家庭、走进职场。自 1983 年起日本已婚妇女中的在职女性人数超过

---

① 派遣社员:指外包公司的非正式社员。
② 一些日本公司设立了介于"综合职"和"一般职"之间的"エリア総合職"(区域综合职)、"中间职"或"准综合职",即限定工作地点的工作职位。另外,根据工作内容的专业性还有"专门职"这一种"在特殊领域从事专门性业务"的岗位。
③ 日本厚生労働省.令和 2 年度雇用均等基本調査(女性雇用管理基本調査)[R].(2021-7-30).
④ 日本厚生労働省.平成 26 年度コース別雇用管理制度の実施・指導状況(確報版)を公表します〜総合職採用者に占める女性の割合は22.2%、採用倍率は女性 44 倍、男性 30 倍〜[R].(2015-10-20).

全职太太人数,"结婚就去做全职太太"的生活模式开始成为少数派。2013年,时任日本首相的安倍晋三在联合国大会上提出了"建立让女性发光发亮的社会"目标,并呼吁企业雇佣并提拔更多的女职员。但是,终身雇佣制度的本质仍让女性身陷囹圄,逐年递增的在职女性人数的背后是不断增加的低收入、中老年女性劳动者和不稳定的雇佣形态,笔者认为上述措施在消除男女工作待遇方面虽然实现了法制化,但其实只是治标不治本的表面文章。男女之间在学历和勤务年数相同的情况下,仍然存在巨大的性别差异。为了能够跨越这一巨大的性别差异,女性白领需要平均每周工作49小时以上才有可能升为管理职。[1] 仔细检视日本现行的雇佣模式,可以发现在《男女机会雇佣均等法》实施后30年的时间里,表面上放宽了从业的入口,增加了女性就业的机会,但从其晋升路径、生涯发展等整体上来看并未实现预期的"男女均等"。

二、生育抉择:孕期骚扰与"生升两难"

(一) 孕期骚扰

孕期骚扰(maternity harassment)、职权骚扰(power harassment)、性骚扰(sexual harassment)被视为日企"三大诟病"。"孕期骚扰"是指在职场中因怀孕、产子、育儿等原因对怀孕或者已育女性进行精神及肉体等骚扰,减少女性收入、迫使女性边缘化或解雇的不当行为。[2] 2016年"孕期骚扰"的相关咨询高达7 344件,占雇佣环境整体咨询的34.9%,和性骚扰(35.8%)咨询数量基本持平。[3]

针对上班族女性的调查显示,有近30%的女性表示曾经有过"孕期骚扰"的经历。得知怀孕后,有55.9%的女性表示"虽然高兴,但感到不安",其中有6.3%的女性表示"(没有高兴)仅感到不安"。[4] 白领ZXX在产假结束回归工

---

[1] 経済産業研究所.ホワイトカラー正社員の管理職割合の男女格差の決定要因—女性であることの不当な社会的不利益と、その解消施策について[R].東京:RIETI,2013.
[2] 小酒部さやか.マタハラ問題[M].東京:筑摩書房,2016:9.
[3] 日本厚生労働省.平成28年度都道府県労働局雇用環境・均等部(室)での法施行状況〜男女雇用機会均等法、育児・介護休業法、パートタイム労働法に関する相談、是正指導、紛争解決の援助の状況を取りまとめ[R].2017.
[4] 連合非正規労働センター.第3回マタニティハラスメント(マタハラ)に関する意識調査[R].東京:JTUC,2015.

作后,曾受到来自上司的言语骚扰。

产假回归后,孩子送保育园,刚上保育园孩子容易生病,都有一个适应的过程。我刚开始和上司请假的时候,上司还说"没有办法,好好照顾孩子"之类的,有一次我再请假的时候,他就直接说:"你最近请假有点多啊。"弄得我特别羞愧,一直说"不好意思"。产假结束回来工作半年多的时候,我回国过年,回来还特意给他带了几条烟,他收到烟后竟然说的是:"希望你在新年里不要请假那么多了。"你想想如果是你,你是什么心情?(ZXX-20191209)

几位受访女性白领表示在自己怀孕后,上司曾旁敲侧击地表示"因为怀孕而让团队的任务加重",从而给自己造成了很大的心理负担。

我之前没有意识到我经理说的话也算孕期骚扰,是后来上公司的相关企业法规的线上课程时才意识到的,原来他当初在我怀孕时说的"由于你怀孕即将去生孩子,没人接班,我压力很大"之类的也算。(LWJ-20180914)

其实,我经理和我说的有マタハラ(孕期歧视)的话我都录音了,就想着一定要交到上面,但最终还是没有交,怂了,还是要在办公室活下去。(GHC-20191020)

除了来自男性同事的不理解,女性白领还会受到其他女性员工的嫉妒与嘲讽。白领 JC 的 40 岁女上司结婚多年但没有怀孕,一直在接受不孕不育的治疗。为了不影响今后的工作安排,JC 在得知自己怀孕的第二个月就报告给了女上司,女上司得知消息后,埋怨她没有和任何人商量就怀孕,甚至在 JC 产假结束回来以后,女上司还会当着她的面和别人聊这件事。白领 TT 是意外怀孕,曾经受到日本女性同事的嘲讽:"第二年就去生孩子的人还真是罕见呢。"白领 ZN 在怀二胎的时候,打算在休产假前把 20 天带薪假全部休完并得到了直属上司的许可。但当其他同级女同事得知她要集中休假后,将消息告诉了她的跨级上司。跨级上司训斥白领 ZN"不具有社会人意识""产休本来就会给别人增添麻烦,更应该努力坚守岗位而不是提前休假,不但增添了额外的负担,也不利于办公室的团结",要求她向直属上司承认错误并重新申报产休时间。笔者在女性白领 MX 家里采访时，MX 的丈夫从日企管理层的角度向笔者表明对已婚已育女职工的看法。

> 我的团队里有 4 个人，有一位是家里有两个孩子的中国女性。在冬天还有换季的时候，她家的两个孩子经常轮流生病，经常是一大早就收到她的消息，说非常抱歉，孩子有了什么什么病，今天要请假。有的时候是传染病，学校要求休一周。作为上司，我肯定会回"知道了，好好休息"之类的话，但内心实际上是很不开心的，她的活谁干？到公司后，我还要和其他人协调工作，万一要有客户见面之类的，还需要其他组员挨个打电话更改时间。我们家也有孩子，我也知道养孩子会有许多计划外的事，我觉得我算是能理解的了。但是站在工作的角度，我确实不希望有孩子尚小的妈妈在团队里。（MX 丈夫-20190611）

整理女性白领的访谈记录后，可以将"孕期骚扰"概括为两种类型，一是对孕（产）期福利制度利用的不满，二是对孕（产）妇这一身份的不满，终其究竟，仍是由于男女不平等的社会结构所致。女员工休产假期间，公司很少安排人手来接手她们的工作，家里有孩子的女性无法加班，孩子有急事的话还需要领导把未完成的工作安排给未婚女性或者其他男性职员，无形间加重了团队的工作负担，甚至招来他人的嫉妒和埋怨。

（二）生升两难

职场女性无法绕开"生育"问题，女性的生育计划直接影响了女性的职业发展和生活方式。生不生？何时生？生几个？一系列的选择让她们在职场中束手缚脚，身陷生升两难的困境。"通过培训及轮岗制等习得的工作技能"以及"事业和家庭的平衡"是女性晋升管理职的必要条件。[①] 大学刚毕业到 35 岁间是白领掌握职业技能的关键时期，同时又是女性生育的黄金时期，生养占据了女性有限的时间和精力。在日本大企业里，孕产期女性享有产前 8 周、产后 1~3 年的产假育儿假。从时间及精力的分配和分工合作上来看，和婚前相比已婚生子的女性白领对公司的贡献普遍有所降低。当女性白领经历了 2~3 年的孕期和休假后，重归职场时日语能力的退化、市场的变化、知识和技

---

① 武石惠美子.女性の昇進意欲を高める職場の要因[J].日本労働研究雑誌,2014,648(7):33-47.

能的更新迭代都让她们感到无所适从。同时，她们还需要继续面对职场男性群体和新生后辈们的竞争与挑战。

  我们这一楼层有 6 个女主任，只有 1 个女经理，我们楼上那一层还有 1 个女部长，都是日本人。6 个女主任都是 35 岁以上才做到主任的不说，其中 4 个未婚，连男朋友都没有，她们都和男人一样拼命工作，根本没时间也没机会去谈恋爱，另外 2 个已婚的，老公也是我们公司的。唯一一个女经理是从小在海外长大的归国子女，老公是当初和她同一时期进入公司的同事，进公司第一年就结婚了，现在结婚 15 年了，还没要孩子。我们俩聊过，她不是不想要孩子，也不是要不上，是没法要，每次她下定决心要备孕，就会赶上长期海外出差或者是项目的关键时期无法脱身，一拖再拖，现在拖成高龄了，她也有点后悔，父母和老公都给了她很大的压力。我们楼上那一层的女部长 50 岁还没结婚，她说已经过了想嫁人想生娃的阶段，从她的言行中，我觉得她挺瞧不起像我这种在 30 岁不到就结婚生孩子的女人。（TT-20190425）

  我进公司第三年年末的时候想怀孕，当时我和上司吃午饭闲聊的时候说，一起进公司的中国女孩有 3 个都在进公司的前三年生孩子了。上司听到后说："刚进公司就生孩子，中国人就不在意别人的想法吗？人力资源的浪费啊！"听他这么一说，我就犹豫了，直到后来升为主任才敢生孩子。（ZWX-20180920）

  我休产假育儿假的两年是在国内，所以那两年几乎没怎么说日语。等我再回到办公室的时候，我感觉人家日语怎么说得那么快，我自己的口语表达也不清楚了。和我差不多年龄的男同事曾经打趣说："原来 2 年不说日语会退步这么多！"我当时真的是无地自容，也变得更加没有自信。（LWJ-20180914）

  此外，如果公司得知女性已婚生子，公司对其期待会有所降低，对其工作能力会有所怀疑。白领 TT 曾在休完产假刚刚复职时被上司调侃："是不是希望工作越少越好？我给你安排个不用脑子的活儿？"职场同事也会有"女性因生儿育女可能会辞职"的预设。

  我说我要结婚的时候，办公室就有人问过我"不会辞职吧？"。我生完老大回来工作,我们部长请我吃饭,席间他问我:"还是要去生老二的吧?是不是就不能再当销售了?"(MCF-20191011)

白领 WZM 在拜访新客户的时候,曾被上司告知"不要提及有孩子的事情",一是怕客户认为公司对对方不重视(所以才会找有孩子的女性来担当),二是怕客户对公司的能力有所怀疑(已婚女性能否胜任工作)。据国立社会保障·人口问题研究所的数据[①],因怀第一胎辞职的女性占女性正社员的33.9%,第二胎占 9.1%,第三胎占 11%,非正社员的派遣或契约社员中,因第一胎而辞职的女性高达 70%。在传统的年功序列制度之下,因持续工龄较短,女性在录取、晋升等方面都处于劣势。雇佣均等法的实施给白领女性一个对未来职业生涯的美好期许:女性只要肯努力,就可以和男性一样闯出自己的一片天地。但在和男性竞争中,女性必须要靠加倍努力和顶住多方压力才能实现理想。[②]

三、性骚扰:权力关系下的性要求

(一) 无处不在的环境型性骚扰

针对不同种族和时代的女性在工作场所和公共场合所遭遇的性别歧视现象,学者 MacKinnon 最早提出"性骚扰"(sexual harassment)这一概念。[③] 日本人事院将"在工作单位等地方,对异性有令对方不快的有关性的言论或行为"定义为性骚扰。[④] 在 2018—2020 年 3 年间,日本都道府县劳动局接收到的咨询投诉中,超过三分之一的案件都和性骚扰有关。[⑤] 在 25～44 岁的日本职业女性中,34.7%的正社员遭受过性骚扰,其中,谈论"相貌、年龄、身体特征的话题"(53.9%)及"关于性有关的话题"(38.2%)在性骚扰行为中比例最高。[⑥]

---

① 日本国立社会保障・人口問題研究所.現代日本の結婚と出産第 15 回出生動向基本調査(独身者調査ならびに夫婦調査)報告書[R].(2017-3-13).
② 上野千鶴子.近代家庭的形成和终结[M].吴咏梅,译.北京:商务印书馆,2005:60.
③ MacKinnon C A. Sexual harassment of working women: A case of sex discrimination[M]. London: Yale University Press,1979.
④ 井上輝子,上野千鶴子,江原由美子,等.岩波女性学事典[M].東京:岩波書店,2002:296.
⑤ 日本厚生労働省都道府県労働局雇用均等室.令和 2 年度雇用環境・均等部(室)における法施行状況について[R].2021.
⑥ 独立行政法人労働政策研究・研修機構.妊娠等を理由とする不利益取扱い及びセクシュアルハラスメントに関する実態調査結果(概要)[R].東京:JILPT,2016.

职场性骚扰分为交换型性骚扰和环境型性骚扰两种。[1] 交换型性骚扰是指由于劳动者对性的言行表示拒绝或者抵抗,导致劳动者受到不予升职、降职减薪、拒绝继续更新劳动协议、解雇等不公平待遇的性骚扰行为,可以细化为代偿型、报酬型和地位利用型。环境型性骚扰是指由于性的言行而引起劳动者心情不悦,进而严重影响劳动者的能力发挥等对劳动者产生不可忽视影响的性骚扰行为,可以细化为身体接触、言语骚扰、视觉骚扰。访谈中发现,大多数女性都表示曾有过性骚扰的经历,其中以环境型性骚扰居多,多集中于言语骚扰。

> 每次合影的时候,我的经理就趁机把我搂过去,把手搭在我肩膀上,很不舒服。(LWJ-20190914)(身体接触)

> 办公室团建,一起去2天一宿的温泉旅行时,我的经理就在那讲"黄段子",也不顾在场女性的尴尬反应,然后第二天就和我们说"昨天喝多了,说什么都不算哈"。(FJH-20181112)(言语骚扰)

> 办公室有个50多岁的"单身赴任"的大叔,他的鼠标垫上画有穿红色内衣的金发美女,他的鼠标就在上面磨来磨去,我每次都不想去他座位谈事情。(CLL-20190519)(视觉骚扰)

> 前公司的部长每天上班会问我们女同事"今天穿了什么颜色的内裤?",真的是每天都会问,他65岁退休的时候,我们还给他颁了一个"性骚扰大赏",感觉日本人都没太当回事。(XQQ-20190403)(言语骚扰)

(二)过度反应的恐惧与无理可说的困境

面对性骚扰行为,60%的被骚扰者选择了忍气吞声。[2] 当笔者询问有关性骚扰话题时,多位女性白领最初的反应是"没有遇到",但当笔者将言语骚扰的例子分享给她们时,很多人又改口表示:"如果这样也算的话,那我也遇到过。"同时她们又反问笔者:"如果连这点儿事情都向上汇报,是不是有些反应过度?"尤其面对打擦边球的言语骚扰,因为惧怕被办公室同事孤立贬低

---

[1] 日本厚生労働省・都道府県労働局雇用均等室.事業主の皆さん職場のセクシュアルハラスメント対策はあなたの義務です!! [R].2015.
[2] 日本独立行政法人労働政策研究・研修機構.妊娠等を理由とする不利益取扱い及びセクシュアルハラスメントに関する実態調査結果(概要)[R].東京:JILPT,2016.

或者影响工作,大多数女性白领选择装聋作哑、息事宁人。

> 我们那位女经理从主任起就被部长当众问"今天内裤是什么颜色?",都被问了十几年了,虽然她总说要去打公司热线(hotline),但一次也没打过。我刚开始听到的时候有点尴尬,但如果我做第一个向上面汇报的人,办公室的其他人会怎么想我?我慢慢也就习惯了。(XQQ-20190403)

> 我刚进公司第一个月,就感觉人事对我挺照顾的,因为就我一个外国女生,我以为他是考虑到文化和语言不适应什么的。他和我说过,我的升职加薪还有年度测评最后都是归他管,然后还约我一起出去吃饭,吃了两次我就发现,每次他都说大家一起,到饭店最后就是我们两个人,我就觉得不对劲。他还经常发信息嘘寒问暖,让我很不舒服,但我那时候就是"小白兔",也不知道该怎么办才好。后来培训结束,我被分到现在的部门,发现我的个人评价完全和他没关系,他当初就是想用他的地位来占我便宜。(LJY-20180822)

同白领 LJY 一样,白领 DQM 也曾在刚入职时遭遇了交换型性骚扰,曾收到上司"一起去泡温泉""一起租房子"的口头挑逗。身为外国人及刚刚步入社会的新人,女性白领在遇到令自己不悦的性言语或行为时,会有"这算不算性骚扰?"的困惑,会进行"我日语不好,是不是我歪曲了对方的想法,自己想多了?""是不是日本职场都这样?哪里的社会都是这样的"等自我疏导。米尔斯曾指出,在白领的金字塔中,年轻的女性一般受控于年长的男性。[①] 追本溯源,性骚扰归根结底是性别及权力不平等的产物,处于弱势地位的"新人"兼"外国人"的女性会成为有经验的年长男性的目标。

> 女前辈告诉我,就当没听见,不接话茬,也不用反驳,专心做自己的事。(XQQ-20190403)

学者 Woods 曾对职场持续发言权进行分析,发现性别比职位更能预测接下来的发言权在谁手中。[②] 言语上的性骚扰会直接影响沟通模式,在工作进

[①] 米尔斯.白领:美国的中产阶级[M].周晓虹,译.南京:南京大学出版社,2016:70.
[②] Woods N. Talking shop: Sex and status as determinants of floor apportionment in a work setting [M]//Coates J, Cameron D. Women in their speech communities: new perspectives on language and sex. London: Longman, 1989: 141-157.

行中选择沉默,不但侵害女性作为工作参加者的权利,也不利于工作内容的讨论和顺利推进。性骚扰式的言行迫使女性采取"只在被提问时才开口回答,此外则一律微笑不语"的典型行动,①逐步将女性员工逼迫到了"辅助性"的位置。

第三节 阶级差异:职场阶级的辈分适应

日本人之间的人际关系具有地方性强和直接接触式的特点。② 这一结构特点在日企中同样存在,直接接触时间的长短与程度的深浅直接决定个人在职场集团中的地位。因为接触的时间相对短,彼此之间的文化不了解,后辈、新人、外国人的多重身份使女性白领处于这种关系的最下层。

一、年功序列:纵向社会的序列意识

如前文所述,日本是基于集团的纵向社会。共同的场所使成员稳定并坚固地连接在一起进而形成了一个封闭的集团,纵向的组织即序列意识是形成这种"一体感"的重要因素。日本人建立的等级制是基于业已形成的个人与个人、个人与国家的关系,"各取所需"是指导日本人信赖秩序、拥护等级制度的根基,每个等级都有其自身的限制条件,但也因此而更加安全有序。③

从学生时代的社团活动起,前辈便具有绝对权威,从学校教育系统中被逐渐制度化和组织化的纵向序列意识伴随进入社会而植入公司中。如前文所述,在高学历相对普及的日本社会,学历水平对本人的职业水平的影响相对减弱,"学校名气""OBOG 表现"成为选拔的重要标准之一。"毕业于哪一所学校"在录取及今后的晋升和团队关系中都有着举足轻重的影响,这也是"前辈后辈"的纵向序列意识从学校到社会的延续。日本人介绍与自己毕业

---

① 江原由美子.性别支配是一种装置[M].丁莉,译.北京:商务印书馆,2005:248.
② 中根千枝.纵向社会的人际关系[M].陈成,译.北京:商务印书馆,1994:26.
③ 本尼迪克特.菊与刀[M].吕万和,熊达云,王智新,译.北京:商务印书馆,2003:32-49.

于同一学校的同事时,会特意补充解释"前辈"和"后辈"的关系,一些大企业的内部设有单独的校友会。

> 我们公司内部有早稻田大学的校友组织——稻门会,从早稻田大学毕业的OBOG们会在每年11月举办一次"恳谈会",上到公司董事下到刚刚进入公司的新人社员,每年都有近百人参加,大家在恳谈会上互换信息,扩大公司内部的人脉。(ZX-20191207)

年功序列制是指根据年龄及连续工作年数来决定职位和待遇的人事制度。具有相同能力的员工,工龄和序列会影响他们的地位和待遇,和企业规模、学历等因素相比,加入公司的时间对工资的影响更大。但上述观点不代表日企职场完全忽视能力差别,在一定的范围内仍会履行能力评价这一判断标准。比如说,同一部门且同时进入公司的两位同事,提拔名额有限时就要考虑到个人的能力。工龄与能力相互牵制,但以工龄为基础的序列制仍是主要趋势。

二、先后有别:约定俗成的处事规则

同性别一样,辈分和年龄在日本职场享有较大的特权,[1]职场中人们对于前辈与后辈的认知存在刻板印象,具体体现在集体认知和个人认知两个层面。在集体认知层次上,大家普遍认为在态度和礼节上,后辈应该向前辈学习并服从意见,前辈应该指导后辈并理应受到后辈尊敬。在个人认知层次上,前辈认为"我是前辈,责任更大,有权力指点后辈",后辈认为"我是后辈,不应该冒犯前辈"。

> 我参加"入社第五年员工培训"的时候,一个日本女同事和我抱怨她们办公室的中国新人,上班第一年拎一个名牌包,她觉得很不可思议。她说,除了说明中国人很有钱以外还有就是没有展示出谦虚的态度,她当年当新人的时候肯定不会用比办公室的前辈女性更高级的包。(LM-20191120)

> 我刚从学生变成社会人的时候不知道该怎么穿衣服,培训课的老师告诉我们"秘诀"是看前辈,看看职场的女前辈们都穿什么色系、什么款式的衣服,模仿她们是最安全的。同时要注意不能穿得比前辈随意,头发的颜

---

[1] 本尼迪克特.菊与刀[M].吕万和,熊达云,王智新,译.北京:商务印书馆,2003:32-49.

色也是如此,不要染比前辈头发颜色浅的发色。(ZSX-20190818)

  我在刚进公司的时候因为称呼闹过笑话。我们部有一个年龄看上去和我差不多但进公司比我早几年的日本女孩,叫渡边麻衣,她对我这个新人也特别照顾,每天中午叫我一起吃午饭,我不明白的事情她都会偷偷告诉我。我看组里的大家都喊她"麻衣酱"(マイちゃん),我也跟着大家一起喊麻衣酱,叫了快半年,有一天她告诉我说,在日本公司,其实是不可以称呼前辈后面的名字的,也不可以在后面加ちゃん。她觉得我们关系好可以无所谓,但考虑到以后我还会接触到别的女同事,觉得还是应该告诉我一声。我当时就很尴尬啊,仔细想想,整个部里除了我都比她年龄大、资历深,所以大家才叫她マイちゃん啊,我作为新入社员就这么称呼人家前辈确实不妥。(LXH-20181002)

从上面的访谈中可以看到,前辈与后辈的刻板印象在敬语的使用、衣着搭配、工作内容等方方面面有所体现,不得越位。特别是敬语的使用,等级划分十分清晰,日语里有尊敬语、自谦语、礼貌语三种,根据对方身份区别应用在上下级、长幼、亲子的不同场面,贯穿于日常生活中。在公司里,"前辈""同期""后辈"之间有着约定俗成的界限,在确定工龄后,就座位置、发言顺序、讲话内容的长短、是否该使用敬语等方面都会有所考虑。进入日本职场的女性白领努力规范自己的行为以符合自己的后辈身份,"前辈与后辈"的规则逐渐内化为自我认知的一部分,使其变得顺理成章。

三、平等主义:能力靠后的按资排辈

(一) 平等主义下的按部就班

  我求职的时候,询问那些已经工作的前辈们的工资情况,他们给了我一个公式:除去金融保险咨询类的高收入企业,在大多数日企本科毕业22岁,初任给[①]22万(日元),30岁30万,40岁(40万),50岁(50万),再加上每年5~6个月的奖金,这就是大多数日本白领的年收入情况。(MX-20190611)

[①] 初任给:指毕业后初次任职的薪资,比如大学毕业生在找到第一份工作时,从雇主那里获得的第一个月的工资就是"初任给"。

年功序列制可以让每个人大致估计未来10年、20年甚至退休时的职位与工资。行业不景气或公司赤字可能会影响到一些管理职的奖金,但对于普通员工的月工资不会有太大影响。年功序列制度彻底贯彻了平等主义原则,相对于个体的不同之处,工龄是适用于任何人且毫无差别的评价变数。[①] 员工可能无法预计自己未来会在哪个部门工作,但能够准确地预见自己何时可以升职到下一个级别以及什么时候成为部门领导。[②] 在员工聚餐或者私下交往时,女性白领会向前辈请教他们每一步晋升的年限,以此推断自己大概什么时候能够升职。

> 我上一个就职的日本公司的前辈们大概什么时候升为主任或者经理我几乎都问过,我也能猜到要是一直在这个公司的话,我至少要5~8年才有可能升为主任,当上主任后还要再过8~10年才能升为经理。(XQQ-20190403)

> 我向前辈们打听大家都什么时候从新人升为主任,有一个前辈告诉我他在刚进公司第4年就升为主任了,这在日企简直太不可思议了。我说是不是他拿到了什么大项目或者得了社长奖什么的,他说不是因为他能力强,而是他部长把他的入社时间给记错了,后来才发现,但升都升了就不能再降下来了。你看,日企里看重的根本不是能力,而是时间。(FJH-20181112)

"同期"表示同一时期进入公司的人,因为日本大企业多为"终身雇佣制"和"年功序列制",大家在同一家公司从基层一步步升到管理阶层,同期之间的情谊相对深厚。同一时期进入公司的同事也经常会举办"同期会",除了交流感情外,目前的职位和今后升职的计划都是大家谈论的重要话题。

> 我和同期里一个日本小女孩关系比较好,进公司第2年的时候她被调到我们部。每到1、2月的时候,我俩都会一起算算部里该谁能升职了,她对组织结构比我这个外国人分析得更准确,是她告诉我不但要考虑工龄,还要考虑比我高一级的前辈的人数,若高一级的人不升到再高一级,我们底下的新人的机会就少。我们部当时前辈们都比较强,我们俩都在第3年的时候升了一级。(SKK-20210612)

[①] 橘木俊诏.日本的贫富差距:从收入与资产进行分析[M].丁红卫,译.北京:商务印书馆,2003:83.
[②] 傅高义.日本新中产阶级[M].周晓虹,周海燕,吕斌,译.上海:上海译文出版社,2017:155.

"同期会"令大家更加清晰地掌握了自己在公司内部的位置,如果同期中有人先得到提拔,其他人就知道自己离升职也不远了。得益于社会集团的稳定性和密度较高的组织结构,越是历史久远的大企业,序列的力量就越强大。① 对于同时期进入公司的职员,管理者在考虑提拔人选时会尽量照顾周全,以免差距过大引起同期的不满,但由于公司规模过于庞大,每个部门内部也有自己的+α评价体系(额外的评价标准),在大公司里升职时间会存在少许偏差,也出现了上文中因上司记错员工的入社时间而提前升职的笑话。

> 一起进公司的5个中国女孩中,因为我是销售,加上我所在的部门里经理和主任比较少,所以我是升得最快的,但其他4个人也在我后面的1~2年内都升职了。(WZM-20180910)

(二) 平等主义下的不平等

在面向300名驻日外国人白领的调查中,有70%的外国人对日企工作的整体环境表示满意,其中评价最低的项目是日企的"人事制度"和"评价体系"。② 多位女性白领表示"钱都让公司的老年人拿走了,年轻人没钱没机会",管理层成为"贵·懒·油"的代表。

> 我是真受不了我们公司的评价制度,每一期给人的表现打分(从高到低为S、A、B、C、D)可以理解,但人数竟然也有限制。有一年我特别特别努力,业绩也特别好,人事竟然和我说:"这次你真的是特别努力,但S和A的人数已经满了,不能再增加了,不好意思,这期只能给B了。"这是什么逻辑!难道是报考大学吗?同期会聚餐聊天,我发现有几个人没有升职,竟然也是因为他们部里没有名额。(JHY-20181120)

> 不到30个人的部里,1个部长、8个经理,有2个经理一个下属也没有,但也叫经理。(THY-20190827)

> 期末报告大会上,事业本部长讲话时说我们今年业绩不错,为了稳定民心,他鼓励大家再努力一下,争取明年能多分出一个部门,这样就又可以多出一个部长、几个科长、几个科长代理。真是搞不懂!(FJH-20181112)

---

① 中根千枝.纵向社会的人际关系[M].陈成,译.北京:商务印书馆,1994:38.
② The Adecco Group.日本で常勤として働くホワイトカラーの外国人財300名を対象にした調査[R].東京:Adecco Group AG,2017.

公司太大的话,有的部门闲得一天到晚就是做做资料、喝喝茶水,有的部门忙得昏天暗地。和我一起进公司的中国女孩,她在一个闲职,我忙得连厕所都去不了的时候,她竟然可以逛购物网站,但除去加班费用,我们俩的工资是一样的。(JSL-20191212)

从上述案例可以看出,很多有能力的员工并未得到相匹配的高工资。但在名企光环和旱涝保收的终身雇佣制度的庇护之下,他们并未失去工作的热情。[①] 从终身雇佣制来看,工作不单单是为了获得报酬,同时也具有维持结构平衡和保障他人工作机会的社会意义。在传统日企中,一方面平等主义可以维持待遇较低的员工的工作热情,另一方面平等主义也滋生了"磨洋工""光杆司令(没有下属的管理层)""饱的饱死、饿的饿死"的不平等现象。

第四节　调节与适应

一、身份认同:"比日本人还像日本人"与"我就是外国人"

当被问及"上司或周围人对自己的评价",多位受访者提到"他们说我一点儿都不像中国人",甚至有两位白领被评价为"比日本人还要日本人",究其原因,除了着装打扮之外,更重要的是对她们职业态度的肯定。

我刚被分配到我们部门的时候,事业本部长说我是我们部调来的第一个中国人,他经常去中国出差,如果我不说话,他都没看出来我是中国人。这说明他对我有一种身份预设,我心里就想着一定要好好工作,绝不能让他以为中国人的工作能力不如日本人,我当时真的是这么想的。(LCQ-20190811)

日本部长 KK 总结了他外派上海时所接触的个别中国员工的"诟病":"经常迟到、不守时","工作态度不端正,很多事觉得差不多就行

---

① 橘木俊诏.日本的贫富差距:从收入与资产进行分析[M].丁红卫,译.北京:商务印书馆,2003:83.

了""和团体利益相比较,更在乎自己何时出人头地""上班时间使用聊天软件,茶水间一聊就是半小时"。(KK-20191213)

但在日企工作的女性白领,特别是通过"留学-工作"途径进入日本公司的女性白领,自留学、求职起就受到日本文化影响,就职后接受日本式的技能与礼仪培训,工作中的同事和伙伴也大多是日本人,在潜移默化中形成了不同于日本人"常识中"的一些中国人形象。

新入职场的中国女性白领都曾当过办公室里"读不懂空气的人",吃过亏受过教训,在云里雾里让人看不透的"暧昧文化"的浸染之下,女性白领逐渐找到了自己处事的平衡点,有的白领学会了作为社会人的"看破不说破",也学会了日本人"暧昧"的说话方式。此外,许多女性白领很在意他人对自己的评价,特别是基于外国人身份,认为"更不应该给中国人丢脸""我们中国人不是你想象的那样",通过加倍努力获得了"比日本人还要日本人"的评价。受到周围环境的影响,她们在请长假的时候确实会"纠结""不好意思""认为自己给同组成员增添了麻烦",但在行动上,日本人想请但不敢请的"连续年假""月经假",部分白领都有过尝试。

> 我从进公司第一年起就一直回国过年,一到中国年就请假一周。第一年我上司还有些"面露难色",但后来他们也理解了,大家都知道我会在中国年请假一周。当然,我回来以后肯定是加倍努力,把落下的工作补上。我们办公室后来又来了一个中国小姑娘,我们经理竟然主动问她:"你过年得回国吧?"小姑娘特别感动,她不知道这都是我作为前辈立下的"好传统"。(LDJ-20190912)

> 除了正常的休假外,我们公司每个月还有三天"月经假",我问过办公室其他的日本小姑娘,她们都没用过。当然大多数是用不上,但也有来月经时不舒服的,她们就吃药挺着也不请假。我应该是我的经理工作了几十年遇到的第一位使用"姨妈假"的女下属,他听到后第一反应是"还有这个假吗?"我把公司的制度文件打印给他看,他才知道。第一次我俩都有点尴尬,但后来每个月到那几天我直接就在系统上申请,他就会收到邮件,我们俩就都习惯了。我觉得公司给大家的福利,就应该充分利用起来。但至今为止其他女职员好像还是没用过。有一个日本女

孩问过我怎么和经理说的,我就告诉她了。最后她还是没好意思开口,她是通过"带薪休假"的方式休息的。其实也可以,反正日本人每年的"带薪休假"都休不完。(TT-20190425)

正如上文白领LDJ所说,她认为自己从入社第一年起就坚持请一周假回国过年的行为是"立规矩",在本职工作做好的基础上,享受应有的福利并不需要对他人愧疚或在意他人的眼光,同时自己也是在为后辈的中国人争取权利。当在工作中遇到矛盾时,女性白领并不拘泥于日本职场所规定的工作方式,会善于利用"外国人"的身份进行调节,充分发挥自己"中国女性"的身份优势,将其打造成自己独一无二的工作优势。

有一个客户,是日本食品产业的百年龙头企业,整体社风都比较保守,我们两家公司有30年的业务往来。从进公司起我一直负责与这家公司相关的业务,每周我至少去两次,他们部门从部长到新入社员我都认识。他们60多岁老部长退休的时候,我们给他开欢送会。老部长说,当年我刚和他们公司对接的时候,他心里有过多次"震惊"。"最大的震惊"翻译过来大概就是"我说话太直白,他不知道该怎么接"。回想起来,我当年和他对话的时候,确实有时一个问题抛出去,他的眼神中写满了惊讶(笑)。我的经理后来也发现我这个"毛病"改不了,他就利用我这一点,每次见客户前,他不好意思问出口的问题,都事先列出来让我问,然后他在旁边观察对方的反应、读取信息、打圆场,许多项目都是我们俩这么合作成功的。部长给我们俩的评价不是上下级,是"名コンビ"(明星搭档)。(FJH-20191006)

我是一个外国人,所以我不一样。日本客户大多会认为不是我性格的问题,是中国女生大多如此,他们也就不在乎(care)了……大家会认为我是能办事、能成事的!(LCQ-20190811)

白领FJH和日本人上司的"明星搭档",二人取长补短。"直来直去"的FJH负责"提问、点破",日本人上司负责"读取信息、打圆场",化弱势为优势,形成自己作为外国人在日本职场的独特风格。白领LCQ化差异为武器,认为和周围日本女性的点头依附相比,坚定说出自己观点并据理力争的中国女性反而更具信服力。

二、性别认知："拼命派"与"保命派"

一位曾和中国女孩交往过的日本男性友人表示："中国女孩太强势，无论中国女孩多么漂亮也不会再和中国女孩谈恋爱了。"这是笔者第一次听到有日本人用"强势"这一词评价中国女性。在访谈中，笔者发现原来多位中国女性白领在日本职场中也都曾收到"强势"的评价。

> 辞职后我和以前的同事一起喝酒，他们就说我"強い"，我说："我很强势吗？我这个性格在中国怎么可能算得上强势呢？"他们说："你认为对的事和你想做的事你从来都直奔主题，从不拖泥带水，而且一定做成。和办公室里的日本女孩相比，这就算很强势了。"我就和他们说："那是你们身边许多女生太听男人话、太没有主见了，中国女孩大多和我一样。"(LCQ-20190811)

> 我是做软件系统销售的，面向的都是日本企业客户，客户核心系统如果出问题第一时间就会联系销售，手机需要 24 小时开机，工作强度比较大。工作日我早上 5 点起来给客户发邮件，然后再准备早餐，送宝宝去幼儿园，再去公司。一次闲聊，客户问我："你这么拼，你们家是靠你养家吗？"我说："我老公比我赚得多。"他说："你一个女孩子，其实不用这么拼的。"(WZM-20180910)

在日本企业综合职岗位 5∶1 的男女录取比例之下，[①]中国女性白领在日本职场的出现本身就是对传统职业角色认知的挑战。在生育前，女性白领会在工作上付出更多的时间和精力来积累经验和信任度，从而为生育后的回归争取更多的谈判资本，受访者里，有两位已婚已育的女性白领在产假结束重回职场后，加倍努力超额完成预算，在两年内实现了升职加薪。

> 我怀孕的时候，一周会有几天加班到夜里 10 点左右，一直到休产假。其实我也不用那么拼，但心里就想着不能因为我怀孕了而影响团队的工作，觉得自己得加倍努力来填补因个人原因而给团队带来的损失。我也想向别人表明，我可以，我是不会因为生孩子而影响工作的。我去休产

---

① 日本厚生労働省.令和 2 年度雇用均等基本調査(女性雇用管理基本調査)[R].(2021-7-30).

假前,事业部长对我的评价是"真的特别努力,没有因为怀孕而影响工作"。(LWJ-20180914)

白领 LXS 主动组织同期聚会,了解同时期进公司的大家处于哪个级别,积极参加职场聚餐和跨部门培训,寻找新的晋升途径。最终她寻找到了作为女性管理者晋升赛道的突破口,并结合自己作为中国人的优势,成为所有同期中升职最快的一个。

近几年为了响应日本政府"支持更多闪闪发光女性"的号召,我们公司一直在努力扩大女性管理职的比例。我就改变了思路,想怎么才能在同龄女性中出头,比如说在我们楼层设立每周三的中国语晨读、开展中国市场信息分享会,这些都为我后来升职起到了"+α"的加分。同龄的男性可能有的比我优秀,但因为我是同龄女性里表现最突出的,所以我是我们同期所有人里第一个升到主任的。(LXS-20191212)

日本人眼中的"强势的中国女性白领"是相对于日本女性而做出的评价。在常年的工作中,中国女性白领也学会了去迎合日本社会所规定的女性标准的"示弱",在态度言行上"像日本女人一样装傻","日本女人夸奖男人不是有一套「さしすせそ」①(夸赞男性的口诀)嘛,在职场也很受用","已经会的事,我也要表示第一次听说"。前辈发表言论时她们表现出崇拜与夸赞:"原来是这样啊!"聚餐时,男同事卖弄学问时她们假装听着不予反驳。

传统的日本职场对女性职员的能力持有怀疑态度,白领 FJH 曾经和上司一起去拜访一家大型食品公司的客户部长,在交谈中,对方告知她是第二个来谈合作项目的女性,并讲述了之前那位女性因为办事能力不够而被他训哭的故事,委婉表达了对其能力的怀疑。几位做外勤的女性白领表示,特别是重要会议或需要向客户道歉时,"男上司同行"是标配。

我刚进公司的时候,和一个 35 岁左右的日本女主任一起给客户做提案,平时开会时候都是我们俩,最后去见客户的时候她又拉来了一个三四十岁的男主任,说是这样的话我们看起来更专业,客户更安心。我当

---

① 夸赞男性的「さしすせそ」口诀:"さすが!"(不愧是你!);"しらなかった!"(我不知道哎!);"すごい!"(好厉害!);"センスがいい!"(好有品位啊!);"そうなんですか!"(原来是这样啊!)。

时就想:"我们两个稍微年轻一点的女人难道就不行吗?"但后来工作久了,我发现我也变成了这样的人,有一次,客户生气,两个女同事去的,客户说:"叫你的男上司来!"我立即就给我的男上司打了电话。现在我去见一些重要客户时,根据情况我也会考虑找个男上司来"镇场子",显示重视。(DY-20190717)

"带个男主任同行",表面上看是日本女主任对女性能力缺乏自信,实则可以反映出女性在日本职场的边缘地位,"中年男性更专业"的观念已潜移默化地浸透职场。如上文中的白领 DY,随着工作阅历的增加,她也学会了"在客户面前借助男上司来树立威信",以此来面对和解决女性身份给职业发展所带来的局限性。

三、自我实现:挑战序列与离职跳槽

在敬语和穿着上,中国女性白领大多认可日本职场要求的"恪守作为后辈的本分"。但在工资待遇和工作程序上,多位中国女性白领不愿在序列升级的机制中缓慢攀爬,在工作内容、收入水平等方面直接表达自己的诉求,向日企多年来稳固的序列制度提出了挑战。在受访对象中,有 6 位白领表示"曾经和上司或人事交涉晋升条件"。

> 我大学刚毕业的时候,感觉工资挺多的,一个月 1 万多,比国内一般的同龄人都高,但过了 5 年以后,你就看,国内同学的升职空间和涨薪幅度远远超过日本。在给公司提意见的会议上,我直接问人事为什么不能导入"奖励制",多劳多得是社会规律,并和人事探讨了中国某公司的末位淘汰制。他说,日本人就不会直接问这种问题,觉得我还是很有想法和勇气的。(LJX-20190810)

> 我可能是我们部里第一个和人事谈升职条件的新人。我在第三年的时候已经升了一个级别,业绩面谈的时候我就和人事说:"我在保证业绩的前提下,希望能够在第 5 年再升一级,如果不能升的话我就打算辞掉了。"人事听到这么直白的对话表现出满脸的惊讶,和我解释"公司有公司的规定"之类的,后来我在第 4 年、第 5 年的人事谈话时都和他再次强调自己的观点,最后在第 6 年的时候我被提升为主任,包括日本人在内我

应该是我们同期中升得最快的了。(YD-20210629)

我每年有2次年末考核和2次中期考核,无论是人事还是部长,都很在意我个人的想法。部长也很坦诚地说:"你是分到咱们部门的第一个外国人才,我们没有经验,但我们很重视,希望能够好好培养你,一起制定适合你的职业规划。"(WZM-20180910)

在焦点小组访谈时,多位女性赞同"和同一年进公司的日本女性相比,她们属于'早婚早育'的代表",公司人事在被迫接受现状的同时,和她们探讨并制定适合中国女性员工发展的职业生涯规划。虽然双方对工作的认知和思维方式存在一定的差距,但中国女性白领并没有完全妥协,她们积极主动地寻求解决办法,对传统的日本人事制度产生了自下而上的影响。

许多传统日本企业不能准确地把握留学生的职业生涯计划,对留学生的工作意向和态度并不了解,从而引发了雇佣管理方面的一些问题,造成了优秀外国人才的流失。[1] 虽然日本企业对优秀的外籍员工"求贤若渴",日本社会也鼓励女性走进职场,但传统的日本社会及人事制度结构还未能及时做出调整以吸引并留住更多的外国女性员工。近年来,一些企业推出"第二新卒"制度,[2]面向毕业后工作未满三年的求职者提供转职机会。多位中国女性白领曾经尝试"第二新卒"制度,并有部分白领在成为社会人后的第2年和第3年成功实现了跳槽,一些未婚的女性白领甚至在入职之初就已经把"3年就跳槽"作为了后备选项。也有女性白领因不满日企中的等级制度、工作内容而选择跳槽去了相对自由的外企。白领 ZTT 在进公司第一年就选择了从一家制造公司跳槽去了德国汽车公司,白领 LHM 为了争取更多的海外出差机会,在进入公司第3年跳槽去了德国咨询公司,白领 TT 因为"不满前辈的职权骚扰",在工作第6年跳槽去了美国软件公司。

从进公司起我就没打算要在一家公司待一辈子,终身雇佣制与我无关。培训结束正式配属不到半年我就辞了,我发现日企并不适合我,就

---

[1] 白木三秀. 留学生の就職と採用における諸課題[J]. 留学交流, 2008, 20(2): 2-5.
[2] 这一类求职者拥有短时间的社会经验,能力介于毕业不久的新人和独当一面的资深员工之间,既可以利用在先前公司学到的职场基本技能,为公司减少培养成本,又可以在未被原公司文化完全同化之前为新公司所用,"第二新卒"在转职市场的需求持续增高。

赶紧换方向。(ZTT-20181112)

> 我就是想从事中国市场业务,之前的公司头两年不给我机会,让我负责日本国内市场,弄得我越来越不自信。现在的公司每个月都会派我去上海、苏锡常一带出差,我就很开心,还能顺便回家,我自己想做的事我就愿意花心思去做。(LHM-20190325)

在之后的追加采访中,上文中的白领 ZTT 和 LHM 仍在跳槽后的德企工作,白领 TT 再次从一家美企跳槽到一家瑞典企业,工资比在日企时翻了 2 倍。3 位女性白领均表示,一旦从日企跳槽到外企后,就很难考虑再回到日企。除从日企跳槽到外企的女性外,受访女性中有 9 位女性选择了辞职创业,如开设中日贸易公司、日式形象设计工作室等。曾在大型咨询公司工作的白领 JSL 辞掉工作后连开两家"卡拉 OK 小酒馆",现阶段的目标是每年新开两家酒吧。在开酒吧前,她还特意到银座的会员制俱乐部(cabaret club)"实习"。面对呆板、传统、短期内又难以改变的日企职场,中国女性白领充分发挥主观能动性,对自己的职业发展做出新的规划与调整。

> 我爱喝酒,爱聊天,白天起不来,晚上爱熬夜,日企真的太束缚我了,我觉得自己的天职就是开酒吧。为了体验一下这个行业里最高级别的店是什么样子的,我 3 月辞职,4 月就去银座会员制俱乐部(club)实习一个多月,后来又去キャバクラ(cabaret club)工作了一个半月。我离开的时候,业绩已经是店里第三名了。人生最重要的就是"做自己",我无法想象把自己大半辈子都锁在日企里会是什么样。(JSL-20191212)

第五节 本章小结

从"留学生"到"社会人"的身份转变是中国女性白领在日本生活的重要节点。本章聚焦研究对象的"白领"身份,阐述了其在职场这一场域所面临的国籍、性别、阶级的矛盾与冲突,并对中国女性白领面对适应困境时做出的调适和选择进行了分析。

中国女性白领在职场适应中受到了群体中文化差异、职业角色和按资排辈的制约。外国人的身份限制了中国女性白领的职业发展，中国女性白领的自主意识和日本职场的暧昧文化、集体主义产生了冲突并使工作受阻。高强高压的工作、处于监督下的工作环境使中国女性白领身心俱疲。社会建构了性别化的工作类别，男女有别的职种划分、生升两难的困境和打擦边球的性骚扰折射出日本职场背后"男强女弱"的权力结构和等级关系。按资排辈、能力靠后的平等主义使处于纵向社会关系中最底层的中国女性白领在传统日企中难以实现职位的跃迁。

面对"外国人"身份和"社会性别"身份以及"后辈"的序列身份的多重压力，中国女性白领在心理认知和实践行动上进行了调适。一方面，她们试图打破日企职场对"中国人"的刻板印象，用"比日本人还要日本人"的职业态度和业绩证明自己的能力。另一方面，她们化外国人身份和社会性别的差异为优势，打造独特的"技能套装"，改变竞争赛道，打破固有序列，实现了职位晋升。部分白领跳槽到外企，摆脱了传统日企的束缚。再者，日企中的群体和性别差异强化了中国女性白领的性别角色意识，她们中也有人选择迎合女性的职业标准并接受女性身份给职业发展所带来的局限。综上所述，中国女性白领逐渐摸索出一套适合自己的"职场生存法则"，为其适应日本社会提供了安身立命的资本。

本章中所列出的矛盾与冲突在传统日企中具有一定的代表性和共通性，虽然她们在职场上遇到了各种困难，但一家大企业的体面的工作，不仅决定了她们"白领"的职业身份，代表了其位于"中流"的职业收入和社会地位，也为她们在异国他乡适应社会提供了稳定又丰富的福利保障。

第五章

家庭：生命周期下的角色转换

学者 Mincer 最早提出家庭对迁移行为影响的重要性,他强调移民并非作为个体,而是作为一个家庭整体参加了移民活动[①]。作为日本社会影响个人生活的重要场域,我们有必要对中国女性白领家庭的内部结构进行细致深入的探讨。对一个家庭来说,旅居海外意味着什么？家庭内部存在性别、代际甚至国籍的差异,其内部差异如何影响中国女性白领跨国迁移的行动？家庭成员对于日本社会的个人想法能否代表整个家庭？"成家前"与"成家后",中国女性白领对于日本社会及迁移行为的态度是否发生了改变？在日本社会中的"中国家"处于日本社会制度的框架之下,日本社会的传统观念和性别差异对中国女性白领的家庭生活产生了怎样的影响？本章试图以中国女性白领缔结婚姻的动机为起点,走进她们在日本的"中国家",剖析她们在家庭这一场域中所遇到的问题和困惑,对其家庭行动策略的形成路径进行探讨。

第一节　为人妻：情感实践下的身份建构

　　个体婚姻是当代文明社会的一种细胞形态,可以据此研究社会内部的发展着的对立和矛盾的本质。[②] 在传统农业社会的父系家庭制度下,家庭是"劳动组织基本形式",[③]生产功能是其核心功能。在现代城市社会中,与工业社会相对应的是夫妇平权的家庭制度,满足情感的需求是家庭的核心功能。[④]女性劳工移民多是在迁出国已成家或者依附丈夫实现了迁移,婚姻移民更是

---

① Mincer J. Family migration decisions[J]. Journal of political economy, 1978, 86(5): 749-773.
② 恩格斯. 家庭、私有制和国家的起源[M]//马克思,恩格斯. 马克思恩格斯选集: 第4卷. 北京: 人民出版社,1995: 63.
③ 米特罗尔,西德尔. 欧洲家庭史[M]. 赵世玲,赵世瑜,周尚意,译. 北京: 华夏出版社,1987: 10.
④ 杨善华. 家庭社会学[M]. 北京: 高等教育出版社,2006: 61.

以结婚为目的而进行的迁移。和上述传统女性移民不同,如第三章所述,中国女性白领本"不以婚嫁或者安家"为最初迁移目的,但随着适婚年龄和人生阶段的到来,她们也加入了本地的婚恋市场。同时家庭的形成,也拓宽了中国女性白领的移民活动空间。

一、"同类婚":自主选择下的婚恋标准

(一) 形态多样的择偶途径

婚姻是家庭形成的基础和核心。[①] 笔者在访谈中了解到受访者和伴侣的相识过程,从时间上可以大致划分为相识于工作前与工作后两类。在择偶途径上,工作前的相识大多数集中于校友或者舍友(同一个留学生宿舍),工作后的相识多集中于职场、社团或朋友介绍,两种均为自由恋爱。通过访谈和观察,笔者发现在选择配偶和构建家庭时,在日中国女性白领更加看重自主选择、情感体验、三观一致性等情感需求。

1. 校园

> 我们俩留学时是校友,我在他们的研究科做助教时认识了他,人特别踏实上进,给人感觉特别靠谱。交往下来我发现两人在性格上也很互补,他有的我没有,我有的他没有,相互吸引,交往2年后我们就结婚了。(LWJ-20180914)

> 我们是在留学生宿舍认识的。台场那边有个特别大的国际交流会馆(留学生宿舍),来自世界各个国家的留学生好多都住在那儿。宿舍里会经常举办各种活动,我和我老公就在那时认识了。他比我小,毕业后工作也比我晚1年,但我们都认为这不是问题,等他毕业、工作稳定后我们就结婚了。(WZY-20190619)

> 我和我老公留学时都住在东京太田会馆[②],那里有公共的厨房、餐厅、休息室和庭院。每逢中国和日本的节日,会馆会举办各种活动。我和他当时都是那一届的管理员,经常一起举办活动,慢慢就熟悉起来,感

---

① 库兹明,谢苗诺夫.社会心理学[M].卢盛忠,译.杭州:杭州大学心理系,1984:248.
② 东京太田会馆:由孙中山先生的友人太田先生在东京都捐赠的一所小规模留学生宿舍,入住需要面试等考核。

觉合得来就在一起了。(MX-20190611)

受访者中,大多数女性白领与另一半结识于国内上大学或日本留学期间,结缘于校园恋爱的女性最多。未踏入社会前,女性白领多被对方的人品、才能、学识、风度等吸引。再加上同在异国他乡,有相似的求学环境,同为留学生的男女同学之间更容易互生情愫。

2. 职场

> 我大学毕业后刚进公司半年,赶上过年,公司内部有一个中国人新春联欢会,我在那次聚会上第一次见到了我老公。他比我进公司早5年,年龄比我大6岁,他十几岁和外婆来到日本,现在是日本籍。那次吃完饭,他就主动联系我,因为在一个公司,有时候他就约我一起吃午饭。本来我是不想找比我大5岁以上的,但他就像一个前辈一样对我特别照顾,慢慢地,我对他的态度就开始从聊得来转为崇拜。因为他年纪也不小了,他就和我说是奔着结婚谈恋爱的,不到1年我们就结婚了。(ZN-20180827)

> 我和我老公以前在同一家公司的同一个组,他是我上司,比我大2岁,他是东京大学毕业的高才生,我总叫他"机器人",因为他实在太聪明了。我后来跳槽以后他才向我表达心意的,他说当时他考虑到我是中国人,还是他下属,他也不确定我的心意,又怕被我说"セクハラ"(性骚扰),就一直没表示。(ZNL-20180812)

日语中将"结缘于职场的婚姻"称为"职场结婚",是日本职场人寻找伴侣的重要方式。据日本国立社会保障人口问题研究所的数据[①],日本职场结婚的比例在1994年曾高达36%,近年来虽然有所下降,但是在2015年仍有21.5%。女性白领表示"毕业以后找男朋友更难",一是在日本的适龄中国人原本就少,身边遇到的符合条件的人大多数都已经有交往对象;二是工作后每天都是两点一线的生活,没有时间和机会去接触更多的异性。此外,考虑到对方的学历、收入、年龄、对未来的规划等现实问题,女性白领很难找到合适的人选。因此,和许多日本人一样,"职场结婚"也成为在日中国女性白领

---

① 日本国立社会保障・人口問題研究所.現代日本の結婚と出産——第15回出生動向基本調査[R].(2017-3-31).

寻找伴侣的重要方式。"职场结婚"在无形中预先对配偶进行了筛选,增加了成功的概率。

3. 社会活动

与前两种方式相比,通过社会活动而结识配偶的女性白领结婚时间相对较晚,一类是由于在学校、职场没有遇到心仪对象,还有一类是因一直专心于工作和个人成长,"结婚生子"在初期并没有列入人生规划之中。这两类女性白领在意识到身边没有适婚对象之后,开始努力向外探求新的可能性,比如参加一对一或者多人相亲、注册相亲网站会员、参加中国人的社团活动、朋友介绍等。

> 一直忙着拼工作,看到大家都结婚生娃了,就剩我一个,我就着急了,向身边的朋友奔走相告,若有合适的人选给我介绍,通过朋友介绍我认识了现在的男朋友。(LDJ-20190912)

> 那时候我把手头的工作都暂且放下,主动参加各种中国人聚会活动。在一次羽毛球活动上我遇到了同样大龄的我老公,两个人的业余爱好特别合拍,我后来发现原来两人都"图谋不轨":找对象是真,参加活动是假。(XL-20190412)

与前两种择偶途径的白领相比,工作后通过社交活动结缘的夫妇从恋爱到结婚的时间相对较短,一是因为双方寻觅多时、比较清楚理想目标,二是双方都到了适婚年龄并有明确的结婚意向。此外,与校园恋爱的浪漫和职场恋爱的靠谱相比,社交活动的结缘更加务实。几位在社交活动中找到伴侣或仍在单身的女性表示"收入低于自己的不会考虑""不打算结婚的不会考虑",经济条件、结婚意愿等现实和理性因素的考量比重增大。

(二)自行其是的择偶态度

女性白领自身的经济独立和社会地位决定了其以情感为主的婚姻功能。如上一章所述,日本企业看重名校头衔,无论是相识于同一所大学还是同一家公司,无论是相识于求学期间还是工作后,女性白领和她们的配偶都处于差别并不大的同一阶层。与传统婚恋观里男性收入高、地位高、学历高的"慕强择偶"不同,女性白领的学历和经济地位与对方不相上下,同时也出现了如下文中白领 DY 和 TT,结婚时男方收入低或者没有收入,由女方来养家的个案。

我老公是日本人,他说我长得像一个日本女明星,他从小就喜欢。我们俩不是一个师门,但上同一门公共课,他就让他认识的中国留学生介绍我们俩认识。后来每次公共课他都和我坐一起,我虽然不排斥找日本老公,但怕因不了解而有文化差异。后来我知道他爸爸是我们学校的教授,很喜欢中国文化,他自己也喜欢中国。他的性格不张扬,一心做学术,和我认识的一些男留学生有所不同,我感觉和这样的人过一辈子挺踏实的。他特别博学,我自己看书少,所以我还挺崇拜他。毕业后我工作,他继续读博,现在博士还没毕业呢,虽然是我养家,但我觉得并不影响我们的感情。(DY-20190717)

　　我老公本科不是日语专业,他用英语考了我们学校的研究生。毕业后,我拿到了推荐直接进了公司。但他因为日语不行的"硬伤",有一年半没找到工作。但这两年的感情在那儿,我工作的第一年我们还是决定结婚了。我一个人的工资两个人花,他每天早上起来给我做午饭的便当,白天学日语、投简历,晚上接我下班,现在回想起来那段时间还是很美好的。(TT-20190425)

TT的丈夫在结婚半年后在一家日本的中国企业就职,在后续采访中笔者了解到,DY的丈夫已经完成了博士学业,开始了大学讲师的工作,但是两人的收入仍低于在大企业工作的妻子们。由于在日中国女性白领学历较高、收入独立,再加上日本"租房结婚是常态"的社会观念的影响,房和车不是结婚的必要条件,"是否聊得来""性格合不合适"等情感体验更为重要,与生产功能相比,"情投意合"是受访女性白领选择伴侣及家庭建构的首要标准。

女性白领的择偶范围不仅限于中国人,也包括在日"华二代"以及日本人。在已婚的28位白领中,有9位嫁给了日本人,其中有2名的配偶是日籍"华二代",2位离婚女性的前伴侣中有1位是日本人。只身在海外学习工作多年,女性白领已习惯了自己做主,在配偶的选择和婚姻的决定权上,远在国内的父母几乎无法干涉。

　　我上面有一个哥哥,我从小就是全家宠着长大的,我爸妈一直希望我这个"小棉袄"能留在他们身边。他们其实特别后悔让我出国念书,我高中毕业的时候,本来全家商量的是我大学毕业就回国找工作,没想到我毕业就留在日本工作了，认识我老公不到一年就结婚了，他还是日本籍（从小在日本长大的日籍华人），这下可好，彻底不回去了。我还记得当年给我妈打电话，说我要领男朋友回国给他们看看，我要结婚。我妈在电话那头儿就怒了："谁让你结婚了？谁同意你结婚了？"但最后我们也结婚了，孩子都这么大了。（ZN-20180827）

我老公是日本人，我们一起进了公司，那年公司招了300多人，新人培训的时候我们俩在一组。我是研究生毕业，他是本科毕业，比我小两岁。日本人、比我小、单亲家庭、没车没房，我婆婆一个人带他们两兄弟长大，在经济上我也指望不上什么，单看这几点我爸妈就很反对我们交往。我带他去苏州见了我爸妈，他们看得出我是铁了心，也就妥协了。我爸妈对于房子还是很有执念的，我们现在还没结婚，但我爸妈提供首付在日本买了房。（ZX-20191207）

要是在国内，我妈肯定是不会让我找南方人的，离得太远怕我在婆家挨欺负，也怕以后我不习惯。但我和我老公结婚后在日本生活，哪边都不沾，我妈对南方人或北方人也就不那么在意了。（LJY-20180822）

"择偶要如意"里的"意"体现了当事人的主观意图和要求，理想配偶的标准反映了个人的价值观念。[①] 如上文中的三位白领 ZN、ZX 和 LJY，虽然父母在对方的国籍、家庭条件、南北方文化差异等方面提出反对意见，但最终都是女性白领在双方的博弈中取胜，父母鞭长莫及做出了妥协。此外，受访者中也不乏"千里追妻"的丈夫，如下文中的白领 THY 和 XQQ 的经历，配偶为了爱情从零基础开始学习语言，舍弃家里的安排而在完全陌生的环境中开始奋斗，一方面说明二人感情基础深厚，另一方面也说明女性白领的自主性较强，不同于传统的"夫唱妇随"。

我和我老公是在国内念大学时认识的，他学理科，我学文科。我大三时来日本留学，两年多远距离恋爱，也曾经考虑要放弃。最后他不顾家人的反对，决定大学毕业后来日本找我。他为了我从五十音图开始学日语、找工作、在日本安家，一直到现在我们再也没分开过。（ZWX-20180920）

[①] 杨善华.家庭社会学[M].北京：高等教育出版社，2006：61.

> 学校放寒假,我坐火车从北京回大连,在火车上我认识了前夫。他斯斯文文的,我们聊起来发现我们俩家住得也不远,他和我表哥还是高中同班同学。后来他就一直追我,他的博学和才华特别吸引我,我一直处于崇拜他的状态,再加上我们都是老乡,他对我也特别照顾,就一起交往了。我学的是日语专业,大学毕业后来日本读研。他是清华大学的理科生,其实在国内就业前景很好或者也可以去考欧美的大学,但为了我,他自学日语考上了东京大学的研究生,他博士毕业后我们就结婚了。(THY-20190827)

根据日本厚生劳动省《国民生活基础调查》的数据,日本家庭年收入超过 1 000 万日元的家庭约有 12.1%。[①] 选择"同类婚"的女性白领家庭的收入均超过 1 000 万日元,双方较高的收入和稳定的工作为其融入日本社会提供了经济保障。

二、夫妻分离：社会压力下的家庭形态

当被问及"对你来说,你认为家庭的什么最重要?",受访女性白领均认同和家庭收入、居住环境等相比,家庭成员的和洽关系处于第一位。女性白领非常注重家庭成员的情感流动,但是日本社会和日本企业的结构性制约又让家庭内部的联系显得有些力不从心。

(一) 缺乏沟通的"周末夫妻"

如第四章所述,对被称为"社畜"的日本工薪一族而言,加班是常态。再加上工作地点大多集中于远离居住区的东京中心地带,她们每天留给家人的时间十分有限。在工作日特别是决算时期,[②] 双职工家庭的夫妻有时甚至连好好说话的机会都没有。

> 我每天 6 点半起床,准备早饭,老公也是 6 点半起床,他一般洗个澡就走了,嫌 7 点以后的电车太挤,路上买牛奶、面包去公司吃。晚上他 8 点半到家,我已经在屋里给孩子讲故事,哄孩子睡觉了。他自己热饭、吃

[①] 日本厚生労働省.2019年国民生活基礎調査[R].(2020-7-17).
[②] 和外资企业不同,日本多数大企业的决算以 4 月为开始,9 月为半期决算月,3 月为年决算月。

饭,然后看看电视、上上网,很多时候,我哄孩子睡觉时自己也睡着了。这样我一天就几乎和老公说不上几句话。(GHC-20191020)

我每天工作、管孩子累得要死,把两个"小祖宗"撂倒以后,真是一句话也不想说。(JC-20191209)

现在还没有小孩,我俩都一心扑在工作上,平时都晚上 10 点才到家,回家吃点夜宵,洗个澡就睡了。平时太累,周末我们都睡到中午,下午起来再一起去外面"觅食"。(SKK-20210612)

每年 3 月底和 9 月底半年结算的时候,我俩几乎是见不到面的,早出晚归,躺下秒睡,那几天的工作日我们俩几乎是零交流。(JSL-20191212)

日本的经济结构和社会生活节奏导致夫妻间缺少足够的陪伴和交流。对此,受访女性表达了不同的态度。身处广告公司主任职位的 XL 表示,虽然很忙,但她很喜欢现在的工作,并不想因为婚姻而厚此薄彼,并对现在的夫妻生活交流模式比较满意。

周一到周五我们好好工作,周六周日全家一起放松,就像小时候说的"学要学个痛快,玩要玩个踏实"。周一到周五我们全家就是工作模式。另外,我工作和我老公一样忙,我和我老公平起平坐,但我要是不工作那就不一定了。(XL-20190421)

学者上野认为,夫妻双方的经济实力是影响夫妻之间的力量关系和相互依存关系的最强因素。[①] 高收入的妻子虽然工作繁忙,但不一定会弱化二者间的依存关系,家庭成员各司其职、平起平坐,维持小家庭的良性运转。但与白领 XL 持有相同观点的女性并不多,大多数女性尤其是已经生育的女性对现有的交流模式表示困惑,认为双方繁忙的工作和持续的压力加剧了夫妻关系间的疏离。

没辞职前我经常会想,我和我经理一天说的话都比和我老公一个星期说的话多,我这到底和谁过日子呢?(LM-20191120)

两个人都变得越来越以自己为中心,连吵架都懒得吵,哪有那么多精力?我们反正知道日子也得过,没什么大事儿离不了。(JC-20191209)

[①] 上野千鹤子.近代家庭的形成和终结[M].吴咏梅,译.北京:商务印书馆,2005:63-64.

（二）聚少离多的"单身赴任"

除工作时间长、压力大等工作强度的影响之外，日本大企业内部特有的工作形态也对夫妻间的关系和情感流动产生了影响。"单身赴任"是日本企业劳动形态的一种，已婚夫妻中的一方被单独派到其他地方工作，剩下的一方留下照顾家庭。单身赴任制度是日本战后经济发展和都市化的产物，伴随企业内部合并和解体、业务的需要，"单身赴任"在日本的大企业里非常普遍。在日本大型零售企业做市场工作的 LJY，结婚一年后就被公司派到高知县的分公司工作。"职场结婚"的白领 ZN 也有过丈夫"单身赴任"的体验。

> 我老公在东京工作，坐飞机往返也要 3 个小时，一个月只能见一次面，谁让我入职的时候报的是"综合职"不是"一般职"呢？综合职人员就得听公司的使唤，指哪打哪，让去哪就去哪。（LJY-20180822）

> 那时候我俩刚结婚，中午吃饭、上下班都一起，是最黏糊的时候。我们 7 月结婚，10 月他就接到调令，要被派到名古屋。我就和上司商量能不能把我也派到名古屋的分公司去，日本公司的决定需要一层层请示，从我们经理报到部长，部长报到事业本部长，事业本部长又联系名古屋支社的事业本部长，那边的事业本部长再向各部门确认。最后的结果是：人手不够，派出去一个就得那边儿派一个人过来，没人过来，我只能还在东京。（ZN-20180827）

笔者结识的一位日本女性友人的丈夫曾外派上海 5 年，这期间她独自带着两个孩子在东京生活，虽然她也认为"都在日本当然更好"，但也觉得"就剩下自己和孩子在家反而更轻松"。这位日本女性朋友的父亲在她小时候有过两次单身赴任的经历，母亲当时也同样带着三个孩子留守在东京。被称为"企业的战士"的丈夫对公司命令言听计从，许多子女都有在父亲"单身赴任"下成长的经历。因此，日本女性对单身赴任的反应并没有那么强烈。与习惯了"单身赴任"的日本女性不同，笔者向中国女性白领询问"是否希望老公单身赴任"的问题时，无一人表示"能够接受"，"能避免就尽量不分开"是中国女性白领的基本态度。不单单是中国家庭，笔者结识的其他在日本的外国家庭也表示对"单身赴任"制度难以理解，长期的单身赴任对夫妻及亲子间的感情等都有不同程度的影响。

（三）迫不得已的"家内分居"

> 我老公睡觉时打呼噜，睡得也晚，会把孩子吵醒，孩子 3 岁前都是我

带孩子在另一个房间睡。(JC-20191209)

晚上孩子总醒,我在休产假,老公第二天还要上班,我们就商量我自己带着孩子在一个房间睡,没想到我们就这样一直分房睡了2年,一直到我产假结束。(WZM-20180910)

我们家老大和老二差2岁。我生老大的时候老公在日本上班,我自己一个人带不了孩子,就带着孩子回国休了产假,我爸妈帮我带孩子,那两年我们就一直异地着。后来我产假结束回日本了,又有了老二,我妈过来帮我带孩子,晚上我妈带老大睡,我带老二睡,我和我老公继续分房睡。再后来孩子大了,我们俩自己带孩子,但还是分两个房间,他陪着儿子睡,我陪着女儿睡。(THY-20190827)

一年半的产假,在这边又没人帮我带孩子,我在国内爸妈家生了孩子,我老公一个人在日本工作。异国的状态持续了1年多,我们之间的关系发生了微妙的变化,我就觉得总这个样子不行,后来我就带孩子来日本了。(TT-20180813)

孩子的出生一方面加剧了小家庭的凝聚力,但另一方面也在一定程度上影响了夫妻关系。为了不影响丈夫第二天的工作或者更好地照顾孩子,多位妻子选择在长期的"产假育儿假"晚上单独带孩子在其他房间休息。为了让孩子和产后的自己得到更好的照顾,白领THY和TT曾在近两年的产假期间独自带孩子回国住在娘家。也有像上文中白领THY的个案,两个孩子的出生导致夫妻长年分房睡。因为孩子的出生,多位女性白领和丈夫处于"家内分居"的状态。"孩子是母亲的'外遇',工作是丈夫的'外遇'",这一现象在以社为家、男女角色分工明确的日本更为突出。

三、男外女内：父系制度下的家务分工

(一)家务分工的意识和规范

性别是权力形式的源头和主要途径。[①] 在第四章中,可以看到劳动的性别分工是影响女性社会地位的重要因素之一。在家庭内部,家务分工的情况

---

① 斯科特.性别:历史分析中一个有效范畴[M]//李银河.妇女:最漫长的革命.北京:生活·读书·新知三联书店,1997:168.

可以侧面反映出家庭成员的地位和权力关系。

在日语中,丈夫被称为"主人",意为一家之主,而妻子被叫作"家内",意为负责家庭内部事情的人,是一种从属性的意识形态。笔者曾经去一对60多岁的日本夫妇家做客,男主人年轻时在一家跨国企业做高管,女主人是多年的家庭主妇,在客人和男主人的交谈过程中,女主人沉默不语,在厨房准备点心和茶水,当客人离开时,女主人跪在地上目送客人出门。家庭权力可以在某种程度上反映夫妻关系的实质,体现家庭制度的内涵。在传统的日本家庭关系中,全职主妇承担了所有的育儿责任和家务劳动,"男强女弱"是权力关系的主流。近年来随着双职工家庭的增多,由来已久的"亭主関白"(大男子主义)观念有所改善,日本夫妻间的地位发生了变化,权力关系由"男强女弱"向"女强男弱"方向发展。① 尽管如此,日本的家务分工模式仍带有强烈的性别角色色彩。

根据"男女性别分工意识"调查②,超过60%的女性认为"家务活是自己的事",在已婚家庭中,无论男女大多数对于"家务活是女性的事情"这一观点表示赞同。其中,在各个年龄层里女性的赞同比例均高于男性,年龄越低认为"家务是自己的事"的女性越多。从实际的时间分配来看,根据日本内阁府关于家务分工的调查,在"工作日做家务的时间"一项,已婚女性比单身女性每日多出50分钟~1小时,而单身、已婚未育、已婚已育的男性都没有明显的变化。③ 笔者和一位32岁的日本人丈夫交谈时了解到,他也曾试图"帮助"在产休中的妻子干一些家务,但他的妻子认为"这是她分内的事,每个人应该坚守自己的职责。如果丈夫来帮忙,说明自己干得不够好"。在笔者熟识的日本双职工家庭中,丈夫负责"倒垃圾"和"清扫浴缸",妻子包揽其他所有家务是最为常见的模式。无论从调查数据还是笔者的亲身经历,都可以看出性别分

---

① 2018年日本博报堂生活综合研究所依据对630对20~59岁的夫妻进行的问卷调查得出了这一结论。针对"谁是家中最有决定权的人?"这一问题,回答为"丈夫"的比例从30年前的72.4%下降到调查时的38.7%,创调查以来历史最低,表示"没有对方就无法继续生活"的丈夫占67.1%,超过了女性的59.5%。[博报堂生活综合研究所.「家族30年変化」调查结果を発表第一弾「夫婦の力関係」编妻は強く,夫は弱くなった30年[R].(2018-6-11).]
② 日本内阁府男女共同参画局.「男性にとっての男女共同参画」に関する意識調査報告書の概要[R].(2014-4-30).
③ 日本内阁府男女共同参画局.令和元年度家事等と仕事のバランスに関する調査報告書[R]. 2020.

工意识早已在日本家庭内部根深蒂固。在男女分工意识根深蒂固的日本，即使教育机会平等，女性往往要承担更多家务和育儿负担，"男主外，女主内"的夫妻角色是一种反映社会要求的行为模式，是一种社会文化的定格。①

(二) 白领家庭的家务分工

在日本社会的传统观念里，"有工作能力的女性"和"一个像真正的女人一样的女性"是两个相互对立的概念：既然工作上努力，就说明在家庭中付出的时间少，就不符合社会所构建的"男主外，女主内"的传统社会性别观念。工作能力过强的女性，被认为是作为"女人"这一身份能力不足的体现，甚至要承受来自职场同事和婆家"不像女性"的评价压力。

> 和办公室的男同事聊到早饭，我说我每天都要做早饭，面包、牛奶或者稀饭、包子。那个男同事带着很惊讶的表情说："这怎么能叫作早饭？我们家都是要有菜有饭的。之前我老婆刚休完产假回归工作的时候，每天早上就给我们准备面包、牛奶，我就说她了，要是这样的话就不如把工作辞了。"我就回他说："我们全家吃着很开心啊，我老公、孩子也不介意。"(WZM-20180910)

> 我老公经常在他办公室炫耀他在家干家务、刷碗，树立其"中国好男人"的形象。他说他们办公室的一个日本女人竟然说："你上班这么忙，你老婆还让你干家务，在日本这样的老婆是不行的。"日本人是很少评论人家家庭生活的，她这么说让我感到很意外。另外，我觉得她就是嫉妒，吃不到葡萄说葡萄酸，谁让日本女人在家什么都干呢？(TT-20180813)

> 我之前做了一个痔疮手术，医生建议我住院，我说我们家有小孩，不想住院，想尽快回家。主治医生语重心长地说："你要是做完手术就回去，还得给全家人做饭吧，对恢复不好。"我说："我完全没有考虑这个情况啊，我都生病了，我为什么还要做饭？"(LWJ-20190914)

在上述的三段故事中，女性白领家庭内部的分工和日本传统的家务分工意识显得有些格格不入，甚至遭到了周围日本人的质疑和不解。按照生活结构和生活时间的安排和分配，可以将女性白领家庭内部的劳动分工分成两

---

① 杨善华.家庭社会学[M].北京：高等教育出版社,2006:125.

类：一是(持续)工作型女性的家务分工,包括已婚及未婚同居的女性白领;二是(暂时)回归家庭女性的家务分工,包括育儿假中及辞职的女性。有关"丈夫是否分担家务劳动"问题的回答,两种家庭系统所有女性白领都会表示"会分担",但家务分工的意识和比例不尽相同。在第一种双方全职的家庭中,大多数女性都表示"会分担一半",仅有4位女性的丈夫"会分担一半甚至以上";在第二种回归家庭中,虽然大多表示"会分担",但分担的比例均未超过一半。

(老公)怎么可能不干活？家里就那些活,我们俩还都上班,他不干就都是我干,他也不忍心。(WZY-20190619)

以前没有孩子的时候我们俩都是一起干家务,家务活儿不多,一般都在外面吃,不用做饭,不用刷碗,周末一起扫除。有了孩子以后就不一样了,我们基本都在家吃,洗的东西变多了,家里也得保持卫生。我现在休育儿假,打算一直休到孩子2岁再去上班。也没刻意规定哪些活儿是他的,哪些活儿是我的,(孩子)爸爸早出晚归地上班,我在家时间多一些,干的家务也多一些。(FJH-20220512)

当初我辞职的时候我们俩就商量好了,家务活儿决不能因为我辞职了就全变成我自己一个人干。(LM-20191120)

9位嫁给日本人的中国女性也无一不表示"家务不单是我一个人的事,老公在家肯定是要做家务的"。和日本家庭内传统的劳动分工相比,中国女性白领家庭内部的劳动分工呈现出个体化的特点,家务的便利性及夫妻居家时间的长短是影响家务分工的重要条件。在相互协商下,个体选择得到了重视,"各施所长,共同参与"是女性白领家庭内部劳动分工的主流。

第二节　为人母：母职束缚下的身份转换

从负笈东瀛的留学生,到日本企业中的白领,孩子的出生又给女性白领增添了新的身份,让她们感受到了为人母的快乐。同时,自我实现的追求和性别文化下的婚姻观念令女性进退两难,既形成把白领向外拖拽的推力,又有将女性束缚于育儿框架里的拉力。此外，孩子的出生也是影响她们移民决策的重要节点。

一、华人虎妈："中产下沉"的地位恐慌

和在其他国家的华人妈妈一样，在日中国中产阶级家庭同样具有"密集养育"和"精细化育儿"的倾向，对子女的未来发展寄予了较高期望。从填鸭教育到宽松教育，再到脱宽松教育，①无论教育制度和结构如何改变，都无法改变日本社会偏重名校学历的事实，这一点在第三章有所论述，名校学历是莘莘学子迈入上升通道的通行证，通过"留学-工作"途径在日本安家的女性白领家庭对此更是深有体会。"地位恐慌"是最具中产阶级色彩的焦虑形式。②学者王春光在研究巴黎的温州人时曾提出"群体结构惯性"③的概念以解释巴黎温州人代际间对教育的态度，这一视角也可以很好地理解海外人才的家庭教育状况。女性白领在教育上投入了大量的精力和时间，以希望子女在未来获得更多的机会。她们的经历给她们底气，认为"因为我好，所以我的孩子不会比我们差""我们家的孩子不能也不可能学习不好"，在行动上，她们又竭尽全力为孩子提供更多的支持。孩子的出生直接影响了白领家庭的经济决策，教育支出是家庭支出的重要组成部分，特别是在升学（幼升小、小升初）备考期，子女的补习费用成为最大的家庭支出。

> 我们家两个孩子从周一到周五课程安排都是满的，音乐、美术、体操、机器人、英语、思维课都在学。我带他们去体验不同的课，他们要是喜欢就给他们报名，不喜欢就停掉。哥哥前段时间把游泳停了要换成hip-pop，我尊重他的意思，就给他换了。哥哥自己是很喜欢现在这种"忙

---

① 二战后的1947—1949年被称为日本的"婴儿潮时期"，三年间出生的新生儿超过806万，这一时期出生的人被称为"团块世代"。受到自1945年起普及9年义务教育制度的影响，"团块世代"中有66.8%以上的人考入高中。20世纪70年代日本经济高速发展，"团块世代"的填鸭教育受到世人批判并引发了教育学者的反思，在1982—2002年期间，日本3次修改学习指导纲要，逐步开始实施减负措施，日本开始进入"宽松教育"时代。宽松教育的结果并不乐观，学生缺乏学习的主动性、能力低下、不求上进等弊端初见端倪，在"团块世代"人的眼中，"宽松教育"的一代是不争气的一代人。现在的日本教育又进入了"脱·宽松教育"的阶段。
② 米尔斯.白领：美国的中产阶级[M].周晓虹，译.南京：南京大学出版社，2016：239.
③ 王春光.巴黎的温州人：一个移民群体的跨社会建构行动[M].南昌：江西人民出版社，2000.

碌"状态的,我怕他累,但他自己认为不累,都是喜欢的事情他不觉得辛苦。妹妹是跟着哥哥后面的,妹妹比哥哥好强,认为哥哥能做到的事,自己也能而且一定要做到,所以就一直跟着哥哥参加各种兴趣班。他们俩每人每个月的私塾钱比我当年留学一个月的生活费都多!(YD-20210629)

别人都说我是虎妈,从4岁起我就给他报私塾,让他备考私立小学。其实,我也不是非得强迫我儿子一定要考上,私塾学的不是只有算术和语文,还有会话能力、随机应变能力、集体合作能力等。我觉得他以后哪怕没考上,但这2年多的私塾经验以后也能起到帮他养成良好的学习习惯、打好牢固基础的作用……花钱如流水,到最后冲刺的半年,交钱都是以10万(日元)为计数单位的,集中培训课我闭着眼睛报,学费都花麻木了。(TT-20180813)

除了积极地给子女报兴趣班和补习班、提前为入学考试做准备以外,孩子的出生和成长也影响了白领家庭的购房和居住选择。上一节曾经提到,"车和房"在日本不是结婚的必要条件,但子女的出生使购买房产成为白领家庭的刚需。已婚已育的29位白领(除2位单亲妈妈以外),全员购买了房产,买房后白领的流动性明显下降。同时,已婚未育的已购房家庭在房产选址时以"上班距离""房子的升值空间"为首要参考条件,并持有"如果有了孩子,大概率要搬家"的觉悟。已婚已育的购房家庭在选址时则更看重"学区房的教学质量""上学距离""车站前有没有SAPIX[①]"等,虽然日本没有明确的学区房的概念,但是大家对于"公立名门""东京西边的教育比东边好"的规则也心知肚明。特别是到了子女上学年龄,多位女性白领选择从东京的东边搬到了西边,或者搬到了名门小学聚集的地区。

我家第一套房子离我老公公司近,他加班晚,骑自行车就能到,但这附近是办公区,不适合养孩子。现在我们有了孩子,最近一直在看房,想把这个房子卖掉,搬到东京西边,那边国立附小多,国立小学考试不是要看离家的距离嘛,除了指定区域(类似国内的学区概念),从家门到校门(坐电车或公交车等公共交通方式)单程不能超过40分钟。(DXM-20210930)

---

① SAPIX是日本著名的小升初备考私塾,东京都内25%的小学生参加小升初考试,10%考入"難関校"(难考、门槛高的学校)的学生中,大约50%是SAPIX私塾的学生。

因为我老公每个月有租房补助，所以我们每个月租房只要掏 1 万多（日元），也就没考虑买房。但孩子要上小学了，对口的小学口碑一般，步行十几分钟还要过一条大马路，自己上下学太危险，我们就决定买房了。孩子上小学前我们搬进了现在的房子，这边教学质量好、离家又近，从我们家窗户就能看见她进校门。（LWJ-20210615）

以前住在西葛西，刚毕业的时候我们俩就在那开始租房，交通方便，房租也不贵，而且中国人多，中国物产店、中国人舞蹈班、中国人篮球和足球队都有，很方便。后来孩子出生，刚巧有新楼盘，我们就买了。那个小区 300 多户，有 100 多户都是中国人。但是那边的教学资源相对差一点，没有 SAPIX，也没有好的艺术类的私人教室，孩子上小学三年级、开始准备小升初备考的时候我们就搬家了。我们那个楼至少还有 3 户中国家庭也是因为孩子考学搬走的，还有 1 户是因为孩子受到いじめ（校园霸凌）搬走的。（LXH-20181002）

掌握了当地社会的空间知识之后，移民会让自己的生活整合进这个社会的肌理中并在不同地点展开家庭生活。① 从早期租房时看重"房租便宜""通勤方便"到首次购房时考虑"房子的升值空间""国人聚居的便利"的族裔聚居区（ethnic enclave），再到后来为了"孩子备考""孩子参加补习班"搬到了教育资源丰富的地区，生儿育女促进了女性白领在移居地的空间流动，并推动她们融入同龄的日本人家庭，使女性白领家庭逐渐整合到当地社会生活中。

二、双面娇娃：性别区隔下的养育任务

出于对日本 20 世纪 90 年代实施"宽松教育"体制的担心，上一代移民的许多中国父母选择将孩子送回中国上学。② 笔者身边也不乏这样在上一代华人家庭中成长的"华二代"，丈夫一人在日本工作，妻子带孩子在中国大城市接受精英教育。还有出身于教育资源相对丰富的国内一线城市的夫妇，将孩子托付给国内老人，夫妻二人在日本打拼。但在受访的这一代女性白领中，

---

① 张少春."做家"：一个技术移民群体的家庭策略与跨国实践[J].开放时代，2014(3)：198-210.
② 刘双.从打工者到跨国人才：当代中国人赴日留学 30 年[M].广州：暨南大学出版社，2016：122.

无一人选择亲子分离或将孩子长期送回国内念书,①大家普遍认为"父母的陪伴更加重要""要走就一起走",这也反映出这一代华人家庭对于亲子关系以及教育认知的改变。

然而,身在海外的中国家庭,少了国内父母的援助,既要满足孩子的陪伴和教育,又要保证稳定的收入来维持小家庭的运转,生殖策略(sexual selection)的属性使女性相对于男性要花费更多的时间和精力囿于家庭角色之中,承担较多的家庭内部的劳动与责任,特别是在性别分工模式根深蒂固的日本社会,特定的性别配置(gender arrangement)让女性奔走于公领域和私领域之间。

> 流感、肠胃炎流行的季节我就特别害怕娃儿在保育园被传染。每天到下午3点左右,我就开始紧张,特别害怕保育园来电话,一般下午2点多孩子们午睡醒了,老师会量体温,超过37.5℃老师就给家长打电话,建议家长接回家。这种情况都是我去接孩子,日本人家里也都这样。(WZM-20180910)

在一轮焦点小组访谈中,白领 WZM 提到,每天下午3点左右特别害怕幼儿园来电话,另外几位妈妈连声附和、频频点头,大家都有过下午3点左右突然被保育园或幼儿园叫去接孩子的经历。在向幼儿园提交的材料中,"第一联系人"的位置,填写的均是妈妈的联系方式。"孩子有问题时大家最先想到的是妈妈的责任",在商店遇到行为不礼貌的孩子,大多数日本人的第一反应是"妈妈教育得不好""这个孩子的妈妈在哪里?"。在升学考试群里,有"父親の経済力と母親の狂気"②的说法,即孩子考试能否"上岸"主要靠"爸爸的经济实力"和"妈妈接近痴狂的拼劲儿",养育孩子的任务被日本社会理所当然地认为更多的是妈妈的责任。与父亲相比,作为母亲的女性被周围赋予"孩子教育和生活问题"的管理责任。

在接送孩子去兴趣班、开家长会、学校生活参观等和孩子教育相关的活动中,除了体育活动外很少能见到爸爸的身影。一些日本私立幼儿园在面试

---

① 有部分家庭会为了强化中文,将孩子送回国作为短期插班生。
② 这句话最早来自日本第一私立男子初中、高中一贯制学校——开成中学的校长讲话,他认为,考试成功的关键一是妈妈的拼劲儿,二是父亲的经济实力,三是孩子自己的努力。

时也会考虑到母亲是不是全职工作,幼儿园认为全职工作的妈妈没有精力参与幼儿园的相关活动,不利于孩子的成长,这也间接折射出"养育孩子主要是妈妈的责任"的观念。笔者曾经向同一社区的日本父母听取"女儿报考幼儿园"的经验,有一位日本爸爸连自己的孩子报考了哪几所幼儿园都不知道,"我工作忙,都是妈妈在弄,面试也是妈妈领去的"。近些年来,随着双职工家庭的增加,主动承担养育孩子责任的日本男性逐渐增多,但大多数日本爸爸仍然停留在"换尿布""周末陪玩耍""一起泡澡"的状态。与日本爸爸相比,在日中国爸爸们的育儿参与度相对较高,如接送孩子上下学、辅导功课等,但无论从时间和精力的分配还是从学业相关事宜的决定权力上来看,多数女性白领认为"母亲是核心养育者",这和上文中家务分工的认知有明显不同。

> 孩子进幼儿园前一天要参加 2 个小时的入园体验,那是个周六,我们家孩子是爸爸领着去的。听爸爸回来说,全班共有 33 个小朋友,只有两个爸爸去了,其余都是妈妈,这两个爸爸还都是中国人。(MX-20190611)

> 有一次我家孩子发烧,连续休息了 3 天,我工作脱不开身,我老公工作也脱不开身,我们俩就一人休了一天轮班来,第三天他上午休息我下午休息,中午 12 点半,他推着婴儿车在我们俩上下班都经过的车站等我,我接过婴儿车他就跳上电车去上班,真的是跳上去的。我现在想起那个场景都想笑,但没办法啊,都不容易。(ZWX-20180920)

除了夫妇对于育儿任务的认知之外,性别公共话语和社会阶层处境也对育儿任务的分配产生了影响。在日本公司规定的育儿假期和"时短制度"①中,育儿期间的男性女性同样适用,但申请育儿假期的男性简直是凤毛麟角,更没有长期利用"时短制度"的男性员工。正如笔者入户采访时 MX 的丈夫所述"一个男人,如果利用'时短制度',每天上午 10 点上班,下午 4 点下班,那么公司里的同事和领导会怎么看你?还有什么前途可言?"(MX 丈夫-20190611)这一点上,女性白领也表示理解,在平均工资男性是女性 1.5 倍的日本社会,从家庭的整体利益考虑,女性选择利用"时短制度"是有利于小家庭运转的优化选择。在受访的已婚已育的女性白领家庭中,无一例外都是女

---

① 时短制度:日本企业实行的工作时间缩短制度。家中有学龄儿童的雇员,可以在小孩小学六年级毕业前申请每天迟到或早退,以 15 分钟为单位,一天最多可以申请 2 小时。

方选择了产假育儿假或在复归后申请了时短制度。据日本厚生劳动省的数据[①]，2021年在已生育家庭中，仅有13.97%的日本男性申请了育儿休假，但已是近25年来最高值，且以少于5天居多。在以性别分工为前提的社会结构和公司结构下，无论如何宣称"让男性参与育儿"都显得那么力不从心。

第三节 为人女：宗法伦理下的身份矛盾

20世纪以来，特别是第二次世界大战之后，工业化成为各国的经济发展目标，核心家庭及中产阶级家庭的意识形态是与西方工业化、现代化相匹配的最好的私人生活配置方式。社会结构和制度成因等促进了传统家庭文化和价值观的变革。在中国土生土长的女性白领，持有较为传统的家庭文化和价值观，在跨越两个社会体系的理解框架和社会背景下，与国内的核心家庭相比，女性白领的家庭功能、家庭结构和家庭关系呈现出差异性。

一、心尖向下：单向度的援助

（一）经济支援

> 我妈当年生病住院的时候，就嘱咐我爸说，他俩的钱里有100万是给我买房子用的，谁也不能动。我婆婆又没钱，我们买房子的时候，就拿了我爸妈的，100万没全要，按当时的汇率换了1 000万日元给我们。（ZN-20180827）

> 我们自己的钱付首付也够，但我公婆出了首付，我们只还房贷，这样也轻松不少。而且当时管得不严，我们后来用手里的钱又付了一套房的首付。现在不行了，外国人第一套房贷没还清则不让申请第二套，我还是很感谢公婆的。（TT-20180813）

> 当年我们买房子，我公婆有钱却不给，我爸妈怕我在婆家没地位，拿

---

① 日本厚生労働省.令和3年度雇用均等基本調査[R].(2022-07-29).

出了房子总价的六分之一(1 000万日元),并且要求房本上一定要写上我的名字。也幸好当时我爸妈拿了那1 000万日元,后来我和我老公离婚打官司,拖了2年多,因为房本上有我的名字,他一个人没法变卖房产。(THY-20190827)

在受访的已婚白领中,共有6位白领表示在购房时双方父母曾给予过经济上的援助。此外,孙辈出生、每年生日、升学以及正月,女性白领都会收到国内父母转来的红包或者日本婆家给予的现金,金额从5 000元到2万元人民币不等。除特定的节日外,孩子们喜欢的"大件儿"或大额费用,如钢琴、私立学校入学金等很多方面也来自双方父母的赠予。但是,当问及"是否给父母钱"时,除一位白领表示每年过年会给国内姥姥包红包外,其余女性白领均回答"不给",并认为"也没想到要给,给了也不会要"。

同样的问题,笔者曾经询问过婚姻移民的2位中国女性以及从国内公司派遣到日本公司做IT员工的3位中国女性,5人均表示"会给",并补充"一定会给,不要也要给"。和传统移民"赚钱寄给国内亲人花""辛苦我一个,幸福一家人"的观念不同,由"留学-工作"途径赴日的中国女性白领更多的是经济援助的接受方,代际间的经济往来呈现出鲜明的单向流动。

(二) 劳动力支援

在本章的前两节中可以看到,在日本社会,妈妈是家务和育儿的主力。保育园接收从出生57天的新生儿到上小学前的幼儿,许多双职工日本家庭的女性会选择在孩子1岁左右重归职场,把孩子送到保育园。2019年10月起,为了减轻家庭的育儿成本,日本政府推出被称为"育人革命"的"教育无偿化路线",包括免除3~5岁儿童在保育园、幼儿园的托育费用。据日本内阁府《2021年高龄社会白皮书》[1]数据,65岁以上的日本老人中,仅有9.4%是三代同住,祖父母很少参与第三代的抚育。日本第一生命经济研究所关于"祖父母和第三代抚养意识和实况"[2]调查显示,近80%的日本祖父母认为"养育子孙是父母的事情,不应该依赖祖父母"。工作日的公园、游乐场或者学校、补

---

[1] 日本内閣府.令和3年高齢化社会白書[R].2021.
[2] 株式会社第一生命経済研究所.祖父母による孫育て支援の実態と意識——祖父母にとっての孫育ての意味[R].東京:DLRI, 2015.

习班门口极少看到老人带孩子的身影,与国内"祖父母照顾孙辈"的情况不同,婴幼儿的抚育工作主要由社会机制来承担。嫁给日本人的女性 DY 和 ZN 也表示,自己很少向公婆寻求育儿帮助。

> 我不开口,他们也不会自己来。孩子过生日的时候他们过来,节假日的时候我们去他们那里……公婆没在我们家住过,孩子放假的时候会送到他们家住几天。(DY-20190717)

> 我生孩子的时候,我婆婆来住了 2 周,就是帮忙做做饭,后来我自己也可以做,多一个人也不习惯,就让她回仙台了。(ZN-20180827)

在日中国女性白领的家庭生活跨越两个国家,建立于两个社会体系之上,为了保证子女得到更多的关爱,同时让父母享受儿孙绕膝的天伦之乐,许多夫妇双方是中国人的家庭选择让国内的父母来到日本帮忙照料孙辈。受访的已婚已育女性白领在孩子出生后都有过和双方或者一方父母共同生活的经历,时间从 3 个月到 5 年不等。

> 我从美国坐完月子回来以后我妈就来了,我是高度人才签证,我妈可以在我们家一直待到我儿子满 7 岁。要是不要老二的话,计划就让我妈帮着把孩子带到满 3 岁上幼儿园,她总说心尖儿都是朝下长的,下一代过得好她们就幸福。(DXM-20210930)

> 我们家的情况是我父母帮忙半年,他父母帮忙半年,双方老人交几次班,孩子也就长大了,上了小学就自己上下学了。(ZWX-20180920)

白领 XL 夫妻双方都是永久居住资格,只能给父母办理"一次 3 个月,一年最多 180 天"的探亲签证。男方的父母还没有退休,孩子出生后一直由 XL 的父母来日本照顾。为了保证小家庭一直有帮手,两位老人避开同时来日本,一位老人待满 3 个月后回国换另一位老人来"替班",老两口同时在国内的时间每年不超过 1 个月。为了支持子女的事业和让孙辈获得悉心的照顾,中国老人宁愿牺牲自己在国内丰富的退休生活甚至夫妻分离,也尽量奔赴异国帮衬小家庭。然而,当国内父母生病需要照顾的时候,受访白领均表示"亏欠父母""鞭长莫及"。正如上文中 DXM 妈妈所说"心尖儿都是朝下长的",同经济支援一样,劳动力支援仍呈现出单向流动,跨国生活的女性白领家庭始终是支援的受益方。

> 我妈做手术，一直都是我嫂子照顾，我哥在外地出警，我嫂子还上班，她一天往返医院三四趟。真是多亏了我嫂子，我回国的时候给她和我侄女买了些礼物，也只能做这些了。（ZN-20180827）

> 我妈过年的时候吃虾过敏，全身红肿、高烧引发哮喘，还是她侄子也就是我表弟第一个冲到我们家，把她送到医院，我妈说去卫生间的时候要带着吊瓶，也是我表弟一直帮她拿着。我妈怕我担心，一直没告诉我，后来我知道这事特别难过，觉得自己特别不孝顺。（LXH-20181002）

二、隔代抚养：代际差异与冲突

从上文可以看出，虽然身在海外，但中国女性白领家庭仍对隔代抚养有不同程度的依赖。祖辈定期或长期的援助，化解了子女的后顾之忧，提高了小家庭的整体利益，最大限度地实现了核心家庭的功能性需要，但同时祖辈的介入也影响了核心家庭的家庭结构和家庭关系。

> 我爸妈在的时候，我老公不自在；他爸妈在的时候，我也不自在。我们俩聊过，那种心情有点像"被抛弃"，本来我们两个人挺开心的，某一方多加了两个人，就打破了那种平衡。我老公看着我和我爸妈在一起的时候，感觉他自己好像是外人；同样，我看他们一家人商量事情其乐融融的时候，我也感觉自己像个外人。（MM-20190903）

在小夫妻和双方父母的互动中，各位家庭成员之间互有期待，因个人特质不同，期待和现实之间存在差距，差距越大，矛盾越大。随着相互接触和互动时间的增多，部分老人还会介入核心家庭的迁移决策、生育意愿、养育方式、日常的生活模式等，不但影响祖辈与子女的关系，也影响核心家庭的和睦。

> 有时候我妈和我无心说的一句话，我听完之后很影响心情，看我老公也不那么顺眼了。有一次我妈把我说烦了，我就问她："孩子都这么大了，你就一直这么说下去，你是想让你女儿离开这个家，让你女儿带着两个孩子二婚吗？"我妈竟然说："不用我，我就走。"说完她就要收拾行李往外走。（JC-20191209）

我老公就特别想让我在公婆面前扮演"低眉顺眼的小媳妇"形象。他爸妈在的时候,我老公就总嘟囔着让我干活给他爸妈看。平时我们俩都上班,我公婆不来的时候我们俩都是一起干家务的,但我公婆来了以后,就变成了"我和我公婆干家务,他当大少爷"。我公婆还总"不经意"地说谁家的媳妇既能干家务活儿又能赚钱之类的。所以,我公婆来的时候,我特别压抑,好多话又不能当面怼回去,想着一年就1个月左右,就忍了,他们在的时候我就尽量多加班,能少接触就少接触。(DQM-20181130)

我婆婆是大学老师,不知道是不是职业病,她爱说教,经常管东管西。但我觉得她在很多方面都很有自己的一套,比如整理房间、美感等都比较好,所以我以前也挺听她的。别的方面我一般就听听过去了,她基本不会很过分。但有了孩子以后她过来帮我们带孩子就不一样了,她不但质疑我的育儿方式,还埋怨我对她儿子有所忽略。她让我每天早上给她儿子热牛奶、擦皮鞋!我们起了几次冲突之后,我就明白,再开明的婆婆,遇到儿子和孙子的事也会有不讲理的情况,所以我就对她敬而远之,尽量找我自己妈帮忙。(LM-20210813)

在入户访谈时,笔者有机会和4位赴日老人进行了交谈,老人们也觉得自己很委屈。因为带外孙子导致老两口常年分居的白领 XL 的父母说:"两个孩子正是拼事业的关键时期,多次劝我们来帮他们2年,我们就答应了,当父母的嘛,能为孩子做点就多做点。"(XL-20190412)白领 TT 在1年半产休时回老家生子,产休结束后将父母都带到了日本,由父母继续照顾小家庭的起居。TT 的母亲向笔者诉苦道:"我打他们结婚起就时刻准备着来帮他们,我愿意为我的外孙子贡献后半生……但毕竟不是自己家,哪些话能说、哪些话不能说我都得注意,和他们的生活习惯也不一致,我经常干受累不讨好的活儿,我想把外孙带回国内养,让他们好好在日本工作,他们又不干。"(TT-20180813)中国老人在日本人生地不熟,加之语言文化、饮食习惯等社会文化条件的制约,他们白天在家除了上网、看剧、买菜、遛弯儿外,活动空间及活动方式都极其受限,只有等子女下班或者休息日才能说上几句中国话,再加上和年轻人思维方式及生活习惯的代沟,想到自己的付出不被理解,老人的内心也十分压抑。

此外,持有"特定活动"签证的父母(子女是高度人才签证)可享受日本国民健康保险,但子女是永久居住资格只能给老人办理"探亲签证"的父母则无法享受当地的医疗福利,加之有些老年人本来就有基础病或者慢性病,父母的医疗问题也是跨国白领家庭的"心病"和生活风险之一。

> 我婆婆有一次夜里肚子疼得起不来,换在国内肯定就去医院了,但在这边她还是硬挺了一夜,我们要送她去医院,但她坚决不去。好在第二天好了,也不知道什么原因。(LM-20210813)

中国夫妻和老人的冲突大多源于成员间关系的越位及力量的失衡,集中于生活习惯和育儿观念的不一致,海外生活的孤寂与不适应也对家庭关系产生了负面影响。与此相比,嫁给日本人的中国媳妇就没有这方面的苦恼,似乎也显得更加轻松。

> 日本老人都不帮着带孩子,所以我本身就没有对他们抱有任何期待,他们也特别自觉,一般不会插手我们小家的事儿,过年过节都有往来,他们有时候还会给我们寄土特产,一年见面的天数一共也不会超过2周。(ZNL-20180812)

笔者询问 ZNL 的日本婆婆如何看待"带孙子"的问题,ZNL 的婆婆认为:"儿子的孩子自己不便过多插手,女儿的孩子反而是'自家孩子',多说一些也无妨。"(ZNL-20180812)可以看出,日本人对界限感的认知和中国家庭有所不同。白领 MH 的婆婆是日本公立小学的退休老师,疫情期间大人在家工作,3 个孩子休校在家,婆婆会来帮忙辅导功课。由于婆婆对 MH 的日语指手画脚曾一度让两人关系紧张:

> 我婆婆好为人师,经常喜欢纠正我日语的毛病,就像老师说学生那种方式——很正式、很严厉,她还让我必须当着她的面把正确的再说一遍,让人很不舒服。有的时候我会把不悦之情表现在脸上,她还觉得是我不够谦虚。(MH-20210311)

最终,MH 决定白天将 3 个孩子送到婆婆家,早上开车送去,晚上吃完饭开车接回,减少了和婆婆的接触,阻止了关系的进一步恶化。发生矛盾时双方需要缓冲的时间和空间,但从中国来的父母除儿女家外在日本无处栖身,无形间会形成恶性循环,从而加剧矛盾。与此相比,嫁给日本人的白领与公婆间发生冲突时的解决方案就更具灵活性。

第四节　调节与适应

家庭不只是家庭成员的总和,每个家庭都有它自己的力量和规则。研究家庭时,不但要考虑时代、社会等外部的构造性因素,也要考虑家庭内部自身的动力变化。海外生活的中国女性白领在家庭中遇到了各种问题和挑战,比如是否生育、何时生育、何时要二胎、在哪儿买房、该不该让父母同住等。家庭策略制定和形成要基于每个成员的生命历程、个性以及社会背景的考虑,是家庭成员间的人际互动的结果。

一、身份取舍：母职平衡下的职业调整

面对日本企业由来已久的单身赴任制度,中国女性白领家庭并没有完全顺从,而是积极主动地寻求解决方案,女性白领通过怀孕、调职、减薪等方式尽早结束了异地生活,尽自己的努力以不同的方式维系着家庭成员的情感流动。同时,对"阖家团圆""一家人整整齐齐"的追求凸显了中国传统家庭伦理规范对迁移行为的影响。

我和我老公异地的状态持续了半年多,后来想着总这样也不行,就计划生个孩子吧,这样我休产假、育儿假大概2年,两个人就可以在一起了,没准2年后我老公就调回来了。按计划我怀孕了,一个人在东京上班,自己照顾自己,可能是孕期激素分泌不平衡,我情绪特别激动,经常半夜通过视频骂我老公,边骂边哭:"人家怀孕在家里当女皇,我怀孕连老公都不在身边,什么事都得自己干,晕倒了都不会有人知道。"我老公那时候也挺不容易的,新环境压力大,每天都要听我叨叨半个多小时。总算熬到可以休产前三个月假的时候,我就去名古屋找我老公团聚了。(ZN-20180827)

我们刚结婚时,我老公接到公司内部通知:一个半月以后他去大连,至少两年。当时我就想怎么办:像日本人家庭那样单身赴任分居两年?

绝对不行！我公婆劝我辞掉工作，我和我爸妈都不同意。后来我就和我老板商量，能不能把我调到大连的分公司，老板和中国分公司的人联系，说可以，因为不是由于公司业务需要的调动，是个人原因，所以我要先辞掉日本总公司的工作，转到中国分公司，但工资和福利待遇就得按照当地的标准，然后2年后再调回日本总公司。我考虑了一下未来2年分居的风险，又考虑到两年国内经验对以后自己在日本总公司的发展应该会有帮助，就答应了降薪回国的条件。(WZY-20190619)

面对家庭与工作的平衡，除了长期有老人帮衬的家庭以外，大多数已育白领都曾申请利用过30分钟～2小时不等的时短制度。一些公司设有"内部募集"制度，员工可以主动申请调到公司内部的其他部门，白领JC在生完二胎后主动申请从销售部门调到了内勤部门。在讨论家庭与工作的平衡时，学者橘木否定了将"职业女性"与"全职主妇"对立起来的思考方式，认为二者并不是生活形态和价值完全不同的两个群体，认为是同一女性在不同条件下，恰好选择的现有的生活形态。[①] 结合访谈内容，笔者认为，出于家庭的考虑，女性会比男性更加频繁地出入职场。

我觉得我辞职是暂时的，孩子长大了，我就可以继续去工作了，但孩子小的这几年我不想错过陪伴。我老公也支持我，家庭收入虽然不比以前，但我有更多的时间去关注孩子了，孩子的安全感更高了。每个孩子都不一样，有的小孩从1岁开始送保育园能从早待到晚。我家孩子虽然从1岁多开始也能从早上8点待到晚上7点，但她是不开心的，有几个妈妈还跟我说，每次看到我们家孩子她都是面无表情地在那边玩。但自从我辞职后，我每天晚点送，早点接，我对她更有耐心了，她的笑容也比以前多了。(LM-20191120)

我选择辞职还是下了很大决心的，毕竟我念了这么多年的书，之前的工作也不错，最后却在家里相夫教子了。我刚开始都没敢告诉我父母，他们都不能接受，认为自己女儿不能没工作。但我自己知道在这个阶段什么最重要，我又不是一辈子不工作……在国内的话，我是不敢辞职的。但在

[①] 橘木俊诏. 日本的贫富差距：从收入与资产进行分析[M]. 丁红卫, 译. 北京：商务印书馆, 2003：83.

日本,当主妇是没有什么丢人的,我老公的收入如果可以维持我们家庭的收支平衡的话,我觉得在孩子小时候我回归家庭是一种资源配置的优化选择,现在我正在考虑建立自己的工作室。(MM-20190903)

明治时期以来,日本在都市化和家族化的过程中,主妇变得越来越大众化。[①] 多年以来,面对主妇常态化的家庭构造,日本政府在医疗保险、退休金及离婚时的财产分配制度上也日益成熟,也为女性白领暂时回归家庭提供了保障。[②] 受到过高等教育并曾经在职场上奋斗过的中国妈妈更想要出去工作,工作可以为女性提供经济支持和精神寄托。因此,辞职是基于现状的短期选择,她们在辞职期间实现自我赋能,探索新领域、重归学校等,时刻为今后的重归职场做准备。此外,为了解决因为工作繁忙而造成沟通不畅等问题,女性白领积极主动地进行了多种尝试。在白领 ZNL 家,考虑到很难一家人坐在一起吃晚饭,她每天早起半小时,将早餐设定为全家人沟通感情的时间。有的夫妻尝试每周五晚上在孩子睡觉后,一起看一部电影,白领 LCQ 每个月找一天中午特意去老公工作的地方一起吃午饭,有的家庭共享电子日历、每周安排一天两人同时在家远程办公等。

二、家事改革:工作考量下的分配优化

劳动分工使工作和家庭生活一分为二。家庭是家庭成员获得力量并得以放松、喘息的避风港,但对于想要尽力做到兼顾家庭和工作的女性白领来说,家庭仍是自己的劳动场所,家庭劳动给女性带来了双重的负担和责任。在被问到"如何看待家务"时,除个别女性白领认为"烘焙是解压的一种方式""叠衣服是解压的一种方式"外,多位女性白领表示家务是"负担",会感到"疲倦""不想做"。如本章第一节所述,虽然在女性白领的家庭里,丈夫会分担部分家务,但基于日本社会的传统观念和家庭整体利益的考虑,妻子在家的时

[①] 对于因为结婚而辞职的女性,日语中有"寿退社"一词,"寿"为祝贺之意,指一件值得庆祝和欢喜的事。这一词汇也从侧面显示出日本社会对于因家庭而辞职的女性的态度。1955 年,日本的工薪阶层中有 74.9% 的妻子为家庭主妇。近年来,伴随着日本经济的不景气、女性思想的进步,家庭主妇的比例有所下降。

[②] Orellana M F, Thorne B, Chee A, et al. Transnational childhoods: The participation of children in processes of family migration[J]. Social problems, 2001, 48(4): 572-591.

间要多于丈夫,因此也相应地承担了更多的家务和育儿责任。正如 Caroline Davidson 所述,家务同样遵循"帕金森定律"[1],家务会随着所需时间的增加而增加。[2] 家务没有上限,一些女性白领在疲惫中逐渐意识到"完美地完成家务是不存在的,有些事情没有必要精益求精",于是通过降低期望值、服务外包、优化家庭任务分配等,努力寻求家务与工作平衡的新途径。

智能化家用电器的出现,一方面改变了传统的夫妻劳动分工方式。日本社会学者上野认为,以前是丈夫劈柴,孩子打水,妻子做饭,电器的出现让主妇失去了丈夫和孩子的协助。[3] 但另一方面,智能化家用电器的出现及普及,也让原本被众人认为"应该是妻子做的事情"变成了丈夫、孩子也可以代替的事情。在访谈中,女性白领表示都曾有过"服务外包"或者"购买劳动"的经历。一部分女性白领曾经雇佣过日本保洁人员帮助整理房间,也有女性白领曾经在孩子小的时候雇佣过中国的做饭阿姨,负责孩子和产妇的饮食。

> 我自己就不擅长做饭,也不擅长做家务,但我喜欢工作,我能赚钱就好了,然后用赚的钱去购买劳动,人家做家务质量比我还要高。这样我也有时间去做自己擅长的事,多陪陪孩子和老公,发展自己的业余爱好,我觉得这样更有利于家庭和谐。(HX-20180820)

> 产假刚结束回去上班的时候,我特别焦虑,觉得孩子没照顾好,工作也做不好。后来我预约了公司的心理医生,她曾经是我们公司的女经理,也是2个孩子的妈妈。她很理解我的难处,和我分享了许多她的经验。最大的参考就是"时间是有限的,把自己擅长的事情留给自己,不擅长的事留给别人"。她喜欢工作,喜欢做饭,不喜欢给孩子讲故事书。她就雇人给孩子读绘本,自己用省下的时间去给全家人做可口的饭菜,自己也得到了放松,全家人也开心。后来我就参考她的建议,我特别喜欢陪孩子,那我就从老公那里把陪孩子的活儿全揽了过来,相应地,他接手

---

[1] 学者帕金森(1958)认为,"工作会自动占满一个人所有可用的时间。如果一个人给自己安排了充裕的时间去完成一项工作,他就会放慢节奏或者增加其他项目以便用掉所有的时间。工作膨胀出来的复杂性会使工作显得很重要,在这种时间弹性很大的环境中工作人并不会感到轻松,相反会因为工作的拖沓、膨胀而苦闷、劳累,从而精疲力竭。"

[2] Davidson C. A woman's work is never done: A history of housework in the British Isles, 1650—1950[M]. London: Random House, 1982: 192.

[3] 上野千鹤子. 近代家庭的形成和终结[M]. 吴咏梅,译. 北京: 商务印书馆, 2005: 165.

除了做饭以外的全部家务。我因为不干家务了,陪完孩子又获得了满满的正能量,我每天上班的精气神也更足了。(LWJ-20190914)

学者 Useem 在研究在印度的美国移民家庭时发现,孩子的教育问题很容易成为家庭内部的压力源泉,其影响程度可以和医疗水平、与当地人的瓜葛等相提并论。[①] 教育给夫妻关系带来了张力,因子女教育问题而产生的压力和矛盾在白领家庭同样存在。3 年前,白领 TT 家的儿子处于幼升小的关键时期,白领 TT 经常因为老公不配合她制定的教育计划而与其争吵。

我下班后开始接孩子,做晚饭,给孩子辅导作业,等他爸到家了,就让他爸继续辅导。我让他给孩子讲题,他边讲边看手机。现在是孩子养成好习惯的关键时期,拿笔姿势、专注力是否集中、写字的笔画顺序等都很重要,就是得家长在旁边一直盯着。我老公可倒好,什么都是差不多就行了。我们决定考私立小学,下了多么大的决心,花了多少钱和精力。他就来句"差不多就行了",到时候若小孩考不上,又得我挨埋怨。还有我家那孩子,做一道题要半个小时,题不难,他不明白意思,我就得一遍一遍给他读题,和他掰扯每个词是什么意思。我的耐心啊,都被磨没了。(TT-20190425)

无论是工作、家务还是儿子的教育,白领 TT 都有近乎完美的计划和安排,她说自己是"鱼和熊掌都想要",什么事情都亲力亲为,争取做到最好。随着工作强度的增大、孩子学业任务的加重,她愈发感到分身乏术。在朋友的开导及听取了前辈妈妈的意见后,TT 降低了对孩子及老公的期待值,"放权"于老公并与老公协商调整了辅导计划,工作日晚上由 TT 负责儿子的学习,周末由老公负责,在对方辅导期间互不干涉。同时设立每个月两天的"爸爸日",家里全部交给老公,为获得调整和喘息的空间,有时 TT 会将两天合用独自去酒店住宿。在近一年的磨合中,TT 的心态更加放松,TT 的老公也摸索出与孩子的相处方法,最终孩子被东京排名前三的私立小学录取。个体根据自我需求来建构自己的家庭,协商和博弈成为家庭关系的核心,[②]同 TT 一样,

---

[①] Useem R H. The American family in India[J]. The annals of the American Academy of Political and Social Science,1966,368(1):132-145.
[②] 沈奕斐.个体家庭 iFamily:中国城市现代化进程中的个体、家庭与国家[M].上海:上海三联书店,2013:279-282.

多位白领都是"降低期待值，放权于老公"的受益者。

> 我以前精神绷得太紧，总担心他们在外面吃食物不干净，以及男人照顾不好孩子之类的，但其实真没什么，人家也是亲爸，又不会"虐待"孩子，眼不见心不烦，我自己心情好才会少和他们发火。（WZM-20180910）

三、家庭行动：性别角色下的移民策略

社会性别是影响女性白领迁移方向的重要因素。受到传统婚嫁观念的影响，白领中不乏"因为没有找到男朋友而回国"的案例。独自在日留学和工作6年的29岁白领ZSX被父母规劝"一年之内再找不到男朋友的话就回国，一个女孩子别在外面瞎扑腾""就算现在立即找到男朋友，谈恋爱2年再结婚，生孩子都30多了"（ZSX-20190818）。ZSX的父母格外强调了其作为"女孩子"的不同。面对父母的逼嫁，ZSX最终放弃了日本的工作，选择回国相亲。这种情况一方面是由于来自世俗对女性婚恋观刻板印象的压力，另一方面也是她们在衡量成家与立业关系之后做出的自主选择。

跨境移民个人生活经验中的家庭纽带存在于国家之外，支撑了移民的越境行为[1]。受访女性白领的家庭成员中，有日本丈夫、中国丈夫、在日本出生的中国的孩子，家庭中的每个成员都在经历着不同的社会适应的体验，他们的个体作用力又影响到整个家庭的发展方向并影响到其他成员的决定。如第二章所述，女性白领在毕业后继续留日工作多是为了"镀金""为回国工作打基础"。虽然她们在日本的大公司找到了稳定的工作，但是最初她们也并没有打算终生生活在日本。"因为老公在日本"，许多白领改变了想要回国的初衷，延长了定居在日本的时间。

> 记得结婚第一年我回国，我爸妈穿着睡衣给我开门的一瞬间，我第一次那么真切地感觉到他们老了。我自己回房间里哭，觉得自己不够孝顺，然后就和我老公商量，以后一定要回中国。孩子3岁的时候，我老公工作上遇到瓶颈，跳槽或者去中国发展都有机会，我当时问我妈的意思，我妈说："如果你现在就一个人，我肯定毫不犹豫地让你回来，但你现在

---

[1] 广田康生.移民和城市[M].马铭,译.北京：商务印书馆,2005.

毕竟不是一个人,考虑到你们小家庭的话,我不认为回来是一个好的选择。"她内心本来是那么希望我能留在她身边……其实我们那时也认为回国不太适合:10岁就来日本的老公要在一个新环境去奋斗,还有孩子的教育适应、生活的习惯和环境等,考虑到整个小家庭的话,还是暂时在日本更适合我们。后来我老公的工作从名古屋调到东京,我们也在东京安家了。(ZN-20180827)

以前没有孩子的时候吧,每天就是上班、下班、加班,周六我和老公宅在家恢复元气,周日两人再去逛逛街、见见朋友什么的。每天、每年周而复始,我们也没想还要在日本待多久,但想的是以后一定要回去的,所以也一直没买房子。有了孩子后,我们会考虑孩子以后上学的问题:我们之前租的房子附近的幼儿园不是很好,对口的小学也一般。另外,我们到了30岁,公司的租房补助也少了,我就和老公决定买房了。我感觉买房后和租房的心态又不一样了,有一种漂泊了10年就在这扎根儿了的感觉。(ZXX-20191209)

伴随着孩子的成长,部分原本没有购房打算的家庭购置了房产,女性白领家庭为方便接送孩子去学习班而考取日本的驾照,上述行为都削弱了她们的"暂住"意识。为鼓励生育,改变低生育率的"少子化"现状,日本政府每个月向有未满3岁的儿童的家庭发放1.5万日元作为育儿补助,有3岁到初中毕业年龄段的孩子的家庭每个月有1万日元的育儿补助。企业提供的1年带薪产假、2~3年的育儿休假、育儿奖励金,政府的保育园免费政策、疫情期间生娃津贴等育儿福利制度都让女性白领及其家庭从中获益。这些体验和经历都在不同程度上对女性白领融入日本社会的观念与决心起到了积极的推动作用。

我们离婚前有一次吵架,我前夫动手,我就报警了。上门来了2个警察,他们了解情况后,要求我们俩都签订《承诺书》,然后将电话和住址进行了联网登记,警察说,如果再次接到同样的电话号码,警方会优先处理并出警。这种处理方式让我感到很安心……离婚后我带着两个孩子在日本生活,政府对单亲家庭有补助,我自己有工作,孩子们都上小学了,在日本小学生都自己上学,自己去补习班,他们也一样。(THY-20190827)

多位女性白领认为"海外的核心家庭的家庭凝聚力很强","丈夫和孩子是在日本自己最亲近的人","现在在日本的生活比较稳定"。部分夫妻相识于留学时期,由于在日企的外国人的身份,加上日本人注重个人隐私的生活习惯,在日中国家庭不想把同事关系过分牵扯进日常生活,大多希望能够保持工作和生活空间的距离感,因此,在海外的核心家庭的成员成为彼此间最为亲近的人。同时,女性白领的父母大部分时间在国内,大事小事都是小夫妻自行商议解决,减少了亲戚间往来的琐事以及摩擦。

适应是个体内化的过程,可能会产生适应的集体动力,但个体家庭成员的适应程度并不能代表全体家庭成员的适应情况。在访谈中发现,许多女性白领表示自己已经习惯了日本生活,但丈夫却表示还是觉得不习惯。从现阶段的情况来看,女性白领家庭整体都留在了日本,可以说明这是一个多元文化家庭以整体利益为导向的选择。

第五节 本章小结

本章通过女性白领在家庭内部的三种身份维度,对在日本社会的中国女性白领家庭的关系、功能和结构等进行了微观和中观的分析,以妻子、母亲、女儿的身份来阐述女性白领在家庭生活中所遇到的挑战与困惑。跨国家庭的每一个"小决定"、每一次"小冲突"都是家庭成员"情、权、利"之间相互博弈的结果。

个体的选择形塑了家庭的框架,以情感属性为首要择偶标准的"同类婚"为女性白领融入日本社会提供了情感支持和经济保障,生儿育女将女性囿于家庭生活中,国内父母的"候鸟式"越洋带娃为小家庭保驾护航的同时也对核心家庭的关系和结构产生了影响。一方面家庭为女性白领适应日本社会提供了经济、情感及网络的社会支持,另一方面家庭的形成也制约了女性白领个体的行为选择。作为海外生活相互扶持和风险共担的共同体,白领家庭成员之间相互妥协,求同存异。和上一章职场中女性表现相比,在家庭中女性白领在心理和行动上采取了更为主动和积极的自我调适。

家庭作为连接日本社会和个体的感应器,是女性白领获得自我身份认同的重要基础。纵观女性的生命周期,婚姻的选择和家庭的建构不但会影响其对日本社会的认知,也会影响其职业发展和生活方式的选择。伴随着家庭生活的延展,女性白领家庭在日本国内也经历了一次或多次迁移的过程,女性白领自己也随之嵌入日本社会脉络之中。作为个体和社会间的中观层次,家庭将外部的结构性与内在的自主性连接在一起,移民策略是基于家庭这一集团成员相互协商的结果。

本章中所描述的家庭生活中的部分矛盾在中国国内以及其他国家的移民生活中也普遍存在,但在特有的日本文化及跨国生活的背景下,在日中国女性白领呈现出了有别于国内白领的生活形态。处于日本社会中的中国家庭,外部的社会环境构建了其和日本家庭相似的生活结构,家族成员的群体身份以及传统观念等又让她们持有和在中国国内的"70后""80后"家庭一样的生活习惯和方式。在跨国生活中,女性白领家庭既保留了传统中国家庭的特性,也表现出日本移民生活的当地性。

第六章

社交：跨族群间的多重社交形态

相对于职场和家庭,与日本主流文化及社会的互动在一定意义上更能反映中国女性白领社会融入的程度,正如马克思所言,"人类社会的历史既是生产的历史,又是交往的历史,而生产本身又是以彼此之间的交往为前提的"。[①] 在日本学习工作多年的中国女性白领的社交主体是中国人还是日本人? 在工作日外的社交网络中,她们通过什么样的方式结交日本人? 在与日本人交往的过程中她们有怎样的感受? 由移民族群形成的在日中国人圈对女性白领的意义何在? 对于日本朋友,中国女性白领究竟是"不想交"还是"交不下"? 本章将对她们立体又复杂的社交网络领域进行描述,并探讨其对女性白领适应日本社会过程中所产生的影响。

第一节　社缘:基于公司生活的家庭社会

从 20 世纪 80 年代起,超越地缘和血缘的"社缘"即"家庭社会论"[②]开始在日本出现。二战后的"举国一致"体质、民主化、经济发展的形式都促进了日本社会的单一性的形成。由于生活圈子的单一性,大多数日本人除了村落和职场外,没有其他的生活场所,所以一切的个人问题也只能在圈子里解决。[③] 如第五章所述,与中国大多数职场禁止"办公室恋情"的态度不同,"社

[①] 马克思,恩格斯.马克思恩格斯选集:第 1 卷[M].中共中央马克思恩格斯列宁斯大林著作编译局,译.北京:人民出版社,1995:124.

[②] 家庭社会论:正如人们经常指出的那样,韩国、中国家庭和日本家庭之间最显著的区别是亲属关系原则的地位。日本家庭包括非亲属成员,通过收养儿童的方式,能够将他们完全纳入家庭。通过对血缘关系的模仿,陌生人有可能接管家庭,这使得"家庭"很容易转变为"公司",如商人家庭的情况。这种日本家庭结构在工业化中发挥作用,是"家庭社会论"理论的结论之一。(村上泰亮.文明としてのイエ社会[M].東京:中央公論社,1979.)

[③] 中根千枝.纵向社会的人际关系[M].陈成,译.北京:商务印书馆,1994:18,100.

内婚"是日本职场的普遍现象，会社（公司）是像家一样的存在，雇员则是以"社缘"为基础而结合成的共同体。

一、部族会社："拟单位制"下的社会生活共同体

日本企业借助终身雇佣制把以工作为中心的职员构成了一个封闭的社会集团。参考税收负担占 GDP 比例及社会保险占 GDP 比例的数据可以得知，和北欧、中欧等地区国家相比，日本在国际上属于非福利国家，传统上公共部门并不是福利的主要承担者，日本大企业是公共福利的重要承载者。[①]

许多公司会提供公寓租住，即"社宅"。部分公司有"进入公司后前半年居住在公司单身公寓的社员，在半年以后如果搬家独立租房，公司会每月给予房租 30%的补助"的规定。[②] 许多社员为了长远考虑，最初都会选择租住公司的单身公寓。在公司提供的"社宅"里，每个房间有独立的厨房和浴室以及基本的家用电器，有的"社宅"还设有食堂。许多新入社员从外地来到东京，同一"社宅"的社员晚上跑步、打羽毛球，周末还有文体活动、户外烧烤聚餐等。"社宅"配有 24 小时管理者，非居住者进出要登记基本信息和逗留时间，严禁他人留宿。可以看出，单身公寓的"社宅"和大学生宿舍基本上别无两样，按照日本人的说法，"公司的单身公寓比每个月的停车场费用还要便宜"，公司煞费苦心希望新入社员能够选择"社宅"，并不是追求经济收入。生活在作息规律、安全方便的"社宅"中，新入社员可以将心思更多地放在工作上，同时还能有一定的储蓄，身心和收支的稳定更利于个人成长和公司的发展。许多女性白领表示"刚进公司的第一年虽然赚得最少，但攒的钱最多"。公司在这一时期充当了"大家长"的角色，接管了学生向社会人过渡时的生活。

在第三章中曾经提到，日本企业在招聘时会寻找有"相同 DNA"即符合企业自身习惯和文化的一类人。各大公司如部族一般，设有内部的图书馆和培训学校，会给社员报销每个月的购书费用、参加职业资格的报考费用，希望帮助员工实现在职业生涯各个阶段的自我提升，从而更好地服务公司。大到购

[①] 橘木俊诏.日本的贫富差距：从收入与资产进行分析[M].丁红卫，译.北京：商务印书馆，2003.
[②] 日本部分公司规定，如果社员进公司的前半年或一年没有租住社宅，自己租房子就没有任何津贴补助。

买房产时合作企业的折扣制度，小到家里孩子打疫苗的补助津贴、公司下属集团的温泉疗养所、高级百货公司的优惠券，甚至是不孕不育的治疗补贴等，"家长式"的大公司制度考虑到了员工生活的方方面面。

二、情感凝聚：强化归属感的集体活动

最初工作的 5 年前后所形成的人际关系对个体所处集团具有决定性意义。[①] 在工作时间外，欢迎会、送别会、壮行会、新年会、忘年会、女子会、犒劳会、恳谈会等各种名目的聚餐将公司同事再度捆绑在一起，意在增进成员间了解的同时强化企业的集体感。在日本公司，同事间的聚餐结束时会有一个"一本缔"的仪式。"一本缔"的习俗由来已久，一般由官职最大的上司起头喊"预备（よーし）"，全员一起按着"啪啪啪、啪啪啪、啪啪啪、啪！"的固定节奏[②]拍手，随后互相点头行礼，道一句"您辛苦了"。日语中"九"和"辛苦"中的"苦"发音相同，最初的 9 次拍手代表着努力和辛苦，而最后单独的 1 次拍手就像在"九"字上加上一点，变成了"丸"，象征着"圆满"和"一体"。在日企工作过的受访女性白领都有过"一本缔"的经历。

> 虽然我现在辞职了，但想起每次聚餐后的"一本缔"还会很热血。最后整齐划一的拍手特别有气势，有一种整体感和归属感。（MM-20190903）

强化集团一致性的方法有两种：一是推动集团中的内部成员更具有整体感；二是建立联系各个成员的内部组织以巩固集团。年功序列和终身雇佣制度是"礼缘"得以持续维持的基础，许多日本工薪族从大学毕业到退休一直在同一家公司工作，因此，工作时间外的关系培养和维系也十分重要，可以巩固其在职场中的地位。

> 我感觉日本公司的团建活动特别质朴、"接地气"。比如说，每年夏天，公司会租下一个大体育场，开运动会！我自从来日本念大学起就没参加过运动会，没想到日本的公司竟然有运动会。一般都是全家人出席，里面还有亲子项目，临近运动会前的 2 个月我们还会加班练习集体项

[①] 中根千枝.纵向社会的人际关系[M].陈成,译.北京：商务印书馆,1994：29.
[②] 日本关东地区和关西地区的"一本缔"的叫法和节拍不同。

目,跳大绳、传球之类的。(DY-20190717)

我们部门每年春天会一起赏樱花,夏天会举办户外烧烤(BBQ)聚餐。(LXS-20181003)

听前辈们说,社员结婚、生孩子的时候,公司会发祝贺金,社员还会收到社长署名的祝福贺卡,生孩子时除了政府的补助金,公司还会额外给45万日元的奖励金。(LDJ-20190912)

无论是运动会、赏樱会,还是在人生关键时刻"恰到好处"的祝福与礼金,都是公司加强社缘一体感的有效措施。一体感会促使集团内生出独一无二的"社风",而这种社风又反之强化一体感。正如学者傅高义所述,并不是工资的多寡及社会意义,而是他们"受雇于大的组织"的这一身份归属感使日本的工薪阶级的白领一族卓尔不群。[①]

三、序列有秩：业余生活的社交规则

中国女性白领在与日本同事私下交往时并不轻松,在工作以外的社交场合,也要严格遵循"目上""目下"[②]的规则,不可擅自越界。特别是和公司同事一起的聚餐中,组织者、聚餐费、发言顺序都有约定俗成的顺序。

除了套餐,集体聚餐一般都是职位高的掏"大头儿"。一般是部长8 000～10 000(日元),经理6 000(日元),主任4 000(日元),剩下不够的再由年轻人均摊……当时我们部门已经4年多没进新人了,每次都是我负责发邮件确定大家的时间、联系饭店。聚餐时我还要注意谁的酒没了,谁又来了,该谁发言了,遇到送别会还要挑选礼物、鲜花,还有送别箴言集,都是我一个人来负责。(JSL-20191212)

我和日本同事十几个人商量周末去一个同事家聚餐的事,大家在LINE(海外社交媒体的一种)上聊得热火朝天,最后时间、人数都商量好了,其中年龄最大的一个日本人用轻松的口吻发了一句「よろしく—」(是简体型"那就拜托了"的意思)。我正聊在兴头上,跟在人家后面在群里回了一个「よろしく—」,然后就被其中一个日本同事单独联系了。他单独给我发

[①] 傅高义.日本新中产阶级[M].周晓虹,周海燕,吕斌,译.上海：上海译文出版社,2017：61-62.
[②] 在日语中,"目上"指比自己地位高的人,如职场中的上司和年龄比自己大的长辈,"目下"则反之。

LINE，委婉地告诉我哪怕是朋友间聊天，和年长的人也不可以用简体，一定要注意。我以为关系近了，感情到了，在私下交往这方面是可以忽略的，但事实上并不是。那个日本人是好心，可能当时收到我的留言后其他日本人心里也会震惊吧，只是没和我说而已。打那以后，在工作外和同事接触时我也会注意自己的言行，不能没大没小。（ZWX-20180920）

老部长调到子公司，我们给他举办欢送会。我当时是新人，被任命为干事，负责联系饭店、购买礼物。那是我第一次参加日本人的欢送会，闹出不少笑话。那天一共有二十多个人，我们坐了4桌，开饭前要先让一个代表讲话，表达一下今天的欢送主题。一般都是叫办公室里的"二把手"或者是工作时间最长的元老级员工。我没经验啊，认为开场讲话当然要请当天的主角，我就请了老部长，大家就乐翻了，老部长还开玩笑说："那讲完话我就得走了。"直属上司告诉我，送别的主角一般是吃完饭后压轴讲话。幸好大家都特别友善，"二把手"主动"请缨"，他来讲开场白……最后送礼物的时候，我用从大家那里集来的钱准备了一张2万日元的购物卡，拿出来的瞬间大家就乐了。我不明就里地问我主任，主任说："日本人送礼物没有直接送钱的，要'心込め（用心）'。"送购物卡不好吗？想买什么买什么。一顿饭下来我都没怎么吃东西，管这管那，一直怕哪里出错，最后还是闹了不少笑话。（MH-20210311）

聚餐的负责人一般都由团队里年龄最小、级别最低的人负责，受访女性白领都有在新人时期当聚餐负责人的经历。和同一公司的同事聚餐时，第一杯酒上桌的速度很重要，"不会出错"的啤酒成为首选。"先来一杯啤酒"是日本公司的宴会文化，这一行为也折射出日本与他人保持一致、不给他人添麻烦的社交文化。[①] 另外，公司里的上司越多，下属越会顾忌。聚餐的座位不但要考虑到上司和主角，也要考虑到年龄即前后辈的位置，第一杯干杯前以及上司没来前不可以动餐具，不可以在前辈和上司离开前先走，年长者的酒杯空了要及时满上，每上来一道新菜，在场资历最浅或者最年轻的人要负责给

---

① 从第二杯开始就可以按照自己的节奏和喜好，不用刻意碰杯，每有新成员加入会再次碰杯。近年来，一些日本年轻人的聚餐里出现了"脱·啤酒"的潮流，第一杯虽然不是啤酒，但也一定是能迅速上桌而不需要调酒的饮品，以避免大家等待。

前辈分盘装好再一一递给大家,上来肉串之类的串烧食物,也需要把食物从竹签上取下放入盘子里。在餐桌上,要时刻观察前辈们的酒是否要见底并及时询问下一杯要喝什么,而这一行为的"时机"很重要,太早会给对方压力,太晚会显得没有礼数。如果是用酒瓶斟酒,一定要把酒瓶的商标朝向外面并用双手举瓶,更不可以自己给自己斟酒,会让在场的其他人觉得自己照顾不周。发言的顺序也有讲究,最高级别的两位上司分别开场和压轴,如果是某一个人的欢迎会或者欢送会,主角一般在聚餐的尾声发言,之后由直属上司总结发言,上文中的 MH 作为新人时不了解这一社交规则而闹了笑话。如上种种,参加形形色色的公司聚餐是社会人无法绕开的社交活动,觥筹交错间的言行举止都有其独特的章法,有的女性白领对此表示身心俱疲。

> 我单身的时候不好意思不去,之后有孩子了就以要接孩子为借口,能不去尽量不去,但3月底、4月底的送别会和欢送会,以及12月末1月初的忘年会、新年会我还是会参加。(MH-20210311)

第二节 女缘:以性别为纽带的社会交往

类比在日本社会男性间普遍存在的基于职场和兴趣的"社缘"与"友缘"的概念,学者上野发现没有一个准确的词语来形容不同于上述传统社交关系的日本女性间的社会交往,对此提出了"女缘"这一概念。[①]"女缘"的主体人群是分布在30~50岁之间的女性,结识于以行政事务为主导的社区活动、市民志愿者活动,以及因共同的育儿话题、兴趣爱好而聚集的团体活动中。在以"社缘"为纽带的男性社交生活的反面,女性在"女缘"中展现出不同于家庭和职场的一面。

一、身份压力:"妈妈友"间的群体交往

"妈妈友"是指基于孩子间的交往而建立起来的母亲间的朋友关系,如同

---

① 上野千鶴子.岩波現代文庫社会171・女縁を生きた女たち[M].東京:岩波書店,2008.

班同学的妈妈、同一个学校的前辈妈妈等,是日本成年期女性间普遍存在的一种人际关系。[1] 如前文所述,日本人的人际关系和集团意识依存于"场所",对于已婚已育的妈妈们来说,参加以"育儿"为中心话题的"妈妈友"活动是她们接触日本社会、了解孩子在校表现、维持和其他家长关系的重要途径。"妈妈友"之间互相交流育儿心得,共享育儿信息,获得养育子女的安心感,是存在于妈妈身边的支持网络。随着家庭的建立、孩子的出生,中国女性白领或主动或被动地结识了一些日本人"妈妈友",主要是学校和兴趣班的家长,"妈妈友"之间的交往伴随着孩子的成长影响着她们的生活。"家附近的私塾和小儿科诊所哪一个更好?""参加学校家长活动的话,做哪一个任务更轻松?""最近班级里有没有什么特殊的事情发生?"……"妈妈友"是关乎孩子成长的重要信息源。

不同于直接相识的朋友关系,基于孩子而建立起来的间接关系存在一些不同于普通朋友之间的交往问题。"妈妈友"关系的存在与不存在都是压力的来源,随着孩子人数的增加"妈妈友"间的压力也就越大。[2] 孩子的年龄越大,因孩子之间的矛盾而引发的"妈妈友"相处的问题也会增多。

> 我和日本妈妈们同样是在同一时间段接送孩子,也在班级的妈妈群里,但日本妈妈们得到的消息就特别多。聚餐的时候我会听到一些小道消息,虽然都不是什么大事,但大家都是将其当作心知肚明的事很自然地聊起来,我就像个傻子似的,完全不知道人家聊的"瓜"的点在哪里。我感觉她们有私下的交流方式和网络,只不过没加我进去而已。(LWJ-20190914)

上文中,白领 LWJ 很努力地融入班级的家长群,哪怕是许多外国妈妈并不愿参加的聚餐,她也会积极配合参加,同时充分利用孩子在操场玩的时间和日本妈妈们主动交流,自以为和大家关系不错,但是关于班级、孩子的消息她还是不如日本妈妈们灵通,甚至怀疑私下里自己已被划分在群体之外,对此倍感失落。在焦点小组访谈中,对于和日本"妈妈友"的交往特别"苦手"

---

[1] 實川慎子,砂上史子.就労する母親の「ママ友」関係の形成と展開——専業主婦との比較による友人ネットワークの分析[J].千葉大学教育学部研究紀要,2012(60):183-190.
[2] 宮木由貴子.「ママ友」の友人関係と通信メディアの役割―ケータイ・メール・インターネットが展開する新しい関係[J].ライフデザインレポート,2004,4-15.

（日语中"不擅长"之意）、"没有共同话题"、"有压力"等感受多次被提到。

日本妈妈们"事无巨细""过分认真"是中国女性白领在与其交往时总结出的特点，这一点在职场生活中也曾提到，一些在日本同事或者上司眼中理所应当的事情，在中国女性白领眼里认为是"没必要""太磨叽""效率低"。下文是白领 GHC 曾收到的"妈妈午餐会"的通知文，由班级组织者发布在家长群里（LINE）。

到了秋高气爽、让人持续好心情的季节。孩子们的运动会结束了，马上又要忙着圣诞会的准备，每一天大家虽然很忙乱但内心还是很快乐的。为了增进我们"郁金香班"家长们的友情，我们打算举办这一学年的第二次"郁金香班"午餐会。

鉴于大家平时都很忙，请大家在 11 月 3 日（周六）之前在家长群（LINE）的日程表上登记是否可以参加，并在备注栏里填写希望的料理名、是否带孩子等事项。

时间：11 月 29 日（周四）　11：30—13：30
　　　　　※11：15 开始可以进店。
请从下列菜单选择喜欢的套餐。
☆海鲜丼定食（海鲜饭套餐）　　　　　　￥1 020
☆海老天重（日式炸虾盖饭）　　　　　　￥980
☆鶏から揚げ定食（炸鸡块套餐）　　　　￥910
※所有的套餐都配有酱汤、咸菜、小菜、餐后咖啡。
※没有小孩子的套餐，但可以自己带孩子的食物进店。
※如果想把自己点的套餐分给孩子，可以点大份儿免费的米饭，麻烦请在备注栏标明。
※如果上述套餐不行的话，不要客气，欢迎和我们组织者商量。
地点：喜界　東京都江戸川区西葛西 3 丁目 9 番 24 号 2F
（※11：15 可以进店，料理在 11：30 左右上桌。）

最初入座前请将餐费交给干事，最好是 1 000 日元的纸币。
●餐费为 910 日元或者 980 日元
→请交 1 000 日元的纸币，我们会找给您零钱。

●餐费为 1 020 日元

→请准备正好的钱(最好不要找零)。

店家没有停自行车或者汽车的场所。但是,店家的隔壁是永旺超市,吃完午饭后大家可以去买一些点心(笔者注:意在含蓄表达可以把车停在隔壁超市门口)。店家距离孩子的幼儿园及电车站都有一定的距离,劳您大驾,真是麻烦了。

如果某位突然有身体异样,在当日 8:30 前和我们联系的话可以取消订餐。9点以后无法取消订餐,请您日后支付餐费。

(请求)另外,第3学期第3次的午餐会负责人在募集中。如果有想尝试的妈妈,请您在备注栏注明,拜托了!

如果有什么不明白的,请向干事咨询,拜托大家了!

负责人:おおもり　かわばた　こばやし(め)　たのうえ

白领 GHC 的女儿就读于东京一所私立幼儿园,每年有春、秋、冬三个学期,班级里的家长们会在每个学期举办"午餐会"。在午餐时间里,20～30 名家长相互自我介绍,分享孩子们近况和学校里的信息。这样一个普通的非正式午餐聚会,一般要提前任命3个组织者(从家长中选出)来合作操办,提前1个月以上在家长群里发通知。饭店选址、通知文内容、料理名称都需要几位组织者提前开会1～2次来确定,有必要的话还需要去选定的饭店提前品尝菜品,了解午餐时的氛围和口味。在通知文中,除了最基本的聚餐信息外,还有一些在中国妈妈眼里看来"没必要"的信息,如"去超市买东西以方便停车"的建议、"距离电车站和幼儿园有一定距离,过来辛苦了(步行10分钟)"的寒暄话语。工作时收到这样的短消息,女性白领除了感叹日本人事事认真的态度之外,也会有"日本妈妈是不是太闲了?""就是吃个午饭,有必要这么细致吗?"的不解,同时也为今后轮到自己而提前感到压力。

同职场一样,学校里的妈妈间也存在前辈后辈关系,孩子和妈妈是"一心同体",妈妈地位的高低和自己的年龄无关,和孩子的入学时间有关。进入小学高年级以后,一些孩子在放学后要参加俱乐部活动,如运动部(棒球等)、文艺部(合奏等)等,在参加比赛前夕,需要家长轮流做"当番"(中文"值日生")来辅助。一般情况下是前辈妈妈(高年级学生的妈妈)和后辈妈妈(低年级学生的妈妈)二人搭档,前辈妈妈对后辈妈妈有传授"值日生任务"的责任,后辈妈妈也有掌握所学内容并继续传承下去的责任。日本妈妈对校园里的"妈妈阶级"习以为常,在中国长大的女性白领感到难以理解并对任务的安排有异议。但当轮到自己做值日生的时候,她们又会压抑自己的情绪,配合前辈妈妈们的工作。

> 一年也见不了几次面,让我做什么我就做什么,早做完早结束。(MH-20210311)

二、身份区隔:难以拉近的社交距离

中国女性白领结交的日本朋友主要是基于工作关系的同事或是求学期间的同学,但彼此间的联系也并不频繁。除嫁给日本人的女性白领外,仅有 2 位女性白领提到有"除了工作关系以外仍保持常年联系的日本朋友",且均为老年人。[①] 在日本生活工作多年的中国女性白领,语言交流几乎没有问题,却很难和本地女性建立起持久并深入的社会交往。

> 除了日本女性同事,我还与孩子的两个同学妈妈接触交流,生活中和其他日本女性没有什么过多的交集,我和她们也都是就事论事,有事儿的时候才会接触。(WZM-20181010)

> 我偶尔和同一个研讨班(seminar)的女生或者社团的同学联系,但也不是很频繁,1 年或者 2 年 1 次吧,还是刚毕业那几年,现在基本没有联系了。(XQQ-20190403)

> 按道理来讲,我在日本留学这么多年,应该有几位聊得来的日本女生。但被你这么一问,我还真的没有,一个都没有……我也说不好为什么,可能是:她们不愿意和留学生一起玩?玩不到一块儿?我看她们日

[①] 访谈材料中的 2 个"忘年交"个案:
个案一:"我在小学做志愿者的时候,认识了一个从小学退休的日本老奶奶,她喜欢朱自清,喜欢中国文化,邀请我去她家做客,在我考学面试前,她主动提出每天抽出 2 个小时,让我拿着报纸大声朗读,她来给我纠正发音。"(LWJ20180914)
个案二:"这么多年一直联系的日本人只有我在教中文时认识的一个日本老奶奶,但她现在在冈山,我们也不经常见面。我们一年见面 1 次,一般都是她来东京,过节的时候我会给她发消息,她也会经常给我们家邮寄各种当地土特产。"(MH 20210311)

本女生之间在大学里好像也没有像我们中国大学女生那种好闺蜜的关系啊，搞不懂。（HX-20180820）

中国女性白领在留学日本初期，曾经表示出极大的"想要结交日本女生"的热情和愿望，认为结交日本女性朋友是最高效地学习日语、了解日本文化、融入日本社会的途径，结果事与愿违。在形容自己和日本女性交往的感受时，受访女性提到了"懂礼貌""不给他人添麻烦""有分寸"等，但同时也提到了"有距离感""搞不懂她们是怎么想的""太累，要小心翼翼"等感受。在第四章中曾提及，为了避免让对方不愉快或维系集体的整体性，职场人会隐藏或者抑制自己的情感，尽量避免特立独行或直白地发表意见。生活中亦是如此，特别是日本女生，在私下交往中很难表达自己真实的感受。"'下次来玩'的'下次'永远没有具体时间""'谢谢''不好意思'总是挂在嘴边"等停滞于表面的"客套话""打太极""礼节性往来"将女性白领拒绝在情感交流的门外。

我们一起出去玩，不好吃她也说好吃，不好喝她也说好喝。我拿给她什么，她都说"好可爱"。一起出去逛街，无论我选哪件衣服她都说的是优点，一起出去几次就够了，没意思。（LXS-20181003）

学者Bennett对在美国留学的日本学者和日本留学生进行研究时发现，与完全陌生的人交往时，美国人以对方和自己没有差别为前提而进行交流，而日本人则相反，会以双方存在差别为前提进行交流。① 对于美国人来说，角色是表达自我的一种手段，他们会选择与内在自我相适应的角色，而对于日本人来说，角色是目的，他们会根据角色的规定来改变自我的行为和表现，发现自我即是内在的自我和被期待的目标角色相一致的过程。② 白领LWJ孩子所在的幼儿园园长做讲座时曾说："不能在孩子面前说'不好吃''不好看'这些否定的词。"白领LWJ也就此曾经询问日本朋友，为什么对于明明不好吃的东西，也要说好吃。日本朋友解释说"这种态度里面包含着对食物及创作食物

---

① Bennett J W, Passin H, McKnight R K. In search of identity: The Japanese overseas scholar in America and Japan[M]. Minneapolis: University of Minnesota Press, 1958: 232.
② De Vos G A, Wagatsuma H. Status and role behavior in changing Japan: Psychocultural continuities [M]//Socialization for achievement: Essays on the cultural psychology of the Japanese. Berkeley, CA: University of California Press, 1973: 10-60.

人的感激"。(LWJ-20190914)选衣服也是同样的道理,既然对方在众多衣服里选出这件,就说明这件衣服有对方喜爱之处,对此日本人就不会过多发表意见。女性文化人类学者 Lebra 认为,对日本人来说,日本人的同理心的极致是自己进入"他者"的内心,在对方还未传达自己的情感之前就已经完全领悟的一种成熟人格的表现。[①] "不但要对自己的言行负责,还要对自己的言行所造成的对方的感受负责"是同理心极致的一种表现,这一点在日本女性身上体现得更为明显。体谅和顾虑一方面可以避免和对方产生对立与冲突,可以维系和谐的气氛和良好互助的人际关系,但另一方面,也会压抑双方进一步交流的欲望,正如部分女性白领所说的"和日本人交往感觉'不真实''没意思'"。

三、情感代偿:基于"趣缘"的同好之士

工作和家庭之余,女性白领会寻求自我放松和个人成长的空间,或陶冶情操或学习新技能。生活中的饮食、服饰、音乐等,每一种趣味都聚集和划分着人群,[②]基于兴趣爱好而集结在一起的"趣缘"是"女缘"里最典型的社交形态。

> 每周二、周五下班以后我就去学肚皮舞,肚皮舞课是一个日本老师教,除了我以外的学员都是日本女生。我太喜欢肚皮舞了,有舞蹈课的那两天,白天上班我都特别有劲头。我们几个女生关系特别好,在发表会或者演出前,我们会自己找教室单独排练,我觉得自己和她们的关系要比和职场中的日本女生纯粹得多,因为大家只有一个目标:把舞跳好,在舞台上释放真实的自己。(LH-20210517)

我和闺蜜 HX 结识于一个美搭讲座。那时有3个月的课程,每周六上午8个人一起学习讨论,2个人一组,每个课题都会有小组发言。因为美搭讲座会涉及骨骼啊、职业特征、个人色彩啊,性格啊一些比较私人的地方,我们俩就像相亲一样对对方的基本信息了如指掌。我们都喜欢打扮,喜欢美的东西,再加上都有留学后留在日本工作的经历,就特别合得来。上午课结束后我们俩就会单独约午饭,继续聊,真的就和相亲一

---

① Lebra T S. Japanese patterns of behavior[M]. Honolulu: University of Hawaii Press, 1976: 38.
② Bourdieu P. Distinction: A social critique of the judgement of taste[M]. Cambridge: Havard University Press, 1984.

样……感觉就像是那个美搭讲座给了我们一个结识交心朋友的机会。（YD-20210629）

白领 LH 虽然在职场未能结交日本朋友，但在舞蹈班收获了和日本女生间比职场关系"更纯粹"的友情，白领 YD 也因为"喜欢打扮和美"这一共同爱好结识到同为中国人、同样有留学工作经历的闺蜜。女性白领出于对自我的身份认同，在交往过程中会无意识地选择和自己有相同经历的人，正如吉登斯所说，女性间的友情，不但可以缓解婚姻的失望，同时也是对她们自身的合理补偿。①

如表 6-1 所示，"同好之交"最常见的是结缘于各种名目的"兴趣班"，内容主要分为"个人成长"和"自我放松"两大类，活动会场有民间商业设施、社区服务中心等公共设施、咖啡厅、成员家里等。一部分基于参与者的自发组织，并不存在领导者及额外费用（除场地费），也有一部分存在商业资本介入，需要缴纳活动费。除上文中提到的舞蹈班和美搭讲座外，插花教室、料理教室、读书会等都为女性白领结交志同道合的朋友提供了交往的场所和机会。

表 6-1　社会交往中的"趣缘"

活动目的	个人成长	自我放松
活动内容	技能学习班：化妆品鉴定资格考试讲座、美搭讲座、料理讲座等 自我启发类：读书会、职业成长培训班等	体育类：羽毛球、乒乓球、马拉松、高尔夫等 季节类：赏樱会、游泳、滑雪等 艺术类：舞蹈班、瑜伽班等 传统文化类：诗歌朗诵班、茶道班、插花班等
活动场所	商业设施、公共设施、咖啡厅、成员家里等	

我在日本最能"交心"的朋友是 4 个中国女生，我们 5 个是在网上认识的！是不是很神奇！……因为我们一起参加了一位作家在东京的论坛，加入了一个微信群。有一天有人在群里带头说想找志同道合的人办"读书会"，我就参加了。第一次读书会只有 3 个人，一个是领头人，还有

---

① 吉登斯.亲密关系的变革：现代社会中的性、爱和爱欲[M].陈永国，汪民安，译.北京：社会科学文献出版社，2001：58-59.

我和另外一个女生。第一次读书会我们就聊得特别投机,然后就每个月举办一次,读书会涉及育儿、自我成长、亲密关系等内容的书籍,就像我们的一片"净土",现在已经举办4年了,也只有6个人。除了领头人是男生,"有家有口"比较避嫌以外,我们另外5个女生成为了无话不说的挚友,我们的群叫"同频姐妹"。尤其是在精神上和心理上有苦恼的时候,我第一时间就会想到和她们分享。就是很神奇,我们原本素不相识,因为读书会竟然能达到如此"交心"的地步。(LWJ-20210615)

从最初参加"作家东京论坛"几百人的微信群,到3个人的"读书会",再到5个人的"同频姐妹"。白领LWJ在日本最亲密的友人关系是基于读书这一"趣缘"而确立的女缘关系,她们之间互称"姐妹",以一种拟亲的方式将关系亲属化。虽然结识于网络并在此前素不相识,但伴随着心灵上的深入沟通和持续性的互动,她们成为白领LWJ在海外生活中最值得"交心"的朋友。同好之士不分国籍,"兴趣"是通用语言和交流手段。地缘、血缘、职缘等传统社交纽带在海外生活中影响日渐式微,存在一定的选择性和随机性的"趣缘"突破了传统的公司和地域的束缚,构建出的新型友谊圈为女性白领的他乡生活提供了情感代偿。

第三节 睦邻:以家庭为主体的社区交往

良好的邻里关系可以为女性白领提供舒适愉快的生活环境,增进社区的和谐和凝聚力。然而在大都市生活中,害怕与怀疑使"篱笆"在邻里间建立起来,很多成年人的家庭并不愿意与其邻居建立任何朋友式的关系,以保护剩下的最后一点隐私,确保自己不被侵犯。[①] 社区的文化多样性和包容性可以促进彼此间的理解和尊重,邻里间的关系网络与秩序规范等影响了女性白领的社交行为决策。

---

① 雅各布斯.美国大城市的死与生[M].金衡山,译.南京:译林出版社,2020.

一、交往有"度"：微妙的交往界限

如第五章所述，女性白领在选择居住地时，会根据家庭的经济承受能力综合考虑通勤时间、居住条件等因素，有子女的家庭会考虑周围的上学环境、私塾质量等。除个别居住在东京周边的神奈川县、千叶县、埼玉县外，三分之二的受访女性都居住在东京，双方都是中国人的家庭购买公寓较多，"一户建"（独立式住宅）较少，丈夫是日本人的家庭购买公寓和"一户建"的各占一半，没有明显差距。

在选择居住地时，居住方便的族裔聚居区并非女性白领的首选。从事多年房屋中介的日本人UK告诉笔者："和早年华人华侨喜欢扎堆居住不同，现在的许多中国人家庭并没有刻意地去选择中国人多的社区，有些反而希望找日本人多的公寓。"（UK-20191223）女性白领所处的社区的住户一般既有日本人也有中国人，但大多数人表示与日本人邻居互动较少，除了相邻几户的日本人的姓氏和家庭构成以外，对日本邻居的其他信息并不了解。

> 我们这幢楼一共39户，里面3户中国人，特别有意思的是，我们3户中国人相互之间都知道大家是哪里人、在哪里上班，但是我对我家隔壁和上下楼的日本邻居的个人情况却完全不了解。其实我们几户中国人也没有微信或者单独吃饭之类的经历，就是见到了打个招呼，在电梯里就能问问"上班了哈，在哪上班啊？"之类的，太正常不过了，但我和日本邻居就不会这样说话。（LWJ-20210615）

> 我和邻居平时电梯里出来进去遇到会打个招呼，就再没有过多的联系了……搬新家的时候楼上楼下、左邻右舍会互送点心，但也是不进门，站在门口互相客气一下。我们自从交换完点心后就再也没联系过，我现在都搞不清搬家时送我家点心的楼下和楼上邻居长什么样了。（MX-20190611）

中国女性白领与日本邻居间的互动大多是基于礼貌的寒暄，尽量不触及对方的个人信息。笔者问及住在公寓的白领"邻居间是否会登门拜访"，大多数女性表示"没去过"或者"去过同楼的中国人家里，但没有去过日本人家里"、"孩子们互相串门玩过，大人们没有"。一部分白领对于现在的邻里关系表示满意，认为"保持距离""尊重隐私""互不打扰"是日本人邻居的优点，但也有白领觉得"应该再多一些互动""有点冷漠但又不知如何是好",正如下文白领 HX 所说"这个度很难把握"。

  我妈妈来的时候包了些饺子,我就给日本邻居送了一些过去,第二天她们就去商场买了高级的点心回给我。我们出海钓的带鱼多了,冰箱放不下,又给她们送去了几条,第二天她们又回了一盒高级点心。后来我们就不敢送了,感觉日本人太客气,必须一来一往,可能我们给她们送东西反而造成了她们的心理负担,这个度就很难把握……她们遇到我们时说过两三次"有机会一起去吃中华料理啊!"。我们也答应了,但后来发现她们就是说说而已,也可能大家都太忙了吧。(HX-20180820)

二、因"孩"而异:家庭间交往选择

  如第四章所述,生育对女性白领认知日本社会的态度和社会适应的程度有直接的影响,同时生育也影响到了女性白领的社交结构乃至家庭的社交选择。移民女性进入社区活动很大的契机是因为"孩子",这一观点在许多文献中有被提及。学者 Jones 比较在美居住的拉丁系移民的男女政治参与的差异时发现,女性经常是通过孩子和主流社会建立了联系。[①] 和男性相比,女性不可避免地需要更多地和学校及社会福利机构打交道。

  我感觉有了孩子以后自己才算正式和日本这个社会开始交往。以前念书和工作就那么点事,周围也就那么些人,工作这几年,我的上司和客户都没变过。但我生完孩子就不一样了,从怀孕开始就不一样。我来日本七八年以来跑医院的次数都赶不上怀孕一年跑医院的次数多,孩子出生以后更是了,小儿科的护士和医生,那是看着我们家孩子长大的。我接触的人也更多了,产前产后假有时间去接触工作以外的人,结识了一些同样月龄孩子的妈妈,加入了一些育儿亲子活动的团体,会收获一些"小感动",这些"小感动"日积月累,让我越来越舍不得离开这里。(LM-20191120)

[①] Jones-Correa M. Different paths: Gender, immigration and political participation[J]. International migration review, 1998, 32(2): 326-349.

> 我女儿班上就我们一个中国孩子，日本家长们我一个也不认识，也觉得没有认识的必要。有一次我和女儿在公园玩，突然一个妈妈主动上前和我打招呼，说："你们家×××脑子又好，画画又好，还会三种语言，我们家女儿经常回家夸。希望两个孩子以后能在课后多玩玩。"家长会结束后，有日本妈妈曾过来和我打招呼，问我们家小孩平时都看什么书，她说我女儿就像个百科全书。（GHC-20191020）

女性白领在进入生儿育女的生命历程后，拓展了原有的活动范围，与日本社会的联系更为紧密。在与日本社会日益增多的接触和互动之中，她们感受到"社会对小孩子的关爱"，体验到"结识新朋友的便利与快乐"。重视教育的华人家庭里不乏优秀的"别人家的孩子"，如上文中原本和孩子班级里的日本家长没有过多往来的白领 GHC，由于女儿的优秀，日本家长会主动和她"搭话"并建议今后孩子们之间多接触，"子女教育"成为中日家庭间主动靠近的理由。

> 有娃的家庭和没娃的家庭玩不到一块儿。有一对中国夫妇（我的学弟、学妹）和我们关系挺好的，但他们家是"丁克"，不要孩子，我们两家以前经常去旅游。后来我家有了孩子，两家就玩不到一块儿了。以前我们一天走好几个地方，住得差一点、订廉价机票也没关系。现在出国游肯定得考虑孩子吃不吃得消，节奏变慢了，还得"打卡"能增长孩子见识的旅游景点，人家没必要迁就我们，就不约了。（YD-20210629）

> 我现在和以前单身时的小姐妹联系得少了，毕竟我聊孩子吃喝拉撒、聊补习班，人家不感兴趣。（JSL-20191212）

> 我们两个人的时候那真是"快活"，不做饭就下馆子，周末赖床到中午，衣服攒到周末洗。有孩子以后我们连懒觉都没睡过，一大早上我们就醒了。周末我们得带孩子出去玩吧，得带孩子去兴趣班吧，保育园的各项活动我们得参加吧，我和我老公不得不勤快。（MCF-20191011）

> 三连休的时候我们一家人一般会去近郊的温泉、果园，有的时候会住一宿，或者带孩子去稍微远一点的游乐场或者主题公园。8月的暑假，我们一家人一般回国或者去更远的地方旅行。年末的长假，我们一家人去我老公老家过年。（JC-20191209）

从单身时的周末睡懒觉到有娃后的亲子游,以及"有娃的家庭和没娃的家庭玩不到一块儿""现在和以前单身时的小姐妹联系得少了"的感慨,可以看出在生命历程的不同阶段,伴随着生活重心和社交需求的转变,女性白领及其家庭需要重新调整作息时间、规划日常安排,原有的社交关系和社交方式也发生了改变。在养育孩子的过程中,除了上一章提到的购房选择受到孩子影响外,白领家庭的社会交往也具有因"孩"而异的特征。

三、社交孤立:校园霸凌的连锁反应

从事房屋中介的日本人UK告诉笔者:"垃圾不分类、噪音大是外国人住客和日本邻居产生矛盾的主要原因。"(UK-20191223)受访女性白领表示这些都不是问题,自早年留学期和日本社会的磨合,垃圾分类、不打扰邻居等礼仪已经成为习惯,在和日本邻居"保持距离"的同时也很注意自己的言行举止,大多数受访白领和邻居相处和谐。但是伴随着子女成长,邻里间孩子们的互动增多,出现了因为孩子而引起的家庭间的矛盾。住在"一户建"的白领LJY的大儿子曾经遭遇霸凌,伴随着孩子间关系的变化,一家人也被同一社区的日本人孤立起来。

> 我们家住在一个"一户建"的社区里,周围有十几户"一户建",除了我们是外国人,还有一户韩国家庭,其余都是日本家庭。同一社区的同班日本小孩和我们家孩子闹矛盾,我们家孩子虽然长得壮但从不惹事,从小我就和他说好好沟通、不要打架。但那个日本小孩就得寸进尺,经常拿小石子扔他,又拉拢其他"一户建"的小孩一起孤立他,除了韩国家庭的小女孩,没有人和他一起玩,眼看着事态就要往"霸凌"方向发展。有一次,那个日本小孩边朝他扔石头,边骂人。我就去找他的父母讲理,他的父母认为是孩子间的玩笑,不认为是多么严重的事,我和他父母聊过以后他们家的孩子一点也没有收敛。后来我不知道他家和其他日本家庭说了什么,我们一家明显地就被孤立起来。除了那户韩国人家的小女孩,每天放学后同一社区的孩子没有人和我们家的孩子搭伴儿一起回家,我们家老二上幼儿园,在校车站的附近,别的妈妈们都有说有笑,但没有人主动和我说话。(LJY-20180822)

和公寓相比,"一户建"社区里的邻居间关系更为密切,走动也更加频繁,孩子们同属同一学区,周末经常一起玩耍。放学后,一家孩子叫上下一家的孩子再去下一家敲门,走上一圈叫上大家一起玩。用白领LJY的话说:"一到周末,一群孩子呼啦啦地来了,卷上自家孩子又呼啦啦地走了。"在这样的社区环境中,孩子与孩子的摩擦不可避免,但让她所惊讶的是,孩子间的矛盾会升级到家庭与家庭间的对立。

> 最难的一次是韩国小女孩看不过所有的人都欺负我儿子,特别正义地拉着我儿子去那个日本男孩儿家门口泼了一桶水。我当时刚好下班回来,看见那家奶奶在训两个孩子,我只能去给人家道歉,我低头道歉的时候眼泪差点没出来,怎么这么难。后来的几天,我特别痛苦,我向中国前辈妈妈们请教,她们告诉我,在日本遇到欺凌一定要"走权威",家长间的交流不起作用。我将实情和我们家的态度一五一十地告诉了老师,老师很重视,又单独约见他们家长见面,从那以后他们见到我的态度明显就不一样了。我又让儿子去学跆拳道,告诉他"不惹事,但不能怕事"。孩子回来说,有一次那个男孩还要拿石头扔向他,他就用从跆拳道学来的眼神狠狠地瞪着他,那个男孩就把石头放下了,从那以后就再也没有向他扔过石头。我当时听儿子讲完,特别感动,这个"坎儿"我们全家人终于"乗り越えた"(战胜困难)。(LJY-20180822)

LJY在描述这段回忆时,眉头紧锁,眼神中充满了焦虑,她说最难的时候精神压力特别大,甚至怀疑过自己"是不是不适合生活在这里,也考虑过回国"。日本的"校园霸凌"现象早已成为一个社会问题,学者杉森认为"日本的霸凌现象如实地反映了集体主义社会的问题",他将霸凌行为的相关者划分为4类:被霸凌的人、实施霸凌的人、拍手叫好的煽动者、漠不关心的旁观者。和欧美学校里单纯的"欺凌弱者"及"直接诉诸暴力"有所不同,随着社会构造的变化,日本更倾向于集体四重构造式的霸凌以及关系性的攻击。[1][2] 根据日本国立教育政策研究所对霸凌现象的追踪调查报告[3],"无视、脱离原有的人

---

[1] 杉森伸吉.「日本型」いじめの構造を考える[R].東京:Child Research Net,2012.
[2] 森田洋司,清永賢二.いじめ:教室の病い[M].東京:金子書房,1986:31.
[3] 日本文部科学省国立教育政策研究所.いじめ追跡 2013—2015 Q&A[R].東京:NIER,2016.

际关系、中伤"的霸凌行为最为常见,其中,从小学3年级到6年级4年间,仅有11.5%的学生表示"从未遭遇过霸凌"。在集体主义的日本社会中,从集体的人际关系中被排斥开来会给受害者巨大的打击,因此,"被无视""被排斥"成为最强有力的霸凌手段。和男孩子间简单粗暴的行为攻击和言语攻击相比,女孩子间的"霸凌"多为精神控制,同时更加隐蔽,家长很难发现。

> 3个女生同班,都是一个楼,上下学都一起,我女儿也一直说她们是她的"好朋友",另外2个女生都是日本人。有一天我们和朋友家约了吃饭,告诉她放学就早点回来,可她还是回来得晚,我问她为什么。她说,小A让她必须把她送到车站才可以回家。我告诉她:"你可以说你有事情,没必要一定要送。"但我女儿却说:"不行,这样她们就不和我玩了。"我觉得不对劲,再一问,得知那两个女孩经常使唤我女儿做事情,还曾经让她往上、下楼梯数台阶。这不是"いじめ"(霸凌)这是什么?我当时气得手都抖。我给女孩妈妈打电话,女孩妈妈表示那种日本人式的道歉,等孩子回来会教育她。过了一段时间,我发现虽然女孩没有明显地强迫她做什么事,但类似的那种居高临下的事情还是有,比如另外两个女孩会给我女儿的衣着挑毛病,中午我女儿吃饭吃得慢,她们会说"都告诉你了,不能吃就别要正常量,你就该吃小份儿"这种话。我见到小A的妈妈再聊这件事的时候,她妈妈就有些冷漠了,意思是会再次告诉她家孩子,但也暗示小孩子间的交往有她们自己的规则。后来那两个女生周末在楼下玩就不喊我们家孩子了,但在学校依旧。女生间的这种精神上的打击确实很难界定,也没法和老师说,会显得我们很小气。既然我没法管人家的孩子,我只能管自己的孩子,我就告诉女儿什么是真正的朋友,要学会独立思考,以后不要和她们两个在一起。女儿慢慢有了新的朋友圈,再加上没过几个月到3年级分班了,这事儿就过去了。(LH-20210517)

考虑到孩子的心理健康和同学关系,中国女性白领家庭在处理与日本家庭的矛盾中小心谨慎。在聊到邻里矛盾时,白领WZM用到"欺软怕硬"一词来形容日本邻居的态度,"有的人就是典型的欺软怕硬。有些事情就是很难界定,但处理和这类人的矛盾绝对不能先认错,你越软弱这种人就越强硬,尤其咱们还是外国人"。(WZM-20181010)无论是白领LH教会女儿要分辨真假朋友、远离精神控制,还是白领 LJY 从早期的"忍气吞声"到意识到要通过"权威"(学校)来解决问题,或是孩子自己学会用坚定的眼神震慑住日本同学,都是中国女性白领家庭在与日本社会交往磨合的过程中所领悟出的解决方法。

第四节　调节与适应

关系的建立是交往双方积极互动的结果,只有一方的热情无法建立起关系。在海外华人的社会适应、身份构建、自我认同等的研究中,民族性这个变数多被视为讨论的首要因素。和性别、年龄等相比,外来移民在异国他乡最先被注意到的是其"外国人"的身份,遇到矛盾和冲突时也不自觉地会与本地人区分开来。

一、"多一事不如少一事"的社交原则

对于社区事务管理和社区活动参与,中国女性白领的态度并不积极,甚至有人从未参与过社区活动。因为孩子的出生,部分家长会参加"地域学校協働活動"(街道和区内校联动活动)、"社区儿童节活动"等,但总的来说,女性白领对公共参与持有可有可无的态度。在朋友圈里一向喜欢"张罗"的白领 XL 出于对孩子的关爱,曾主动竞选学校 PTA(家长协会)的职位,但由于其"外国人"身份曾遭到日本人的误解和偏见。

> 我觉得一些日本的主妇妈妈们对中国妈妈有偏见,我当时主动举手报名,就被日本妈妈背后"传小话儿"了。有几个日本人聊天说:"好担心啊,这么重要的 PTA 任务,她一个外国人能胜任吗?她是不是都不知道 PTA 是什么就举手了啊?"我知道后特别生气,我在大公司工作了这么多年,工资可能比她们有些人的老公都多,平时见客户那些事不比学校这点事难多了!这些家庭主妇们怎么就这么瞧不起人,越接触我越感觉和她们三观不合。我们不理解她们为什么这么想,她们也看不惯我们的做事方式,我不

想委屈自己去迎合她们，最后结果就是少接触、少掺和。（XL-20190412）

面对日本人对其能力和身份的怀疑，白领 XL 总结出"少接触、少掺和"的行事准则，从此再也没有主动参选过 PTA 或者参与社区事务管理。与 XL 相似，白领 MM 也提到和日本人交往时"千万不要出头揽事，和在日本职场是一个道理"。（MM-20190903）除了上述群体间文化上认知差异，白领 JHY 还分享了自己和日本人交往时的另一种尴尬心境。

"一起去居酒屋或者一起玩的时候，还会有一些听不懂的'梗'，我就接不住。大家都笑了，我不笑就显得很尴尬。有的时候我也会跟着大家一起笑，虽然我没有完全听懂。"（JHY-20181120）

学者 Rina Cohen 认为，笑话跟笑声对个人而言不只是缓解紧张的机制，同时也有助于增强在场者的参与力与凝聚力，把个人经验转化为集体经验。[①] 在聚会中不能完全听懂"日式笑话"的 JHY 感到尴尬与无奈，在多次这样的经历之后，她改变了自己的想法，不再强迫自己努力融入。

所以说和国人的交流还是最放松最自然的，我不用去在意人家是否怀疑我的日语水平或是怀疑我不懂装懂。（JHY-20181120）

此外，长时间的工作让女性白领下班后不愿和日本人同事过多接触，就像一种心理逃逸，想从工作时的理性和使用非母语的紧绷中转换到自我世界的本性和放松。"不主动""偶尔露面以保持关系"是女性白领对待日本人朋友圈的交往法则。

哈贝马斯认为，交往行为的本质是一种交往理性，存在以语言为媒介、以相互理解为取向的交往合理性。[②] 交往的理性范式并非单个主体与可掌握的客观世界中的事物的关系，而是主体间性关系。交往行为者通过对传统文化的解释和自然语言媒介，与客观世界、共同社会世界以及主观世界建立起联系。[③] 理想条件下的交往应建立在主体互动的基础之上，通过双方的有效沟

---

① Cohen R. Women of colour in White Households: Coping strategies of live-in domestic workers[J]. Qualitative sociology, 1991, 14(2): 197-215.
② 哈贝马斯. 后形而上学思想[M]. 曹卫东, 付德根, 译. 南京: 译林出版社, 2001: 59.
③ 哈贝马斯. 交往行动理论（第一卷）[M]. 洪佩郁, 蔺青, 译. 重庆: 重庆出版社. 1994: 375.

通达成共识,实现交往行为者之间的合作与协调。交往发于与对方结识的愿望,基于"你情我愿"的态度及"有来有往"的回应,是一种双向奔赴的持续性流动。如果只是一方努力,另一方不给予积极的反馈,交往的链接就会中断,难以持续进行。矛盾与冲突强化了她们外国人的意识,促使女性白领形成了"不主动""多一事不如少一事"的交往态度。

二、华人社群与社区:异国他乡的缓冲装置

(一)华人社群

在日华人组织是女性白领的重要社交群体,根据受访对象的访谈内容及文献资料的整理,女性白领参与的在日华人组织大概可以分为三类。一是基于经济交往或工作身份而形成的团体组织,如全日本华侨华人联合会、日本中华总商会、东京职场女子会等。二是基于出生地或中国大学出身校而形成的"在日同乡会"、"商会"或"校友会",如上海同乡会、江苏总商会、中国各大学的日本校友会等。三是基于兴趣爱好而结成的休闲娱乐团体,如中国旗袍日本总会、日中舞蹈艺术协会、美丽妈妈协会等。上述社群组织一般都有自己的微信群,会不定期地举办线上线下活动,如赏樱会、学习会、新年会等。部分社群组织还设有一定的"入会门槛",如东京职场女子会的入会要求规定,除在职白领的身份要求以外,需参加一次协会的线下活动,并需要有一位协会成员作为介绍人。

> 我加入了我们大学的校友会,我们有微信群,随着人数的增加,后来还按照专业成立了几个分群,群里最大的前辈已经60多岁了,最小的有"90后""95后",主体还是"70后""80后"。一般在中国的传统节日校友会都会举办活动,在群里发通知。刚来日本的学弟学妹们如果在群里询问日本生活和工作方面的消息,群里总会有人回答,校友会成员很热情,毕竟大家都在外面,又都是一个学校的,还是感觉很亲近的。(XL-20190412)

女性白领大多同时属于多个社群,通过社群活动有机会接触到更多志同道合或者生活经历相似的中国人。形式各样的社群组织为女性白领提供了一定的情感支持,也满足了信息共享、休闲娱乐等需求。如第五章中提到的白领 XL 和老公就结识于中国人羽毛球社团。白领 THY 同时属于在日志愿

者协会、东京职场女子会、大学校友会和日中舞蹈艺术协会等,在她办理离婚手续、收集前夫出轨证据、争取孩子抚养权时,多次借助了在日华人社群的力量。

> 我老公出轨的时候,我虽然知道"小三儿"的微信,但不知道她的具体信息。我老公也算一个有头有脸的人,他应该不会找档次太低的女人,后来我就想起某东京职场女性社团,在日本大企业工作的许多女性都在那里面。我把"小三儿"的微信头像发到了群里,问了一声"有没有人认识这位美女?",群里就有人回复"她本来也在咱们群里啊,不知道什么时候退群了"。原来真的有人认识她,我后来顺藤摸瓜,把她的基本信息都查到了。我老公是他们学校日本校友会会长,人脉比我广、脑子也比我好用,我决定和他离婚的时候,其实心里是完全没有底的。我去找中日志愿者协会的会长商量,他接到过不少类似的中国女性的咨询,给我介绍了一位帮助中国劳工和日本政府打官司的著名律师,是一位特别有正义感的律师。"在家靠父母,在外靠朋友",这句话一点也不假,在日本单枪匹马的就得靠中国朋友间相互帮助。(THY-20190827)

华人社群为女性白领提供了有别于本地人的人脉和资源。在疫情后的回访中,白领 ZN 告诉笔者她现在同时兼职自媒体 KOL,在小红书平台有 10 余万粉丝,定期推送日本资讯和美妆护肤知识。她每个月的广告和直播收入最高时甚至超过日企本职工作的薪资,副业的壮大与发展也同样归功于在日华人社群。

> 我一个人肯定不会发展得这么快,也未必能坚持下来。我最初开始做自媒体的起因就是好奇,零粉丝(笑)。一位中国朋友看我的视频时说我有潜力,就把我介绍给一家支援在日华人女性的社团 NUESE,当时她们刚刚培养出一个 10 万粉丝的在日女性 KOL。账号定位、脚本、视频都是大家一起探讨推进的,以前我以为 1 万粉丝对我来说都是天文数字,没想到现在自己也是 10 万多粉丝的博主了。(ZN-20220412)

华人社群带有中国传统文化的印记,是联系中日之间政经、科技、文化等交流合作的重要平台。华人社群大力促进与当地政府及社会部门的交流互动,经常举办各种具有中国文化特色的活动,如一年一度代代木公园的中国节、春节时期的东京塔点灯仪式等,促进了中国文化在日本的传播、丰富了日本多元文化的内涵。对于身在国外的中国女性白领来说,来自"同一个家乡""同一所大学""同一个国家"都强化了其作为"华人华侨"的角色认同,在国内本不相识的大家,因为某一个共同的身份属性将彼此连接起来。华人社群把分散孤立的个体力量集中起来,不但为其融入日本社会提供了支援和协助,更增强了海外华人群体的凝聚力。

(二) 华人社区

学者 Dahya 在研究北英格兰岛的巴基斯坦移民时发现,移民更容易扎堆于由密切的人际关系而形成的巴基斯坦人中,除了工作需要以外,不经常与自己族群交际圈以外的人进行交往。这种将个体移民所包裹起来的社会关系网,形成了影响移民融入当地社会程度的一种媒介变数。[1] 和日本邻居相比,受访者与同一栋大楼的中国邻居接触更为频繁,大多数女性白领都知道哪一楼层有中国人住户,家庭成员的基本信息、工作性质,来自中国哪里,甚至连年收入、每月还贷情况等都有所了解。部分小区的中国人邻居间还建立起中国人邻居的小团体,在重要节日里会利用小区的公共空间举办活动、邀请华文学校的老师教授孩子中文、武术等。

> 我累得想吐,像幽灵一样飘回家。我回家后,竟然收到了邻居送来的家乡菜,有些泪目,人在海外,我更能体会到"远亲不如近邻"。(白领 HX 的微信朋友圈)

> 我们家姥姥、姥爷不会说日语,在日本也没有朋友,我们白天上班,孩子白天上幼儿园,他们老两口连个说话的人都没有,用姥爷的话说就是"待着憋屈"。后来他们领孩子在家附近公园玩的时候,认识了几个同样来带孩子的中国老人,还建了群,老头儿们约着早上一起去坝上慢跑。姥姥在国内每天晚上都跳广场舞,在日本公园里肯定是不行的,扰民,我帮她们租了区民馆的教室,每周两次她们一起跳舞。他们两个 60 多岁的

---

[1] Dahya B. The nature of Pakistani ethnicity in industrial cities in Britain[J]. Urban ethnicity, 1974, 77(118): 116-128.

人在这边也算找到了能玩到一起的人,挺不容易的。(ZWX-20180920)

除了同为中国人的共同身份外,居住在同一社区的中国人大多处于社会的同一阶层,彼此有一定的社会相似度,进而会萌生交往的意愿。"有事喊一声、留个微信、打个电话,是很正常的事。"(ZNL-20180812)伴随着在日中国人的增多和互联网的发展,基于"地缘"的交往形态也愈加丰富。社交媒体扩大了移民的社会网络,①不仅为移民的异文化适应提供了重要的信息交流,也有助于维持稳定的交叉移民身份。② 每位受访的女性白领都有两个以上的"华人微信群",这些群成员活跃度很高,话题大多涉及移民日常生活。白领LH向笔者分享了她微信中几个常用的"华人微信群",有住在同一个车站附近的"辣妈群",500人的大群里成员活跃度很高,从签证、护照更新手续的确认到"今天某某超市打折""孩子毕业式该穿什么""刚才发生了人身事故(跳轨自杀事故),电车正常运营了吗"等日常生活资讯的共享,微信成为分享和交换社区信息的重要方式,同时也为处于不同文化背景下的女性白领"如何成为母亲"发挥了重要作用。③④

> 我还有几个"华人育儿群",群主是一位对华人教育很热心的女性白领,建群前就告诉大家要遵守"保密原则",每两周会有不同的华人妈妈分享不同的育儿主题,大家共同探讨,比如"孩子兴趣班的选择""和日本妈妈的交往"之类的,有的时候也会涉及比较隐私的事,比如婆媳关系、夫妻吵架。(LCQ-20180811)

> 我女儿的钢琴老师就是我在妈妈群里知道的,这个钢琴老师特别有名,从事钢琴教育二十多年,许多居住在东京以外的中国、日本学生也都慕名而来,因为她不缺学生,平时也从不打广告。(CLL-20190519)

---

① Chen Y, Tian H, Chang J. Chinese first, woman second: Social media and the cultural identity of female immigrants[J]. Asian journal of women's studies, 2021, 27(1): 22-45.
② Khvorostianov N, Elias N, Nimrod G. 'Without it I am nothing': The internet in the lives of older immigrants[J]. New media and society, 2012, 14(4): 583-599.
③ Miconi A. News from the Levant: A qualitative research on the role of social media in Syrian Diaspora[J]. Social media and society, 2020(6): 112.
④ Zheng L, Haan M D, Koops W. Learning to be a mother: Comparing two groups of Chinese immigrants in the Netherlands[J]. Asian and Pacific migration journal, 2019, 28(2): 220-241.

虽然未曾谋面，但因为海外华人的共同身份和相似经历，基于女性白领在日居住圈而形成的"线上地缘团体"为中国女性白领之间提供了虚拟"族群领地"（ethnic enclave），并成为其联络感情、互惠互助、拓展人脉的重要途径。

第五节　本章小结

如果说职场和家庭为中国女性白领在日本的生活提供了成长的空间和土壤，那么社会交往则为女性白领扎根于异国他乡提供了丰富的养料。本章通过社会交往这一透视女性白领社会适应的重要棱镜，分别从社缘、女缘、睦邻关系的多重网络，描述了女性白领与日本社会相处的方式、频率、感受等，窥探出其与当地人交往的复杂性及差异性。多年来日积月累的人际网络、社会支持等拼凑出一个在日中国女性白领特有的社交圈。

基于社缘的"家庭社会"强化了女性白领的情感凝聚和归属感，同时日本职场中的等级和秩序延伸到业余生活中，让女性白领并不轻松。基于性别的"女缘"是中国女性白领旅日生活中不可或缺的社会交往，在为女性白领提供了新的社会网络和社会支持的同时，也给女性白领带来了社交压力和身份区隔。处于不同生命周期、不同阶段的女性白领对社区活动的需求度与参与度并不相同，在中国人传统的"差序格局式"的信任结构和日本社会固有的界限感的影响下，女性白领家庭难以产生内生动力去构建亲密性互惠式的社区关系。

交往是在双方对"朋友"的定义达成共识下形成的关系，日本同学间、职场同事间、社区家庭间的多次交往碰壁让中国女性白领丧失了与日本人深入交往的热情，她们不再对结交日本本地朋友抱有过多的期望，并不积极的"多一事不如少一事"的态度在维持表层和谐关系的同时也让双方的距离越来越远，多次沟通受阻的经历让中国女性白领与日本人的交往难以形成良性且深层的互动。良好的人际关系可以帮助移民在社会适应的过程中减少孤独感，在增强自信心的同时强化自我身份的认同。女性白领充分发挥自身的族群与民族性的优势,维系源文化的人际关系,生成于族群内部的社交网络不但提供了经济价值,同时也起到了情感补偿和情感寄托的作用,线上线下的华人社群和社区也为她们提供了适应主流社会的"母语资源",成为支持女性白领生活的重要力量。

第七章

嵌入式共存：自我认知与实践的策略性选择

女性白领与日本社会的互动模式根植于职场、家庭生活、社会交往的深层结构中。流动人口具有多元化特点，在探讨在日华人华侨的社会适应问题时，不可以一概而论。通过"留学-工作-成家"途径久居日本的中国女性白领与其他移民群体有着显著的区别，无论是群体的独特性或是社会适应表现的特殊性在移民文献中没有得到实质性讨论，从既有的国际移民研究对象来看，存在对于国际女性白领移民这一群体系统研究的缺位。本章将对女性白领社会适应模式、路径形成与维持、特征与表现等进行归纳提炼，挖掘在日中国女性白领的这一策略选择背后的行动逻辑。

第一节　女性白领的社会适应特征

一、嵌入式共存："区隔理论"新内涵

"同化论"和"熔炉论"的理论前提是弱势文化融入强势文化、低收入地区的群体融入高收入地区，共有认知是移民会放弃自己的族群文化和身份特征，完全融入当地主流文化和社会结构中，同化是适应的最终结果。基于前几章对中国女性白领在日本生活的考察发现，女性白领具有经济强势、人力资本强势和心理强势的特点，她们并没有完全融入本地社会的需求和意愿，虽然居住在日本，但她们的最终目的并不是完全融合或扎根在日本，或者说她们主动选择了不完全融合，在部分女性白领身上甚至显示出了鲜明的"反同化"和"异同化"特征，从移民到获得永住权再到市民，从"异化"到"同化"的线性论调并不符合在日中国女性白领。

多元文化理论认为移民在适应新社会过程中，应保持各族群的文化，承

认和尊重不同族群间的差异性，同化并非必然结果，移民的融入结果具有多样化、差异化的特点。多元文化理论为理解女性白领的社会适应提供了一定的解释空间，但是作为因政治需要提出的理论，多元文化理论强调在社会适应过程中移民对自文化、生活习惯、民族属性等的保持，少数族裔文化和本地文化互不干扰、相互独立，较为忽视了移民自身的改变和适应结果的互补性。女性白领的社会适应呈现出鲜明的互动性和创造性，例如：她们适应驱动力强，积极主动地学习语言、职业技能、商务礼仪等，调适自己的心理和行为以加快融入日本职场，同时她们也通过挑战传统的年功序列制、保持自身的族裔优势推动了传统日本企业的职场改革，改变了日本人对中国移民的刻板印象等，通过双向互动而实现了相互适应。中日两种意识形态和文化机制在碰撞与对立、交汇和调适中相互影响，整合出新的文化组合机制。

区隔理论强调移民结果的多样性，并将移民适应结果划分为三类：一是完全舍弃自身族裔身份和传统，融入主流社会的中上层；二是融入边缘社会的底层，分化于主流社会的向下融合；三是利用族裔资源和文化优势，选择性地实现在主流社会的向上流动。这一理论来源于对移民群体中的第2代、第3代移民研究，旨在解释移民子女不同于第一代移民的社会融入模式，区隔理论的第三种模式也为本书的女性白领提供了一条解释路径。通过前几章女性白领在时空背景下和人际交往中对职场、家庭生活、社交中所遭遇的矛盾与冲突、适应与调节的考察，笔者试图对女性白领的社会适应模式——嵌入式共存进行概括。

具体来说，通过留学生的身份转换，女性白领进入日本职场，从而进入日本社会上层劳动力市场，帮助她们获得了中等以上的经济基础和经济收入，高学历、高技能使女性白领在经济地位上嵌入了日本主流社会。此后，单身女性以个体形态、已婚女性以家庭的主体形态更大范围地与社区和本地人交往。同时，基于劳动力市场奠定的较高的经济基础，女性白领并没有居住在隔离于日本主流社会的低租金、低成本的族裔聚居"飞地"，而是和日本人一样居住在具有良好的公共服务、医疗环境和教育资源的主流社区，女性白领在居住空间上嵌入了当地主流社会。但是，在适应日本社会过程中，女性白领并没有发生身份认同的完全转换，虽然已不是原来（未出国前）的中国人，但也没有要求自己完全同化为日本人。同时,她们虽然未与本地日本人建立频繁且深入的交往,但对于日本社会对其经济收入和个人提升有利的资源并不排斥,她们的适应也并非迫于生存压力的被动无奈选择,在能动性发挥方面又和传统的区隔融合在本质上有所不同。

总的来说,女性白领的社会适应是非线性且涉及多空间多维度的整合,在保留原有族裔文化的同时,发挥主体能动性对身份认知和价值观念等重塑,实现了在日生活空间中各个维度不同程度的镶嵌和互动。同时,她们的嵌入过程也带来了日本政治、经济、文化等结构性要素的渗透和重构。中国女性白领对日本社会的适应是一个双向互动的过程,既有对日本主流文化的主动选择和适应,也实现了对当地文化的影响和交融。

二、基于其他移民群体对比的适应特征

一直以来,东亚地区的跨国人力流动可以概括为两种:一种是来自欧美等发达国家的职业经理及专业技术人员;另一种则是低劳动成本的亚洲内部的移工,他们收入少、地位低,位于旅居国的底层,从事保姆、建筑地工人等蓝领工作。[①] 随着全球化的发展、发展中国家的崛起,在东京、首尔、上海、香港等地出现了第三种东亚地区的跨国人力流动,可以说是第二种亚洲内部流动的补充,也可以说是上述两种流动的结合:他们出生于亚洲,落脚于亚洲的国际化城市,他们并非只能从事低技能、低劳动成本的工作,他们在位于核心商业圈的跨国公司工作、享受着和迁入国的中产阶级一样的职业声望和职业待遇。在日中国女性白领正属于这一种跨国人力流动,不同于传统移民女性,在主体性、时间、空间、社会地位的实践维度方面,女性白领的社会适应主要有以下特征(图 7-1)。

(一) 主体嵌入的高能动性

女性白领在个体能动性和认知能动性两方面,都呈现出区别于其他群体的高能动性的特征。迁移者的语言能力、饮食习惯、文化背景、迁移动机,甚

---

① Findlay A M, Jones H, Davidson G M M. Migration transition or migration transformation in the Asian dragon economies? [J]. International journal of urban and regional research, 1998, 22 (4): 643-663.

群体 \ 维度	主体能动性 高	主体能动性 中	主体能动性 低	时间适应阶段性 强	时间适应阶段性 中	时间适应阶段性 弱	空间嵌入性 深	空间嵌入性 中	空间嵌入性 弱	社会地位流动性 上	社会地位流动性 中	社会地位流动性 下
女性白领	√				√			√		√		
婚姻移民		√		√				√			√	
家庭移民			√		√			√				
劳工移民					√			√				√

图 7-1 女性白领的社会适应特征和其他女性移民群体[①]比较

至是智商、情商、感受力与认知差距等个体特征都对其适应的程度有一定的影响。从个体能动性来看,和家庭移民、婚姻移民的"依附者"相比,女性白领并非因生活所迫而远走他乡,是发挥主观能动性和行为驱动力去寻求自身发展机会的结果。留学经历为女性白领积累了语言、技能等社会资源,同时也为其提供了踏入日本社会的"入场券",工作经验和劳动收入使女性白领获得自我肯定和物质报酬及心理报酬(自信心及自我满足等),同样也让女性白领在家庭生活中获得了更多的权力,提高了女性白领的自主性。

在认知的能动性上,女性白领的适应行为与她们的梦想紧密相连。和其他类型的移民多以经济收入为首要目的的迁移相比,她们更看重自我实现和人生阅历。女性白领也许抱着对日本文化和"海外外企白领"生活的想象,也许抱着对外面世界的渴望,作为一种"自我驱动力",她们迈出了走出国门的第一步。异乡的流动经历和与都市的接触使她们的自主意识大大提高,通过进入日企工作、组建家庭、在社交网络与他人互动中加深对日本社会的理解,自我认知被逐步完善的同时也承担起调适情感和行动的职能。认知的能动性在无形中分配了女性白领的精力和时间,引导其对未来生活的规划,支配其社会资源的积累方式和方向。同时,社会资源的积累结果又反过来影响女性白领的自我感受、自我评价、自我决定,三者相互作用,并影响其融入模式

---

① 此表格中各个女性移民群体的界定:女性白领,即本书的研究对象,指通过"留学-工作"赴日留日的中国女性移民。婚姻移民,指通过跨国婚姻赴日留日的中国女性移民。家庭移民,指跟随丈夫工作或学习赴日的中国女性移民。劳工移民,指通过工作签证赴日的中国女性移民。

的选择。

相比之下,婚姻移民的女性在国际婚姻里大多缺乏发言权、所有权和决定权,她们在工厂从事简单的流水线劳动,陌生的语言和环境让她们囿于跨国家庭之中。家庭移民的女性多作为丈夫的依附者,签证类别和生活水准都基于丈夫的能力和收入,自己的主体性发挥十分受限。劳工移民在职场缺乏专业优势和竞争力,可替代性强,发展机会少,限制了她们的能动性的发挥。

(二)时间嵌入的阶段不明显性

女性白领与日本互动的过程是持续动态的,且互动的方式及社会适应的程度也随着时间的推移发生了变化。女性白领赴日时间大多在高中毕业或者大学毕业时,和其他女性移民群体相比,年龄小,接受新鲜事物的能力和适应能力较强。赴日后,她们并没有直接进入日本社会,留学经历为女性白领积累了语言、专业技能、跨文化理解力等人力资本,为她们日后步入日本社会提供了适应的缓冲。社会适应是"压力-适应-成长"的自我调节过程,女性白领虽然也在适应过程中遇到过矛盾和冲突,但是基于她们前期的人力资本和社会资本的积累,她们所受到的文化冲击较小,传统的"U形"或"W形"适应曲线在她们身上的体现并不明显,可以说她们适应时间快,适应过程相对平稳。

相比之下,其他女性移民群在适应过程中所遇到的矛盾更加激烈,适应阶段更加明显,适应时间较长。与女性白领"留学-工作"的角色转换不同,其他移民群体落地日本后"一切从零开始",直接面对生活方式、工作方式、价值观等的冲击。家庭移民和婚姻移民女性在移民后的首要事情是学习语言,通过自学或者报语言学习班学习日语。对于年龄较大、家庭琐事较多的她们来说,从头学习一门新的语言并不容易。家庭移民的女性还面临着因为子女教育而不得不和学校、家长、地域社会沟通的问题,"现学现用"是常态,增添了心理焦虑和负担。与家庭移民的女性(与家人共同赴日)相比,婚姻移民的女性面临着更大的适应冲击。笔者曾研究"在日本的中国东北新娘"这一婚姻移民女性群体,受访者告诉笔者:"下了飞机,车从市区往农村开,车越往前开灯越少,我心里越凉。""家里的活儿都干完了,我一个人就坐在'一户建'的台阶上拿出我的小本背单词。""我来到人家是传宗接代,伺候人家一家老小的,没人向着我。"婚姻移民的女性从进入日本起就进入了一个需要与其朝夕相处的陌生日本家庭,承担着生育和照顾整个家族的责任,她们大多嫁到农村,日本农村遗留的"村八分"文化、对外来人口的排斥让婚姻移民女性的社会适应困难重重。对于通过劳务中介或人力派遣公司赴日的劳动移民来说,合约决定了她们留日时间和职种,她们对融入日本社会的态度并不积极,在既定的时间和工作环境下无须和外部的日本人、日本社会进行过多的互动,她们经历的文化冲击和适应起伏较小。

(三) 空间嵌入的浅表性

从适应的程度上来看,大多数的女性白领并没有刻意回避"自己是中国人"的身份。她们甚至拒绝完全同化,虽然时刻警诫自己要"入乡随俗",但同时也提醒自己"我和他们不一样,我是中国人"。如果说融合是迁入或者适应的最高阶段,[①]那么作为"外来的局内人",女性白领虽然常年生活在日本,但并没有打算实现全面融入。女性白领在跨国生活中接触到了更为多样化的生活方式和生活理念,对其部分认同并尝试做出改变。她们在融入日本主流社会的同时,又不愿完全同化为日本人。虽然她们在衣着、妆容、个人形象等文化适应上努力"看起来更日系",但内在的思维模式、价值观、家庭观念、生活习惯等仍然保留着"中国风"。她们可以自由地选择在公共领域使用日语,而在私人空间使用汉语,这一定程度上表明她们并不愿意彻底融入主流社会之中。在心理上,她们也并没有承认东京是长久归属地,她们在人生的每一个阶段试图寻找新的可能性,以建立有助于自我实现的支援体系。在日本的求学和工作经历是她们再次迁移的翘板,她们的人生计划里并不排斥回国或者去第三个国家的选项。

相比之下,家庭移民女性在空间上的嵌入程度和女性白领相似,但是基于赴日目的和签证身份,她们的嵌入程度很大程度上是由作为丈夫的"配偶"这一身份所决定和限制的。婚姻移民女性的主要目的是通过婚姻来获得可以久居日本的身份,如日本国籍或者永久居住权,从而可以长久合法地生活和工作在日本。此外,部分女性来日本前已经有过婚姻,她们承担着定期向

---

① 邓晓梅.农村婚姻移民的社会适应与时代变迁[M].北京:光明日报出版社,2014.

国内汇款（子女抚养费等）的责任，会在拿到身份后把子女从国内接到日本。因此，获得身份并扎根在日本是婚姻移民女性在日生活的奋斗目标。劳动移民大多在日本 1~5 年不等，流动性大，赴日目的是攒钱而不是生活，迁移动机也影响了她们在日本活动的深入程度，很多劳动移民直到合同结束回国也没有掌握日语，在日本空间嵌入性较低。

（四）社会地位嵌入的向上性

女性白领社会适应起点较高，她们拥有较高的学历和专业技能，通过留学她们积累了落脚日本的人力资本，学业有成之后，权衡手中人力资本及国内外的社会资本，又做出了"留在日本、进入大公司"的第二步决定，可以说，名校学历和名企光环提高了她们的职业竞争力并打通了逐步向上晋升的机会和渠道。伴随着家庭的成立、事业的进步、朋友圈的扩大，基于职场、家庭生活、社会交往的移民经验的每一次自我认知都是一种"生成"，每一次自我实践都是社会资源的积累，在这样一个螺旋向上的过程中，从陌生到熟悉，女性白领逐步嵌入日本社会。

相比之下，婚姻移民和劳动移民群体缺少类似于女性白领一样，基于人力资本而获得的经济资源、教育资源和人脉资源，同时群体差异性又决定了她们获取资源的多寡，进而影响了她们的适应能力和行为。和女性白领相比，她们的赴日年龄较大，需要花费更多的时间和精力去适应新的文化和社会习惯。同时受到社会资本和职业特征的限制，她们很难实现社会地位和职业地位的改变，只能在低端劳动市场中流动。家庭移民中虽然不乏高知女性和曾经的职业女性，但在语言和文化完全陌生的环境中，再加上年龄限制且语言能力较弱，她们很难找到一份与在国内身份和职位相当的工作，传统认知中的"高人力资本-高经济收入-社会地位上升"在异国土壤发生了断层，抛开家庭系统，家庭移民中的女性个体很难实现社会地位的向上流动。

第二节　嵌入式共存的表现

在迁移行动开始之前，女性白领对这次迁移旅程会有一个内心的预设，但随着迁移旅程中生命场景的变换、与日本社会互动的深入,她们对这场旅程的心理认知也发生了变化,她们和日本社会的情感也随着自我认知与需求的变化而出现相对性的改变。伴随着对日本社会的认知和理解的变化,女性白领根据所占有的社会资源对适应行为进行了调节。参照前文对嵌入式共存的理论思考和探讨,本节从移民主体的感受出发,从身份认知(心理适应)、情感归属(情感适应)、交往实践(行为适应)三方面来描述中国女性白领嵌入式共存的表现。

一、身份认知:久居的旅居者

> 有的时候我坐在咖啡厅,会看窗外的这些日本人,去思考日本这个社会,这终究不是我的主场。我经常会有"这里对我来说是什么?""我要在这里待一辈子吗?"等思考。大不了我就跳槽,要不然就回国,我不用"在一棵树上吊死"。我觉得这种外来人的心态有的时候还是有好处的,遇事时自己就不会那么纠结。我终究不属于这里,这里也不属于我,我老了一定要回国,可能不用老了,孩子上大学了我们就回国了,我现在是这么计划的。(LWJ-20180914)

20世纪20年代,帕克以犹太系移民的事例为基础提出了"边际人(marginal man)"的概念,即在处于两个不同的文化和社会的边界线上且不完全渗透或者融合于其中任何一个社会。[1] 20世纪50年代初,学者Siu通过对在芝加哥生活的中国人社区的考察,提出了旅居者(sojourner)的概念,并提出旅居者属于社会学中"异乡人"的一种,即执着于所属民族文化,并不以永住者或同化为当地人为目标,而是将自己定义为"生活在国外的人"。[2] 此后学者Uriley在研究芝加哥的以色列移民时,提出了介于"旅居者"和"永住者"之间的概念,即"久住的旅居者(permanent sojourner)",同时提出应有以下两个变数:A.是否有回国的意识;B.是否有具体回国计划。如果二者都显示出积

---

[1] Park R E. Human migration and the marginal man[J]. The American journal of sociology,1928, 33(6): 881-893.
[2] Siu P C P. The Sojourner[J]. The American Journal of Sociology, 1952(158): 34-44.

极的态度那就是暂居者,如果有 A 没有 B 那就是永住的旅居者。① 像留学生、海外务工者等没有永住目的并明确准备回国(或表示出暂居特性)的移住者应被划分为"旅居者"。② 然而,就像移民中不少本计划永久居住却途中回国或者去第三个国家的人一样,旅居者中也不乏"移民初期持有强烈的归国意识,但在中途改变想法"的事例。比如生活了一段时间后改变了计划,未按设想的时间回国,延长了异国居住时间,或是根据所处环境的综合考虑,取得了永久居住权或者国籍,最终甚至放弃了最初回国的想法,在日中国女性白领就是这种从"旅居者"到"永住者"变化的典型。

结合女性白领的身份特征及上述理论,在日中国女性白领呈现出"久住的旅居者"倾向(图 7-2)。从居住时间来看,女性白领在赴日留学之初就有强烈的回国意愿。通过访谈资料发现,她们最初是以"留学生"身份进入日本的旅居者(sojourner),然而在找到工作后,她们改变了计划,选择在日本长期居留。然而,虽然部分女性白领拿到了"永住"身份,却仍持有"计划归国"的打算。受访白领的大多数已经在日本买房,并打算在日本长期发展,但很多人并不认为自己会在日本养老。也就是说,她们虽然没有明确的回国时间,但却含糊地抱有归国意识,同时并不排斥去其他国家。

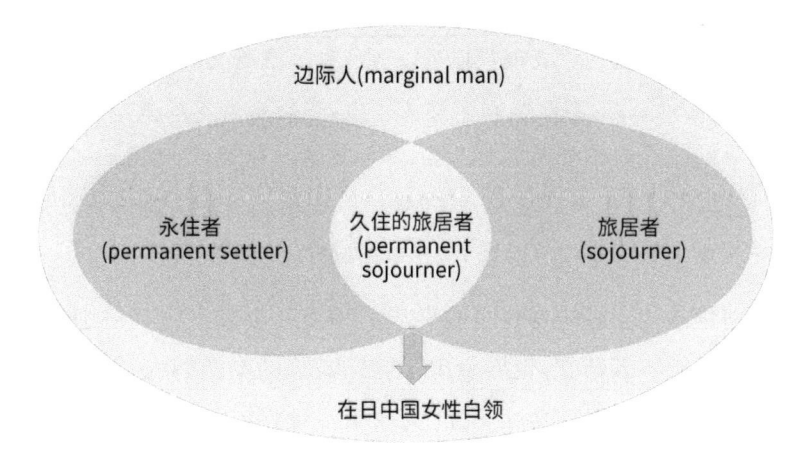

图 7-2 女性白领的身份认知

---

① Uriely N. Rhetorical ethnicity of permanent sojourners: The case of Israeli immigrants in the Chicago Area[J]. International sociology, 1994, 9(4): 431-445.
② 学者陈向明在研究在美留学生时引用了"旅居者"的概念。

从态度上来看,作为"中间商少数族裔(middleman minority)",女性白领以"未来志向(future orientation)"①为导向,有较强的储蓄倾向,从根本上持有与本地人不同的社会性格。女性白领并没有将自己放在与日本人相同的标准下进行自我约束和自我改造,会用"外国人"的身份来进行自我调节。在工作中,如果被评价"比日本人还日本人",她们认为这是对自己工作态度和能力的肯定,是一种褒奖;但在日常的生活中,她们却并不希望被人说"像日本人",同样一句评价反而成为"单板、不懂变通、冷漠"的贬责,这一点与老华人华侨有所不同。与当地人相比,对于她们不认同的处事方式和文化价值观,她们持有更为中立的"冷眼旁观"的态度。这种既不算外地人也不是本地人的矛盾的身份意识影响了她们的个人定位与适应行为,也很难与主流社会的成员建立永久并持续的关联。

二、情感归属:入乡随俗与文化传承

我18岁刚刚成人就一个人来到日本,18岁以前的我除了学习什么概念都没有。如何与这个社会接触、如何学会独立生活、成家立业、结婚生子都是我在日本这十几年内学习与经历的。(LXS-20181003)

我和日本经理一起去中国出差,中国经理说10点到,结果快11点才到。日本经理就说:"我都习惯了,一般说10点开始,从9点到11点都算10点。"我和他说,不是所有人都这样的,我就从来不迟到。在日本,无论是和导师还是和同事或客户开会,都要提前5分钟到,而且还不能提前太久,免得给人家压力,迟到是不可能的。我养成了遵守时间的习惯,哪怕是私人生活也不希望节奏被打乱。(MM-20190903)

女性白领的社会适应反映了她们作为两个社会和文化夹层中所呈现的"中间人"的复合状态,同时也展示出了"旅居者"的本质特性,即对自身民族文化的执着。学者阿尔拉瓦在研究"美裔墨西哥移民"时,曾提出"双重归属意识(dual allegiance)"的概念,他认为美裔墨西哥移民倾心于自己身为美国公民的自由表达和批评国家的行为方式,也保持着自己对祖国的归属意识。

---

① Bonacich E. A theory of middleman minorities[J]. American sociological review,1973(38):584-586.

但这种"双重归属"和对祖国及政治上的忠诚有所不同，它更偏向于一种对自己出生故乡文化的维持与忠诚。① 正如前文中个案 LXS 所说，在日本求学工作的女性白领的许多生活经验和价值观念都是在与日本社会的接触中所习得的。在对语言学习的态度和投入上来看，女性白领自身在留学和工作时都投入了大量的精力和时间，已经可以熟练地掌握并运用日语进行生活沟通和商务活动。对于日本的风土人情和社会理念，她们也已了然于心，并用此来约束和规范自己的行为以适应日本社会。她们在外表上（穿着和化妆）使自己看起来和本地人别无二致，"认真到追求极致""不给他人添麻烦""绝不迟到但也不会太提前，以免给对方压力"等工作和生活习惯的养成是对日本文化认可和接纳的表现。

长年在异国环境生活的心理人类学学者 Levine 提出，人们的行动深深地刻上了年轻时所接受的文化类型的印记，一旦形成，成年后所接触的其他文化类型很难让其再度适应。② 情感既可以来自有形的互动而带来的快乐或痛苦，也可以是一种无形的对于思想、记忆等的感觉和追忆。女性白领对日本文化既有肯定和欣赏，也有异议和反驳。她们对有些习惯入乡随俗，但同时对有些中华文化内核绝不割舍。在饮食习惯上，她们虽然身在日本但仍然是"中国胃"，除跨国婚姻的中日家庭外，中国夫妻家庭在食材选择和烹饪方法上仍以中餐为主，地道的中华料理店、中国物产店是她们经常会光顾的区别于日本当地人的活动空间。

> 我们家平时都吃中国菜，中国菜多好吃啊，日本菜没有啥技术含量，不是生吃就是烤，有些调料的味道我们家也不习惯。很久不吃寿司我可以忍，但是不让我吃中国菜我可受不了，半个月都忍不了。（CLL-20190519）

在访谈中，当问到"日本的春节和中国的春节哪个更重要？"时，所有受访者都认为"两个春节都过，但中国年是真正的过年"。对于在日本成长的儿女的语言学习，包括跨国婚姻在内的受访女性无一例外地认为"虽然孩子成长在日本，但中文很重要，对中国传统文化的学习很重要。"在日华人儿童中文

---

① Alvarez R R. A profile of the citizenship process among Hispanics in the United States[J]. International migration review，1987，21(2)：327-351.
② Levine R A. Culture, behavior and personality[M]. 2nd ed. New York：Routledge, 1982.

教育机构的华文书院的副院长 ST 告诉笔者:"这一代和上一代华人家庭有很大的不同,上一代许多自幼在日本长大的中国人在华人父母的鞭策下考上名牌大学的学生,虽然很优秀但许多都不会说中文,或者只会说不会读写。那个年代的父母很多都希望自己的孩子变成和日本人一样,才能立足社会。但这一代华人家庭明显在认知上就有很大的变化,许多高知父母出于民族自信和对民族文化的坚守,会很坚定地让孩子从小学习中文。"(ST-20221120)家中有学龄儿童的受访女性白领表示孩子都在上线上或线下的中文学习班,并积极让孩子参加大使馆和华人团体等举办的民族文化活动。孩子在寒暑假回国、定期与国内亲友见面等也都强化了其对自己的"根"在哪里的认知。

> 我一想到我们家孩子上学后最先学的是日本地理、日本历史,我就很难过。老祖宗的文化博大精深,她们缺少这个中文环境真的特别遗憾。(LCQ-20180811)

和同龄日本女同事相比的"早婚早育"、在孩子教育上的"虎妈作风",在婚育观念和教育理念上,女性白领大多保留了中国家庭的传统价值观。身在日本心系故乡,女性白领部分接纳"日系常识"以适应社会,但对中文、中餐、中国传统节日、中国伦理道德等方面的传承和坚守则维系着对祖国的国家认同。

三、交往实践:多文化人际关系下的和而不同

"移民不仅仅是学习生产技术和交往方式,更主要的是,他们还要占有和利用资源来发展经济,完善生活,实现自身的利益。"[1]女性白领穿梭于由移民族群形成的在日中国人社交圈和作为一个国家的日本社会的两个世界间,呈现出多棱的侧面,某些侧面之间彼此矛盾,取决于身处哪种文化、哪个群体,以及处于哪个人生阶段。受访女性无一例外地认为"中国人和日本人"在思考方式和行动模式上有很大的差异,她们将中国朋友和日本朋友分得很清楚,用什么 SNS(社交媒体)、聊什么内容也会区别对待。她们和日本人交往大多用 LINE 和 Facebook,和中国人交往用微信和微博。"微信朋友圈比

---

[1] 风笑天.落地生根:三峡农村移民的社会适应[M].武汉:华中科技大学出版社,2006:120.

Facebook 更新得更频繁"是常态,伴侣是日本人的中国女性,在和老公的圈子里的日本人交往时用日本名字(即老公的姓氏),但在自己的朋友圈,以及微信上等会使用中国原名。

> 你拿和中国人交往的那套方式去和日本人交往,日本人会被吓到的,同样你拿日本人的交往方式和中国人交往,就会有人觉得你"假""端着""有距离感"。(WZY-20190619)

> 我和日本人可以聊工作,聊电视剧,聊美食,聊中日文化,但婆媳关系、夫妻关系、亲子关系这些相对私密的内容我会和中国人聊。一是有文化差异,我说完她也未必能理解;二是,虽然有的朋友我已经认识了10年以上,但总感觉有距离感,她和我也没有敞开心扉,没到交心的程度。(HX-20180820)

> 我们家孩子记不清作业的时候,我会询问同班的中国妈妈,而不是日本妈妈,哪怕有的日本妈妈是我从孩子幼儿园起就认识的,但还是觉得交往起来太麻烦,问个作业也要客套半天,中国家长间就比较直接。(LH-20210517)

女性白领和日本人相处时虽然嘴上附和并按照日本的做事方式去处理,但当她们与中国友人私下见面时,会一起吐槽日本人和日本社会。访谈中,经常出现诸如"你知道日本人……"和"日本人就是这样的……"等类似的话语,她们会不经意地将自己与周围的日本人分开。当日本媒体上出现关于中国的负面报道时,她们会感到气愤。她们会和同胞共同探讨中国的政治形势和时事热点,表达对祖国的思慕之情,呈现出一种"集团内的志向(in-group orientation)"[1]。女性白领(除了伴侣是日本人的)会想,在周末她们甚至可以一天不说日语也能过得很舒心。早期移民的社交网络具有明显的封闭性和同质性的特点,无论是生活空间还是工作空间多集中于华人圈,多聚众而居并利用族裔资源从事经营活动,与日本社会鲜明地划分开来。不同于早期移民,女性白领移民虽然在社交上具有内聚性的倾向,但并未完全聚居于民族集居地区(ethnic enclaves),也不会刻意显示自己的种族特点,在外表、职业、社会交流等方面她们与日本人和日本社会并没有清晰的界限,正如受访白领SKK 所说,她喜欢日本人的职场关系——简单、按公办事,但又喜欢中国人的

---

[1] Siu P C P. The sojourner[J]. The American journal of sociology, 1952(158):39.

社交圈——热闹、放松,女性白领就这样有意识地"善取"与"善弃",穿梭于两个世界之间。

人与人之间关系连带的强度是"关系培养时间"、"交往互动的频率"、"亲密性"及"互惠性服务内容"的组合①。按照这一模式可以看出,女性白领在与两个世界互动的过程中,呈现出明显的弱连带和强连带之分(图 7-3)。因受到日企工作客观条件的限制,她们平时工作的同事、交往的客户大多都是日本人,与日本人互动的社会网络异质性较强,人与人关系并不紧密,也没有过多的感情培养和维系,但也避免了情绪的过分投入。无论是毕业找工作时还是转职跳槽,她们和日本人一样通过招聘网站获得应聘机会,建立雇佣关系。与日本人的交往更多的是为了获取经济利益以维系生活,女性白领和日本社会以一种高效互惠的工具理性的方式结合起来。但在闲暇放松时,女性白领的朋友圈、社会支持网络却大多以中国人为主。如第六章华人社区和社群中所述,与在日中国人的交往满足了包括经济利益在内的更丰富的多重需求。在遇到棘手的问题时,她们多会求助于华人朋友,认为国人更有"人情味",比如紧急情况下的第一联系人、申请永久居住权时的保证人等。无论是从日企辞职后创业的 9 位女性,还是疫情期间副业做博主的 ZN,都是利用自己的族裔身份和资源以探求新的可能性。移民在适应当地环境时,会通过依赖自己的策略(self-reliance strategy)、依赖族人的策略(kin-reliance strategy)、依赖同辈的策略(peer-reliance strategy)来调适资源。② 女性白领充分发挥其

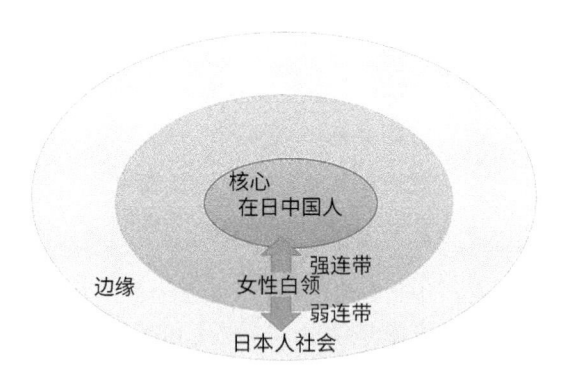

图 7-3 女性白领交往实践的强连带与弱连带

---

① 格兰诺维特.镶嵌:社会网与经济行动[M].罗家德等,译.北京:社会科学文献出版社,2015:248.
② Graves N B, Graves T D. Understanding New Zealand's mutil-cultural workforce[R]. Report to the Polynesian Advisory Committee of the Vocational Training Council of New Zealand. Wellington: Vocational Council, 1977: 8.

主观能动性，挖掘其自身的资源、核心家庭的资源或更为广阔的族群等社会资源以适应日本社会。与日本社会大多提供的是工具价值相比，在日中国人社交圈可以提供工具和情感的双重价值，中国人圈子位于核心的位置，日本人的圈子位于边缘的位置。

第三节　嵌入式共存的形成与维系

女性白领的适应过程复杂而又具有多维度，受到诸多因素的影响。除了薪资水平这一经济要素外，还有地域的社会基盘、居住舒适度、与迁出国的距离，以及迁入国的文化、政治、自然环境等诸要素。本节将结合微观与宏观，从个人、群体、国家这一框架来探讨这一融入模式的形成与维系。

一、个体：权衡利弊下的理性选择

移民是一种人力资本的投资行为。[①] 正规教育和在职培训是人力资本的两种主要投资。[②] 在社会学分层理论中，是否受过高等教育训练是一项个人社会流动的重要标志，在现代社会中，高等教育的文凭是人力资本高低的重要标志。[③] 从学历水平来看，受访女性白领大多数为硕士及以上学历，且毕业于日本知名的私立、公立大学，具有良好的教育背景和专业特长，个别女性白领甚至持有2~3个硕士学位。在对异文化的理解能力上，她们思路更加开阔，对未知世界具有积极的探求心理和进取精神，对新事物具有包容性并持有多元化的文化观念。教育获得对城市新移民的身份融合有着显著的积极影响，受教育程度越高的人取得户籍并找到稳定的工作的可能性越大，受到的社会排斥也更小。[④] 多年的个人留学生活加上外企中的工作经验，使她们

---

① Sjaastad L A. The costs and returns of human migration[J]. Journal of political economy，1962，70(5)：80-93.
② Schultz T W. Investment in human capital[J]. The American economic review，1961，51(1)：117.
③ 朱力.中外移民社会适应的差异性与共同性[J].南京社会科学，2010(10)：87-93.
④ 张文宏，雷开春.城市新移民社会融合的结构、现状与影响因素分析[J].社会学研究，2008(5)：117-141，244-245.

有较强的抗压能力和柔韧性以承受外部社会的变革。

从职业发展来看，她们从事的工作与日本白领相同，如销售（企业对企业）、程序员、顾问和大公司的营销人员，显示出专业性强、成长机会多，以及国际背景深厚的特点，属于"二元劳动力市场理论"中的"首属劳动力市场"（primary sector）。① 受访女性白领在日本生活5～20年不等，伴随着居住时间的增加，她们的职业发展更加稳定，语言能力及劳动经验等人力资本的积累提高了她们获得经济成功的概率。已婚女性白领的家庭整体收入处于日本家庭收入的前10%，且已婚已育女性家庭都已置办房产，部分家庭还有除工资以外的投资收入，如股票、承包停车场、饭店入股、投资民宿等，具有较强的经济支付能力。从总体上来看，女性白领在日本社会的适应起点较高，已经超越了基本的衣食住行的生理需求及工作保障的经济安全需求。

> 我有永住签证，我老公有高度人才签证。我是距离预产期不到两个月去了美国，生完孩子、坐完月子后回了日本。回到日本以后，孩子又跟我的身份申请了日本永住，这样以后三个国家他都有身份（居住资格）。（DXM-20210930）

在深度访谈中发现，许多女性白领家庭存在一种特殊的现象，即"一个家庭，N种身份"。根据入籍的要求（如收入水平和工作年限等），受访的女性白领符合取得日本国籍的标准，但在与日本人结婚的10名女性中（其中1名女性已离婚），只有4名女性选择了日本国籍。中国和日本国籍共存，为家庭的未来发展提供了额外的选择。在19个中国家庭中，女性白领和丈夫所持有的签证也并非相同。除双方都是永住（5名）或双方都是高度人才签证（3名）以外，有11个中国家庭是"高度人才＋永住"的不同身份的组合，也不乏上文中DXM赴美生子"一个家庭，3种身份"的特例：父亲持高度人才签证，母亲持永住签证，儿子持美国国籍和日本永住身份。在活动资格方面，永住签证更加方便。高度人才身份依存于工作而存在，而持有永住身份即便没有工作也可以在日本居住，为女性暂时回归家庭提供了身份保障，同时在买房、贷款、创办公司时，永住身份的诚信度和通过率也更高。一方持有高度人才签证可

---

① Piore M J. Birds of passage：Migrant labor in industrial societies[M]. Cambridge：Cambridge University Press，1979.

以为父母办理长期签证,对于家中有幼子需要照顾,且双方都在工作的女性白领来说,高度人才身份具有极大的吸引力。双方各持高度人才和永住身份,为移民家庭的海外生活分散移民风险的同时实现了家庭整体利益的最大化。

二、群体:"我群"与"他群"的双向挤压

人的行为在很大程度上取决于对自我的认识,而这种认识主要是通过与他人的社会互动形成的,他人对自己的评价、态度等是反映自我的一面镜子,个人透过"镜子"认识和把握自我,这种自我可以被称为"反射自我"或者"镜中自我"。[①] 在与迁出地和迁入地的双向碰撞和双重文化的夹缝中,女性白领生成出独特性与孤独感。

(一)"他群"的疏离

迁入地的社会成员所表现出来的态度对迁移者融合的过程和模式产生了极大的影响。[②] 在经济合作与发展组织的成员国中,日本人对外国人的不信任程度最高。[③] 在日常细微的社会生活中,日本人多年来作为曾经的世界第二经济体的国民的优越感、日本人对外国人的刻板印象、日本人对待本国人及外来民族所持有的差别对待和疏远等不和谐的声音强化了中国女性白领的外国人意识,也时刻提醒着她们自己并不属于这里。

> 我和日本妈妈聊天的时候,她们会惊讶于我的学历和工作。但我身边都是这样的中国人啊,我和同在日本的中国人聊天时大家的反应就没这么大,说明日本人内心就根本没瞧得起我们这些外来移民,还是有一种居高临下的态度。(XL-20190421)

> 我和我老公副业投资了一个饭店,给厨师去开银行的个人账户时就遇到了麻烦,说因为他不怎么会日语就不给办。哪一条规定写了不会日语不能开银行账户?这是赤裸裸的对外国人的差别对待。虽然不是对

[①] 库利.人类本性与社会秩序[M].包凡一,王湲,译.北京:华夏出版社,2015:335-340.

[②] Portes A, Zhou M. The new second generation: Segmented assimilation and its variants[J]. The annals of the American academy of political and social science, 1993, 530(1): 74-96.

[③] Vogt G. Multiculturalism and trust in Japan: Educational policies and schooling practices[J]. Japan forum, 2017(29): 77-99.

我，但是我也有一种自己被歧视的感觉。（YD-20210629）

无论是职场同事，还是孩子同学的家长或是社交圈的朋友，女性白领经常会被问及"你们（家）以后还会回国吗？"，不经意的一句关心似乎也在时刻提醒女性白领的他者身份。伴随着居住时间和与日本社会互动的增加，在面对"我群"与"他群"的身份归类时，女性白领对自身"群体差异性"的认知并没有削弱，反而愈发地固化和稳定。

日本社会的人际关系是以"场所"为基础的，"场所"是"我者"和"他者"相互交融的共存领域，场所消失了，关系就断了。有过辞职和转职经历的14名女性中，10名表示"和原公司的日本人几乎没有交集"。大公司的生活为其提供了稳定的生活、自信心、个人认同与生活满意度，伴随着工作关系即"社缘"的解除，女性白领和曾经同事之间的朋友关系也戛然而止，女性白领难以释怀。

> 辞职前我们抬头不见低头见，一天8～10个小时一起工作，中午还一起吃饭的人，我辞职以后，就再也没联系过。还有上班时经常一起参加"女子会"的日本同事也是。中国还讲"买卖不成情义在"呢，我曾以为我和她们相处得算是比较深入的，但其实也不过如此。（ZX-20191207）

马斯洛的需求理论在移民的社会适应形成中得到证实。[①②] 马斯洛在探讨人类需求时将"爱与归属感"视为个体生命情感和精神的基本所需。当个体已经获得适当的安全感之后，需要在群体中找到恰当的位置，并希望得到社会与团体的认可与接纳，并愿意与之建立相互信任和相互理解的和谐的关系。"爱与归属感"来源于个体的自我认同意识，要求与他人建立情感连接以及归属某一群体，并占有一席之地。当需求无法满足，个体便会产生强烈的

---

① Bakker L, Dagevos J, Engbersen G. The importance of resources and security in the socio-economic integration of refugees. A study on the impact of length of stay in asylum accommodation and residence status on socio-economic integration for the four largest refugee groups in the Netherlands [J]. Journal of international migration and integration, 2014, 15(3): 431-448.

② Cheung S Y, Phillimore J. Social networks, social capital and refugee integration [R]. Cardiff: School of Social Sciences, Cardiff University; Birmingham: Institute for Research into Superdiversity, University of Birmingham, 2013.

疏离感。① 在跨文化的语境中,女性白领很难在族群认同中产生归属感,在理解和接受这种疏离感后,会在"我群"与"他群"中、时间与空间中发展出分歧意识和新的领悟。

(二)"我群"的不解

> 每年回国探亲我都会被问月薪多少、年薪多少等,之前一个亲戚说:"就赚这么多? 也没比我们多多少啊!"我感到特别不舒服,在日本就不会这样被问,即使被问了也不会被这样说。(WZY-20190619)

> 我大学的一位60多岁日本老师去中国玩,我和我学姐两个人做向导,那还是一个4星级的酒店,前台竟然把老师房间的钥匙给了我们一把,说:"这样方便!"这简直是侮辱!(SKK-20210612)

> 五六年前我从日本去太原出差,我和日本经理两个人从开发区打车去机场,到机场后,司机用手比画80块,还从上面拿出一张过期发票给我们。我当时就说不对,司机竟然说:"你是中国人啊?"我按真发票的实际费用给他钱,他在我们下车时甩了我一句:"国外回来的还这么抠。"(WZY-20190619)

迁出地的群体态度和社交网络等也对女性白领的适应结果产生了影响,在日本生活多年的女性白领在回国探亲或出差时曾遭遇不同程度的被区别对待、被误解等问题。出国,在物理空间上意味着和本国人际关系的脱离,很多人表示自己和国内的朋友几乎没什么联系,大学同学会、高中同学会都没有参加。女性白领离开故土,作为情感的寄托,在日本生活时她们和故土形成想象式的联系,并按照自己的需求对国内的人和事进行美化。对于长久在日本生活的她们来说,回国是"短暂的解脱",她们不但可以见到朝思暮想的亲人,也更加自在放松。然而,"探亲还行,待久了不习惯"是大家对回国生活的普遍评价。伴随着时间的推移,"移民的积累效应"②开始凸显,女性白领逐步适应了日本的生活,反而对国内的环境感到不适,故乡成为回不去、回去也

---

① 马斯洛. 动机与人格[M]. 马良诚等,译. 西安:陕西师范大学出版社,2010.
② Massey D S, Goldring L, Durand J. Continuities in transnational migration: An analysis of nineteen Mexican communities[J]. American journal of sociology,1994,99(6):1492-1533.

难以适应的"他乡"。

三、国家：历史印记下的"择木而栖"

> 我们家有个亲戚来日本打工十几年后归化（换日本国籍）了，起了日本名字，回国探亲时见到谁都告诉人家他现在是日本人。但是我们这一代留学来的人，选择归化的本来就不多，就算归化的也没有流露出有多大的优越感。我希望我们家孩子以后回国念大学，到时候我们也跟着回去养老了，未来是中国的。(LJY-20180822)

> 我刚来留学的时候，在日本居住满10年且工作5年以上才有机会申请永住（永久居住权的口语说法），我身边有些朋友工作3年回国没拿到永住挺可惜的。但近5年政策在放宽，满足高度人才（80分的要求）条件一年就可以申请永住，我在辞职前申请了永住，哪怕现在没有工作也不用担心签证问题……(HX-20180820)

政治因素对于迁移行为的作用要远大于国与国之间的工资差。[1] 和世界上其他国家相比，日本、韩国等东亚国家具有少见的"族群同质性"，[2]这些国家和地区也采取了相对严格的移民政策。近年来，日本等东亚各国正经历前所未有的人口变化，移民政策被多次重新考量和修订，"移民是政策的产物"[3]，高龄少子化的日本社会迫切需要外国移民来缓解劳动力不足的问题，日本社会愈发开放的对外国移民的理解与支持的态度、构建使外国移民能够顺利生活的环境等至关重要。为了吸引更多的优秀外国人才，日本政府放宽留学生毕业后找工作时期的签证年限，支持留学生创业并降低了外国人获取永住资格的门槛。自2012年起日本政府导入"高度人才"签证，即"外国人高级人才"的"积分制"，包括对年龄、学历、从业年数、年收入、研究成果、日语能力等的各项评分，符合高级人才标准[4]的外国人可以获得5年签证并享有优

---

[1] 阿朗戈，黄为葳. 移民研究的评析[J]. 国际社会科学杂志(中文版)，2019，36(3)：114-125.
[2] Castles S, Davidson A. Citizenship and migration: Globalization and the politics of belonging[M]. London: Routledge, 2000.
[3] Davis K. Social science approaches to international migration[J]. Population and development review, 1988(14): 245-261.
[4] Immigration Services Agency of Japan. Points-based preferential immigration treatment for highly-skilled foreign professionals[R]. Tokyo: MOJ, 2012.

先办理入境和签证审查手续的待遇,家庭收入高于800万日元且家中有小孩的高级人才可以给国内父母办理长期签证,[①]家庭收入1 000万日元以上的高级人才可以申请从国内带一名家政服务人员。[②]《日本再兴战略2016》中提出了"日本版高级人才绿卡"制度,并出台"世界上最快"永久居住权申请制度,以降低科技人力资源获得永久居住权的要求。2017年4月,日本法务省更新了"外国人获得永住许可指南",增设"毕业高校排名"和"就职科技创新企业"评分项目,放宽了高级人才的评分标准,按照"高级人才的法务省令"所规定的计算所得分值在80分以上的外国高级人才,最短1年即可以拿到永住签证。至2020年持有高度人才签证的外国人有16 554人,实现了2015年拟定的"1万人高级人才认证"的目标,其中中国人最多,占72.3%。[③] 此外,为了移民家庭更快地融入日本生活,对于在国外出生没有日语基础的外国人子女,日本文部省提出了"Japanese as second language curriculum",帮助公立小学对外国学生进行日语指导。[④]

与移居其他国家的移民不同,作为亚洲近邻的中日两国间关系错综复杂,在日中国人对日本持有矛盾态度。作为第一代移民的女性白领在中国出生长大,她们怀有强烈的民族认同感,热心维护祖国的尊严和利益。"换日本籍""变成日本人"对于大部分人来说在心理上有所抗拒。"不但我不想换,我父母也不同意换,当年出国的时候我爸妈反复嘱咐过,绝对不能换日本的国籍。"(WZY-20190619)当孩子的小学历史课本上出现关于侵华战争的歪曲解释时,她们会义愤填膺并告诉孩子们真相。"我告诉我儿子无论怎么美化,历史就是历史,侵略就是侵略,等孩子长大了我是一定要带他们去侵华日军南京大屠杀遇难同胞纪念馆的。"(THY-20190827)

此外,中国与日俱增的经济实力和国际影响力也是女性白领得以嵌入日本社会的结构性因素之一。上一辈的华侨华人赴日大多是抱着"出人头地"的梦想,甚至是为了改变整个家庭的命运。一位20世纪80年代末赴日留学的前辈曾说:"那个时候在日本打一天工的钱相当于国内1个月的工资,从来

---

① 父母从女儿或儿媳的孕期起可以入境,每年更新一次,可持续到孩子满7岁。
② 出入国在留管理厅.高度人才优待措施[R].(2023-4-26).
③ 出入国在留管理厅.国籍・地域别高度外国人材の在留者数の推移[R].2021.
④ 日本文部科学省.学校教育におけるJSLカリキュラムの開発について[R].(2001-04-13).

没见过那么多的钱。"而这一代出国的年轻人则不同,她们恰逢国内经济发展的高速增长期,2010 年中国 GDP 超过日本跃居世界第二位,如第三章所述,她们在留学时原本没有要扎根在日本的想法,加之她们在日本社会积累的社会资本,虽然作为第一代移民,但是并没有"二等公民"的感受。"中国是高速发展的二十年,日本是失去的二十年。"(YD-20210629)许多女性白领并不愿放弃国内的发展机会,中国人和日本永住者的弹性身份为她们未来的发展预留了更多的选择机会。伴随着中国的日益强大,在日本的中国家庭在下一代的教育上会刻意强调"中国人"的族群意识和民族自豪感,增加了民族文化认同和归属感的同时也使得两代人很难完全同化或者融合于日本社会。

第四节 本章小结

本章对女性白领的社会适应模式进行了提炼与概括。和国际移民理论进行对话,归纳出嵌入式共存的概念,和其他国际女性移民进行比较,总结出其呈现主体嵌入的高能动性、时间嵌入的阶段不明显性、空间嵌入的浅表性、社会地位嵌入的向上性的特征。跨国迁移既是跨地域生活的过程,也是女性白领的原有自我认知逐渐被解构并重新建立新的自我认知的过程。女性白领的社会适应在不同空间、不同生命阶段,在与自己、与他人、与社会的多元且复杂的互动关系下会呈现出不同的适应状态,她们时刻持有"国际人"的心态,在某些维度主动积极地融入日本社会,而在某些维度又主动选择坚持"本我",在经历了"看山是山,看水是水;看山不是山,看水不是水;看山还是山,看水还是水"的情绪和认知波动后,她们与日本社会形成了稳定的嵌入式共存。

身份认知既是迁移人口社会适应的表现之一,也是影响其他社会适应维度的重要因素。女性白领从未停止对迁移行动的价值和意义的思考,在矛盾与冲突中不断地重构与其相适应的身份角色,并呈现"久居的旅居者"姿态。对母国文化的保持和与周围关系的深浅影响了女性白领的适应程度,女性白领不畏惧彰显自己的族裔特征，她们采用情境性适应策略，在公共领域追求工作方式上的同化和语言上的整合，而在私人领域保持传统民族习俗和伦理文化，在文化接纳上兼收并蓄但更倾心于母国。在交往实践中她们呈现跨族群的多重交往形态，但从社会关系的存在的质与量、社会关系的结构来看，女性白领与在日中国人互动更为密切，并获得了集体归属感和思想上的共振，同时也积累了人力资本、人际关系和社会资本。同时，此种社会适应模式是在个体的理性选择、"我群"与"他群"的相互挤压、和国家政治因素共同作用的结果。

第八章

结论与讨论

第一节 结 论

本书将时间分为赴日（留学进入）-留日（工作安身）-驻日（结婚定居）三个层面，将空间分为职场、家庭生活、社会交往三个生产空间和日常生活空间，以多位中国女性白领的移民经历为研究范本并结合多种定性分析的手法，对在日中国女性白领的社会适应情况、冲突和调适进行了系统及立体的描述分析，进而归纳出嵌入式共存的适应模式，并与社会适应理论对话，和传统的移民群体进行对比，归纳了嵌入式共存的概念和特征，并对其表现、形成路径进行了提炼与概括。

第一，女性白领的社会适应是以个人追求和愿望为导向，充分发挥自主性、能动性和创造性以解决和调适矛盾和冲突的结果。只有从主体性的视角才能打破长久以来附加在移民身上的他者性，深入理解女性白领的流动和选择。女性白领具有强烈的意愿和行动力去了解和适应日本社会，在与日本社会互动的过程中对自己的身份和言行进行不断修正，形成了自己思考世界的"意识形态"并影响其行为实践。与传统移民的以在他乡"安营扎寨"的目的不同，女性白领选择何处工作、如何生活，契合她们对人生的认知和期望，反映的是深层次的个人需求、梦想、对未来生活的长远预期与追求，自我价值的实现等目标支配着女性的精力和时间的分配和对未来生活的规划，并相应地对她们的行为和观念进行了重构，也影响了她们社会资本和人力资本的积累方式和方向。初期留学时，她们考虑的是"镀金""见世面"，所以她们认为自己"毕业可能就回国""不会长待"。从职业选择上来看，在入职初期她们考虑的是"稳定"和"在日本立住脚跟"，以"收入稳定、福利待遇好"为求职目标，并以"在日企中积累经验"为主要奋斗目标。伴随着经验的积累和对日本社会的深入了解,女性白领倾向于寻求"个人成长"和"自我实现",有人向传统的年功序列制发出挑战,主动和上司谈加薪谈升职,成为同期入社员工中晋升最快的女性。追踪访谈发现,近年来放弃了"旱涝保收"的终身雇佣制的日本大企业中,辞职创业,跳槽到欧美企业、中小企业的女性白领越来越多。面对国籍、性别、阶层的差异性,女性白领不断调适自己的身份认知与职业态度,在对社会认同与职业晋升的考量之下,做出了"收敛锋芒"与"保持真我"等一系列的策略选择。面对家庭内部的困惑与矛盾,她们基于家庭整体利益进行权衡,做出了暂时回归家庭、家务改革等调整。对家乡的依恋和在新环境中对归属感的洞察等个人情感影响了女性白领和本地人的互动。女性白领曾尝试主动与日本朋友建立深层的交往关系,但在实践过程中因微妙的交往界限、认知差距等矛盾的出现,确立了"多一事不如少一事"的社交原则,并在保持与主流社会交往的同时形成了"自成一派"的社交网络。此外,传统的移民观点认为,移民决策发生在对现有信息和条件的理性评估(如工作待遇、生活条件)下,通过对女性白领的研究发现,面向未来的愿望、子女长远教育等对未来轨迹的预设会促使女性白领相应地重组目前的移民策略和适应行为。

第二,从适应过程来看,女性白领的社会适应是在时间、空间、社会地位的交互中持续延伸和拓展的。第一阶段,通过"留学"途径赴日的女性白领不同于以往的传统移民,正如第七章所述,许多女性白领在刚刚进入公司时,在举手投足和衣着打扮上就已经与日本人并没有什么区别。留学期间习得的较为地道的日语表达能力、专业知识、异文化理解力等为她们走进日本社会积累了一定的人力资本,使她们能更为顺利地适应日本社会。同时,由于"在日留学生"及"名校毕业生"的身份,她们和其他日本大学生一样,享受到了"新卒"的红利,可选择的公司数量更多,被选中的可能性也更大。第二阶段,大型日企的多年工作经历为她们提供了安身立命的经济基础。这是一个双向的互动过程,基于"社缘"的社会交往及公司福利增加了她们和公司的凝聚力,公平的竞争环境和良好的发展空间为女性白领的职场晋升提供了更多的可能性,同时她们在工作中拼搏进取、提高业务能力,实现了职业流动和跃迁。第三阶段,家庭的建立、孩子的出生,增加了她们和日本社会互动的机会,拉近了她们和日本社会的距离,在与日本妈妈、中国人社团的交往中,她们有过迷茫、有过喜悦,也让她们重新审视自己的人生选择。整体来看,在时空和社会地位的延伸过程中,女性白领的社会适应不是一蹴而就的,也不是完全均等的,在每个阶段既有适应也有不适应。刚刚毕业走入职场的女性白领,对工作环境和工作方式缺乏深刻的体验和认识,对日本社会生活的印象也略为单一和粗浅,随着职场工作年龄的增加、家庭的建立、触角深入日本社会多面,她们对日本社会的认知更为深刻。伴随着社会位置和地理尺度的变化以及在此结构中获得的经历和资源,女性白领持续地实践着"再社会化",虽然在适应过程中她们也曾遇到摩擦和冲突,但基本上无须强迫自己融入以获得资源和支持,女性白领形成了较为稳定的自我评价,使她们在融入日本社会的过程和模式上具有一定的灵活性,她们逐步实现社会地位的上升并呈现出与日本社会共生的稳定状态。

第三,从迁移动因和适应动因来看,除了传统的物理的、社会的影响因素外,社会性别影响了主体性的发挥进而影响了女性白领的迁移机制和适应模式。在以往的移民国际研究中,人力资本越高,在劳动市场的流动性越强,社会性别这一要素隐藏于移民问题之中而被人忽视。女性白领这一角色镶嵌在日本文化与社会制度之中,社会文化赋予了男女所扮演的不同的象征意义与价值,影响女性角色的形成。在女性发言权和自主意识受到贬抑的日本企业,外国人身份和社会性别身份是其社会适应的双重障碍,边缘化危机与性别的困惑制约了女性白领的职业发展。男女有别的职种划分、"生升两难"的困境和"打擦边球"的性骚扰折射出日本职场背后"男强女弱"的权力和等级关系,性别成为影响工作内容和职业发展的一个决定性变量。移民动机和适应模式会随着每个生活阶段的重心和需求的转移而改变。在家庭这一场域中,社会性别对女性白领的迁移行动和社会适应影响更为突出。研究发现,一方面,未婚女性有更大的职业流动性,有更多的休闲时间和满足感,但对日本社会的依恋程度较低。另一方面,已婚女性白领比未婚女性白领有更高的经济融合度,有子女的家庭在社区参与和归属感方面与日本社会有更强的联系。组建家庭让女性白领在异国他乡不再是孤军奋战,但是作为妻子和母亲的性别角色对她们的束缚也愈发明显。在日本社会的"男主外,女主内"的传统观念和性别角色要求下，潜在的性别假设将女性视为家务和养育的主体，女性白领奔走于市场劳动的公领域和家务劳动的私领域之间。面对日本企业和社会结构带来的聚少离多、单身赴任等问题，她们调整生育策略、整合家庭资源，不惜降职降薪或暂时回归家庭。结婚生子成为影响女性白领流动决策的第二个重要节点，"妻子与母亲"的性别角色直接决定了她们未来的事业规划及白领家庭在日本本土及跨国区间的迁移方向。考虑到家庭关系及育儿环境等问题，"留在日本其实也不错""回国反而会不适应"的想法逐渐凸显，动摇了她们初来日本时的想法，家庭成员的适应程度和对移民的态度并不相同，家庭作为个人与社会之间的中间层次，将外部结构与内部自主性联系起来，移民策略是基于家庭这一集团成员相互协商的结果。在以"社缘"为主的男性社交生活的反面，女性在"女缘"中展现出不同于家庭生活中的一面。"女缘"是中国女性白领在日生活中不可或缺的社会交往，"女缘"为女性白领提供了新的社会网络和社会支持的同时，也给女性白领带来了社交压力和身份区隔。通过对女性白领的实证研究发现，女性白领社会适应的主体性被建构于结构性的力量竞争和过程中，浮现于性别角色谈判和社会规范与期望中。

第四，嵌入式共存是女性白领社会适应的策略性选择。女性白领的社会适应呈现鲜明的"反同化"和"异同化"特征，传统的"同化论"和"熔炉论"对女性白领的社会适应并不适用，"多元文化理论"忽视了移民自身的改变和适应结果的互补性，在日中国女性白领的社会适应模式赋予了"区隔理论"新内涵：女性白领的社会适应是非线性且涉及多空间多维度的整合，同时，在与日本社会互动的过程中，她们的嵌入式共存也带来了日本政治、经济、文化等结构性要素的渗透和重构。在社会适应的特征上，与其他移民女性群体相比较，女性白领的社会适应呈现出主体嵌入的高能动性、时间嵌入的阶段不明显性、空间嵌入的浅表性、社会地位嵌入的向上性的特征。在社会适应的表现上，她们在身份认知上呈现"久居的旅居者"姿态，在文化接纳上兼收并蓄但更倾心于母国，在交往实践中呈现跨族群的多重交往形态下的和而不同。嵌入式共存是宏观的结构性因素和微观的个人因素相互作用的结果。教育资本和工作经验为女性白领提供了融入的经济基础，多国籍多身份的签证分散了移民家庭的风险，在"我群"的不解与"他群"疏离的双向挤压中，在日本优厚的移民政策鼓励和中日历史问题的影响下,最终塑造了中国女性白领嵌入式共存的社会适应形态。

第二节 讨 论

正如西班牙移民研究学者华金·阿朗戈所述,"移民研究的最大困难在于移民是极复杂的事情。复杂就复杂在它的形式、类别、过程、主体、动机上,复杂在它的社会经济以及文化背景上"。[①] 走出田野调查,回望田野调查,和国际移民理论进行对话,本书对国际女性移民和跨境精英移民的适应研究有以下思考。

一、国际移民迁移和适应的新探索

新古典经济理论认为国际人口迁移源于国家间的收入和福利待遇上的差距。和跨国劳动力相比,女性白领的前身——作为留学生的跨境行为虽然不是为了直接的经济收益,但从长远来看,未来的职业规划和经济回报无疑是女性赴日留学的主要驱动力,完善的培训制度、和国内毕业生相比较高的起薪等促使女性白领毕业后留在日本工作。世界体系理论也为本书的女性白领的迁移行为提供了理论解释,即市场经济全球化浪潮是将女性白领推向日本的动力之一。

不过,无论是新古典经济理论还是世界体系理论都低估了非经济因素对移民个体的影响。通过深度访谈发现,除了"留学镀金""欧美留学的备胎选择"等的工具性流动外,其中不乏追随日本文化和依附爱情的情感性流动。仅有迁移意愿还远远不够,迁出地和迁入地的两国政策等是迁移得以顺利进行的政治保障。在1972年中日邦交正常化的背景之下,改革开放后中国的留学生派遣政策、日本的"留学生10万人计划"、两国高校留学中心和留学中介的推波助澜,在移民浪潮中起到了"推"与"拉"的作用。毕业后,和经济高速

---

① 阿朗戈,黄为葳.移民研究的评析[J].国际社会科学杂志(中文版),2019,36(3):114-125.

发展、竞争激烈的国内就业环境相比,日本企业的年功序列制和终身雇佣制等稳定的升迁制度对女性白领有较强的吸引力,女性白领改变了"镀金后就回国"的初心。从留学生变成女性白领,选择留日工作也是女性白领在日本政府的移民计划和日本企业扩大海外市场需求的影响下,对于个人发展的综合性考量。

劳动力市场分割理论强调,来自当代发达社会经济体制内部的对于外来劳动力的结构性需求是影响跨国移民的重要愿意,并认为外国移民是对现代发达国家下层劳动力市场的补充。但在本研究中移民主体发生了变化,手握学历资本和头顶大企业光环的女性白领进入了发达国家的上层市场,从事高收益、高保障的工作。此外,劳动力市场分割理论单纯地从需求一方解释女性白领的跨国迁移现象并不充分,从作为供给方的女性白领来看,移民本身形成了供给并创造了需求。对于移民来说,处于社会生活和生命历程的不同阶段,伴随着生活重心和需求的改变,迁移的动因也发生了变化,劳动力市场分割理论已逐渐失去解释效力。新经济理论强调家庭的作用,关注移民与迁出地和迁入地周围环境的互动关系,这在女性白领成家后的迁移决策中也得到了印证,"一个家庭,N 种身份"的移民策略就是一个多元文化家庭在权衡整体利益后的选择。在与国内一线城市持平的收入水平(甚至更低)的情况下,她们选择暂时留在日本,与经济条件相比,教育资本、社会福利等成为促使她们留在日本的决定性拉力,子女就学对移民的"去"与"留"的决策产生了影响。

有别于传统第一代移民,高人力资本是女性白领嵌入式共存的适应模式得以实现的基础,促使其融入当地和同时成为跨国公民成为可能。在以往关于发展中国家向发达国家移民的研究中,类似于嵌入式共存的适应模式大多出现在"第 2 代移民"[①],或者"1.5 代移民"[②],这是由于嵌入式共存的适应要求流动者要有较强的经济背景和良好的应对环境的能力,早年的第一代跨国移民很难轻易做到。不同的移民群体进入移民国的方式不同,移民国对他们

---

① Portes A, Zhou M. The new second generation: Segmented assimilation and its variants[J]. The annals of the American academy of political and social science, 1993, 530(1): 74-96.
② Wang B. Becoming a rooted cosmopolitan? The case study of 1.5 generation new Chinese migrants in New Zealand[J]. Journal of Chinese overseas, 2018(14): 244-267.

的态度和接纳程度也不同。移民的流动在很大程度上取决于他们的技能在不同的文化、社会和政治背景下如何被评价和需要，高龄少子化的日本社会迫切需要外国移民来缓解劳动力短缺的问题。早期移民会借助亲戚关系帮忙办理签证使流动得以实现，或者需要依靠本地的亲戚朋友才可以找到工作以扎根日本。但是，熟人关系对通过"留学-工作"留在日本的女性白领的影响并不突出，大多数女性白领和日本人一样参与岗位竞争和职业流动，"学历和工作经验"就是她们在日本生存的"靠山"。基于人力资本、文化资本和社会资本的积累，女性白领实现了社会经济地位的向上流动。区隔理论认为拥有较高人力资本的移民群体应呈现出融合于主流社会的适应结果，然而在女性白领群体身上，人力资本和社会适应出现了负相关关系。社会资源的多样性以及永久居民和高技能专业人士的灵活身份，削弱了女性白领融入主流社会的积极性和主动性。这使得女性白领在日本的社会融入不得不转向世界社会、全球社会的概念模式：在日本的学习和工作经历为她们提供了再次迁移的资本，她们不需要仅限于在日本和中国，不排除迁移到其他国家的可能性。

此外，以往对欧美移民的研究认为少数移民的民族性弱化了流动，不利于融合，越是亲近本族，就越呈现隔离的状态。本书研究发现，由于受到历史等原因的影响，"日本"这一国家和"女性白领身份"的特殊性，民族性是影响女性白领社会适应的双刃剑，民族文化认同感和归属感稳固了她们的社会镶嵌。与传统女性移民不同，由于日本企业海外业务发展的需要和女性白领的专业技能和外籍身份，许多女性白领从事中日跨境相关的工作，她们的工作内容和工作形态都离不开中国。跨界流动是她们的一种常态化生活方式，使她们与中国保持着紧密联系。同时，东京日益增多的中国物产店、中华料理店、华人社区减少了她们作为少数族群的孤独感，影响了女性白领对原有文化身份的认同体验，东京的多元性满足了她们的情感寄托。再者，女性白领在日本多年的留学和工作经历，为她们积累了多种类的本族人脉关系，在日本的华人圈子为女性白领提供了工具性和情感性的双重价值，开辟了地方化的归属空间，为她们适应日本社会提供了社会资本。一方面，女性白领生活在中日之间的一个连续空间里，她们对民族的依恋并没有因为国界而发生断裂,她们的职业身份和生活实践模糊了国界,迁出国与迁入国不再对立,摆脱了同化于当地和回归故土间的二分法。但另一方面,正如文中所述,中日两国关系错综复杂,由于中日两国间的历史问题影响,与移居其他发达国家的移民相比,在日中国女性白领对日本持有矛盾的态度。作为第一代移民的女性白领在中国出生长大,从小接受爱国主义教育的她们怀有强烈的民族认同感,对改变国籍有抵触情绪。女性白领家庭在对下一代的教育中会刻意强调作为"中国人"的族群意识和民族自豪感,影响了两代人的个人定位与适应行为。

二、对我国留住外国人才和回流人才的思考

《中共中央、国务院关于加强和改进新时代人才工作的意见》文件中,强调了人才工作在全局工作的重要战略地位,提出了要建设开放的人才引进平台,深化海外人才联合培养等政策和措施。近年来,在市场经济的全球化浪潮下,各国对高技能人才和留学生的需求竞争激烈,我国海外留学生和海外人才回流数量显著增加,人才素质整体提高,回归动机也具有多样性,大多集中于一线及省会城市,同时国家和各地政府推出多种优惠政策,以吸引外籍人才和回流人才在中国就业。《国际人才蓝皮书:海外华侨华人专业人士报告(2014)》显示,60%的受访者表示有意愿回国发展,中国已开始成为重要的"人才回流"和"人才环流"接纳国之一。[①] 不可否认,高薪的工作机会和配套的生态环境是促使人才跨国流动的重要驱动力,职业发展前景和个人成长空间尤为重要。通过对女性白领的经验研究发现,仅出于金钱的考虑并不能吸引外国人才,对子女教育资本的追逐、社区关系、情感疏通等看似属于琐碎的"后顾之忧",实则对迁移方向和居留意愿有着直接和显著的影响。因此,参照在日中国女性白领的经验研究,秉承我国"以人为本、执政为民"的发展战略,情感引才、家庭引才等非经济理性视角对提高回流率、增加回流人数、让回流人才扎根具有一定的借鉴作用。

在精神空间上,注重人才和祖国的情感联结。习近平总书记在中国共产

---

① 王辉耀,苗绿.国际人才蓝皮书:海外华侨华人专业人士报告(2014)[M].北京:社会科学文献出版社,2014:206.

党成立100周年大会上强调,"要形成海内外全体中华儿女心往一处想、劲往一处使的生动局面",旨在推动华人华侨积极参与中华民族伟大复兴的历史进程。多位受访女性白领表示,"出了国反而更爱国"。女性白领和她们的子女们具有较强的民族情结,对祖国和中华文化怀有朴素的情感认同和文化认同,在海外华人华侨中具有代表性。需要充分发挥海外华人社群的作用,同时加强国家和当地政府文化引导,打好"侨"牌,重建联结渠道、重构情感纽带以增进个体和家庭整体的归属感,以"中华魂"和"故乡情"的中国故事带动回流人才融入祖国的热情。

在物理空间上,由于长年在海外学习工作,国内"我群"与"他群"的双向挤压和文化的疏离,导致外籍和回流人才对国内环境感到陌生和不适,引起短期或中长期的"水土不服"。注重这一群体的感受和需要,打造适合他们居住和就业的"回流人才飞地"和"类海外"环境,如工业园区、社区等,为他们适应工作和生活提供缓冲空间,以加快融入在中国的生活。

在社会空间上,家庭成员的构成和处于生命历程的不同阶段会影响外籍人才及回流人才的迁移策略,这就需要提升政策的精准化和标准化。例如,对优秀留学生提供特别选拔通道,可以参照日本企业的"部族会社"为留学回国人才构建接管生活的"大家长"式的社会共同体。对于外籍人才,可以简化签证审批流程,参照日本的高度人才制度,提供与之相应的福利待遇。例如,落实配偶就业和父母探亲签证,优化资源配置,为子女入学国际学校或本地学校牵线搭桥等。本书研究发现,教育对社会融合和社会建构的影响在女性白领身上体现得十分明显,并且延伸到她们对下一代的教育态度和要求上。对于在海外出生成长的回流人才家庭的子女,可以利用多媒体学习平台促进国外教学内容和国内课程的对接。针对在海外长大的孩子的母语弱势,考虑在中小学校设置插班课程,进行中文辅导。对于未能回到原籍工作的家庭,在父母团聚、安置住房等方面提供诸多福利等。在统筹机制的辐射下,整合各层各级引才计划,强化政策与执行的衔接体系,将微观层面上的个人意愿和社会资本与宏观层面上的社会资源连接起来,做好人才的精准培育与服务。

第三节 研究创新

从理论上来看,本研究发展于国际移民的社会融合理论的文献中,但传统的社会适应理论是在弱势文化民族融于强势文化民族,低收入地区向高收入地区、流向欧美国家的移民范围内被定义和应用的,研究视角上有明显的同情他者的客体关怀情感,研究主题上也多集中于移民的生存问题和限制条件。本书以在日本的中国女性白领移民为例,扩展了女性移民的研究对象,超越了传统的以西方为中心的传统框架,对融合理论的"区隔理论"进行了拓展和深化,丰富了社会适应模式的实践研究。

从实证上来看,国际女性白领移民数量迅速增长,她们的融入模式与以往有显著不同,但其特殊性在移民文献中并未得到充分研究。本研究通过传记叙事等深度访谈的方法聚焦女性白领,拓宽了女性移民驱动力的非经济因素的内涵,强调了白领移民主体性的建构性,加深了对女性移民的理解,为如何留住高技能移民提供了新的视角,希望由此可以激发人们对白领、第一代高技能女性移民及其家庭的社会适应的进一步讨论。

第四节 研究局限与研究展望

一、本书的研究局限

本书研究还有以下几个方面有待完善。

第一,从广义上来看,在日中国女性白领本身具有多种类型,因为矛盾的冲突性和典型性,本书的研究对象主要针对通过"留学-工作"途径进入日本企业和社会的中国女性白领,在田野调查中,还存在如国内大学毕业通过IT派遣暂时赴日但通过职业流动久居日本的中国女性白领,以及虽然没有大学学历但在日本成立贸易和文化公司的女性企业家等,在一次研究中未能囊括所有类型。

第二，男性白领和女性白领在职业发展、家庭分工和社交行为等各实践维度都存在显著差异，再加上在学术环境中对高技术女性移民群体研究的迫切性，本书聚焦于女性白领有其合理性和必要性。诚然社会性别研究并非单一的女性指向，从跨国白领移民的社会适应的适用性和推广性来看，今后有必要对男性白领进行单独深入的研究。

第三，受到时间和物力的限制，本研究的深度访谈仅限于女性白领和其在日本的家庭成员，在后续研究中，应该对日本政府机构的负责人、女性白领国内的家人等进行补充采访以对其迁移行动进行深入全面的挖掘。

二、本书的研究展望

基于上述讨论和研究的局限性，在后续的研究中笔者将关注以下问题：

第一，社会适应是一个动态变化的过程。随着受访女性白领自身阅历的增加、与日本社会互动的进一步深入，当她们进入下一个生命周期阶段时，她们的认知、情感和实践又会发生怎样的变化？人生主题的改变又会对她们的主体性产生怎样的影响？对于受访女性生命历程的追踪调查是后续研究所要关注的方向。

第二，针对女性白领的社会适应提出的嵌入式共存的概念是探索性的，仍有很多方面需要进一步深入研究。鉴于白领群体的复杂性，对于研究局限中提到的其他类型的女性白领群体和男性白领，今后可以根据各群体社会适应的实践维度进行单独的深入研究，在此基础上再进行横向对比，以对嵌入式共存的表现和特征进行进一步论证和细分。

第三，已婚女性白领以家庭形态融入日本社会，嵌入式共存大多发生在第1.5代移民或者第2代移民群体中，作为第一代移民就以嵌入式共存的方式和日本社会达到共生的女性白领，她们的子女又会以什么样的模式适应日本社会？这一代中日间留学潮出国的女性白领的子女尚未成年，在一个适应起点较高的家庭环境中成长，同时伴随着世界格局、两国关系的改变，他们的适应与以往的在日华二代和其他国家的华二代是否会有不同？他们又会遇到什么样的冲突与矛盾？这些都有待深入持续的研究。

附　录

附录1　受访对象基本情况列表

编号	姓名代码	年龄(截至2022年)	签证类型	学历	婚恋状况	配偶国籍	来日时间	在日时间(截至2022年)	公司类型	职业	年薪(日元)	籍贯
1	LWJ	35	永住	硕士	已婚已育	中国	2008年9月	14年	日企→创业(个体翻译)	咨询	500万~600万	辽宁
2	ZN	33	永住	本科	已婚已育	日本	2008年9月	14年	日企	市场	500万~600万	河北
3	TT	34	永住	硕士	已婚已育	中国	2010年9月	12年	日企→美企→瑞典企业	程序员	900万~1000万	吉林
4	WZM	33	永住	本科	已婚已育	中国	2008年4月	14年	日企	销售	600万~700万	江苏
5	FJH	32	高度人才	硕士	已婚已育	中国	2013年4月	9年	日企→创业(手工小业主)	销售	600万~700万	上海
6	CLL	29	高度人才	本科	已婚已育	中国	2000年9月	22年	日企	会计	400万~500万	天津
7	JC	41	日籍	本科	恋爱中	日本	2010年9月	12年	日企	销售	600万~700万	上海
8	LDJ	31	高度人才	硕士	无	—	2008年9月	14年	日企	程序员	500万~600万	河北
9	LJX	33	高度人才	硕士	无	—	2007年9月	15年	日企→德企	销售	500万~600万	辽宁
10	LHM	32	永住	本科						销售	800万~900万	上海

(续表)

编号	姓名代码	年龄（截至2022年）	签证类型	学历	婚恋状况	配偶国籍	来日时间	在日时间（截至2022年）	公司类型	职业	年薪（日元）	籍贯
11	ZX	29	高度人才	硕士	恋爱中	日本	2012年9月	10年	日企	咨询	400万~500万	江苏
12	ZTT	28	高度人才	硕士	恋爱中	中国	2012年4月	10年	日企→德企	销售	700万~800万	河南
13	JHY	28	高度人才	硕士	恋爱中	中国	2011年4月	11年	日企	会计	400万~500万	辽宁
14	ZWX	30	高度人才	硕士	已婚已育	中国	2010年9月	12年	日企	程序员	500万~600万	辽宁
15	LCQ	33	高度人才	硕士	已婚已育	日本	2008年9月	14年	日企→创业（美容院）	销售	500万~600万	辽宁
16	XQQ	32	高度人才	硕士	无	—	2011年9月	11年	日企	程序员	600万~700万	上海
17	LXS	27	日籍	本科	已婚已育	日本	2012年4月	10年	日企	市场	400万~500万	湖南
18	ZXX	34	高度人才	硕士	已婚已育	中国	2008年4月	14年	日企	销售	500万~600万	天津
19	ZSX	29	已回国	本科	恋爱中	中国	2014年4月	6年	日企→回国	市场	400万~500万	吉林
20	LJY	35	永住	硕士	已婚已育	中国	2008年4月	14年	日企	市场	500万~600万	江苏
21	DY	32	日籍	硕士	已婚已育	中国	2010年4月	12年	日企	市场	500万~600万	辽宁
22	DQM	34	高度人才	硕士	已婚已育	中国	2013年9月	9年	日企	海外企划	500万~600万	辽宁
23	THY	43	永住	硕士	离婚已育	中国	2002年9月	20年	日企→创业（中日贸易公司）	会计	900万~1000万	辽宁
24	ZNL	37	永住	硕士	已婚已育	日本	2005年9月	17年	日企	程序员	600万~700万	辽宁

(续表)

编号	姓名代码	年龄（截至2022年）	签证类型	学历	婚恋状况	配偶国籍	来日时间	在日时间（截至2022年）	公司类型	职业	年薪（日元）	籍贯
25	XL	36	永住	硕士	已婚已育	中国	2008年9月	14年	日企	市场	600万~700万	上海
26	LXH	36	永住	硕士	已婚已育	日本	2006年4月	16年	日企	市场	500万~600万	吉林
27	WZY	34	永住	硕士	已婚已育	中国	2006年4月	16年	日企	物流	500万~600万	黑龙江
28	HX	41	永住	硕士	已婚已育	中国	2007年9月	15年	日企→创业（服装公司）	销售	700万~800万	黑龙江
29	MX	38	永住	硕士	已婚已育	中国	2008年4月	14年	日企	采购	500万~600万	河北
30	LM	39	永住	博士	已婚已育	日本	2007年4月	15年	日企→个人插画师	市场	600万~700万	浙江
31	JSL	32	永住	硕士	已婚已育	中国	2012年9月	10年	日企→创业（酒吧）	咨询	1 100万~1 200万	山西
32	SKK	28	永住	硕士	已婚已育	日本	2015年4月	7年	日企	人事	400万~500万	河南
33	MH	42	永住	硕士	离婚已育	日本	2000年4月	22年	日企→创业（咨询公司）	咨询	1 100万~1 200万	吉林
34	LH	43	日籍	本科	已婚已育	中国	2001年4月	21年	日企	程序员	800万~900万	辽宁
35	GHC	37	永住	硕士	已婚已育	中国	2009年4月	13年	日企	人事	500万~600万	山东
36	MM	31	永住	本科	已婚已育	中国	2010年9月	12年	日企→创业（形象设计工作室）	市场	700万~800万	江西
37	MCF	38	永住	硕士	已婚已育	中国	2002年4月	20年	日企→创业（留学咨询公司）	销售	900万~1 000万	辽宁
38	YD	40	永住	博士	已婚已育	中国	2004年4月	18年	日企	咨询	800万~900万	上海

附录2 在日中国女性白领社会适应结构访谈提纲

一、基本情况和生命历程

1. 表格中基本信息：
   年龄、签证类型、身份、学历及毕业院校、婚恋状况、子女情况、配偶国籍、来日本时间、入社时间、职业、职位、年薪、籍贯
2. 为什么来日本？为什么在日本工作？现在为什么留在日本？
3. 刚毕业的时候是否打算一直留在日本？
4. 留学路径是什么？（例如，是大一开始还是大三开始的"2+2"项目或插班等方式？）
5. 你觉得在日本的女性白领（包括日本女性）有什么特征？能否描述一下你心目中的女性白领形象？
6. 你认为日本人和中国人最大的不同有哪些方面？

二、职场

1. 从业动机：为什么选择这家公司？选考方式是什么？毕业时拿到几家公司的录取通知？
2. 入职时间、工种和工作内容？是否有过人事调动？
3. 同一部门是否有其他外国人？
4. 对现在的工作满意吗？工作强度如何？是否感觉有压力？
5. 现在的工作是你想从事的吗？打算在这家公司干多久？
6. 工作上的困扰：能力和职位是否匹配？是否遇到过工作上的瓶颈？是否感到受到重用？是否遇到过性骚扰？是否有过因文化差异而造成的误解？
7. 由于女性或者外国人的身份，是否感到在工作上受到过优待？

8. 你觉得为什么公司要招聘外国员工？为什么公司要招聘外国女员工？有没有和上司聊过这个问题？
9. 你的职业规划是什么？
10. 在你眼中这家公司的优点和缺点是什么？如果重新选择，你会在毕业时选择这家公司吗？
11. 是否想过跳槽？如果跳槽的话你想做什么？（同行业？跨行？创业？）有哪些要求？有哪些风险和限制性因素？
12. 工作时间之外会和同事有活动（出行或聚餐等）吗？
13. 当你在工作上遇到困难时，你会和谁商量？

三、家庭

1. 当初为何选择现在的男朋友或者老公？情感、兴趣、追求、价值观、人品等。
2. 未婚：是否有男朋友？在感情和家庭方面你是如何打算的？
   已婚：你和配偶是如何结识的？有无子女？是否打算要二胎或三胎？
3. 你觉得自己是否做到了工作与家庭的平衡？是否有感到力不从心的情况？
4. 你是独生子女吗？父母生活在国内还是日本？他们多久来一趟日本？平时联系的频率如何？他们支持你长久居住在日本吗？（包括已婚者配偶父母情况）
5. 你的家庭中家务分工和育儿分工的模式及比例是什么样的？
6. 老公的工作行业是什么？是否经常加班或出差？
7. 你对目前日本学校对孩子的教育模式是否满意？你对孩子的未来教育是如何打算的？
8. 工作是否会影响你的生育决策？结婚生子对你的职业发展产生了怎样的影响？
9. 你觉得你和家人（父母、配偶、子女）是否有足够的相处时间？你与家人的关系如何？
10. 你认为家庭的重要性有哪些？你认为理想的家庭模式是怎样的？现在是

否获得了理想的家庭模式？希望对哪里进行改进？
11. 你是否想要更多的时间来陪伴家人？你如何安排节假日的家庭活动？
12. 在家庭中，什么事情要商量？什么事情不用商量？什么事定义为大事？什么事定义为小事？家中的事大部分需要商量还是小部分需要商量？
13. 家里家务怎么分配？谁做饭？谁育儿？
14. 夫妻间是否经常有共同话题？共同话题围绕什么？夫妻间是否有相同的兴趣爱好？每天晚上你们是否有交流？
15. 你认为家庭的什么方面最重要？

四、社会交往

1. 你觉得日本好的地方和不好的地方有哪些？
2. 请你提供一张你最喜欢的在日本的照片，并阐释这张照片背后的故事。
3. 当你在生活上遇到困难时，你会和谁商量？
4. 你是否有交往关系相对深厚的日本朋友？有几个？你们是怎么认识的？
5. 你平时的业余生活有哪些？业余生活中与你交集更多的是中国人还是日本人？
6. 在日本，你选择居住社区的标准是什么？

参 考 文 献

中文专著

邓晓梅.农村婚姻移民的社会适应与时代变迁[M].北京：光明日报出版社,2014.

丁瑜.她身之欲：珠三角流动人口社群特殊职业研究[M].北京：社会科学文献出版社,2016.

段跃中.负笈东瀛写春秋[M].上海：上海教育出版社,1998.

风笑天.落地生根：三峡农村移民的社会适应[M].武汉：华中科技大学出版社,2006.

蓝佩嘉.跨国灰姑娘：当东南亚帮佣遇上台湾新富家庭[M].长春：吉林出版集团有限责任公司,2011.

冷溶,汪作玲.邓小平年谱(1975—1997)(上)[M].北京：中央文献出版社,2004.

李银河.妇女：最漫长的革命[M].北京：生活·读书·新知三联书店,1997.

刘双.从打工者到跨国人才：当代中国人赴日留学30年[M].广州：暨南大学出版社,2016.

刘泽彭.互动与创新：多维视野下的华侨华人研究[M].桂林：广西师范大学出版社,2011.

沈奕斐.个体家庭iFamily：中国城市现代化进程中的个体、家庭与国家[M].上海：上海三联书店,2013.

王春光.巴黎的温州人：一个移民群体的跨社会建构行动[M].南昌：江西人民出版社,2000.

杨善华.家庭社会学[M].北京：高等教育出版社,2006.

张海东.中国新社会阶层：基于北京、上海和广州的实证分析[M].北京：社会科学文献出版社,2017.

张文宏,雷开春.城市白领新移民研究[M].北京：社会科学文献出版社,2017.

王辉耀,苗绿.国际人才蓝皮书：海外华侨华人专业人士报告(2014)[M].北京：社会科学文献出版社,2014.

World Economic Forum. Global gender gap report 2021[M/OL]. (2021-03-30)[2024-

09-16]. https://www.weforum.org/publications/ab6795a1-960c-42b2-b3d5-587eccda6023/in-full/gggr2-benchmarking-gender-gaps-findings-from-the-global-gender-gap-index-2021/

中文译著

米尔斯.白领：美国的中产阶级[M].周晓虹,译.南京：南京大学出版社,2016.

库兹明,谢苗诺夫.社会心理学[M].卢盛忠,译.杭州：杭州大学心理系,1984.

孔飞力.他者中的华人：中国近现代移民史[M].李明欢,译.南京：江苏人民出版社,2016.

吉登斯.亲密关系的变革：现代社会中的性、爱和爱欲[M].陈永国,汪民安,译.北京：社会科学文献出版社,2001.

库利.人类本性与社会秩序[M].包凡一,王湲,译.北京：华夏出版社,2015.

傅高义.日本新中产阶级[M].周晓虹,周海燕,吕斌,译.上海：上海译文出版社,2017.

广田康生.移民和城市[M].马铭,译.北京：商务印书馆,2005.

哈贝马斯.后形而上学思想[M].曹卫东,付德根,译.南京：译林出版社,2001.

哈贝马斯.交往行动理论(第一卷)[M].洪佩郁,蔺青,译.重庆：重庆出版社,1994.

雅各布斯.美国大城市的死与生[M].金衡山,译.南京：译林出版社,2020.

江原由美子.性别支配是一种装置[M].丁莉,译.北京：商务印书馆,2005.

橘木俊诏.日本的贫富差距：从收入与资产进行分析[M].丁红卫,译.北京：商务印书馆,2003.

波兰尼.大转型：我们时代的政治与经济起源[M].冯钢,刘阳,译.杭州：浙江人民出版社,2007.

本尼迪克特.菊与刀[M].吕万和,熊达云,王智新,译.北京：商务印书馆,2003.

格兰诺维特.镶嵌：社会网与经济行动[M].罗家德等,译.北京：社会科学文献出版社,2015.

马克思,恩格斯.马克思恩格斯选集：第1卷[M].中共中央马克思恩格斯列宁斯大林著作编译局,译.北京：人民出版社,1995.

马克思,恩格斯.马克思恩格斯选集：第4卷[M].中共中央马克思恩格斯列宁斯大林著作编译局,译.北京：人民出版社,1995.

米德.三个原始部落的性别与气质[M].宋践等,译.杭州：浙江人民出版社,1988.

休伯曼.质性资料的分析：方法与实践[M].张芬芬,译.重庆：重庆大学出版社,2008.

米特罗尔,西德尔.欧洲家庭史[M].赵世玲,赵世瑜,周尚意,译.北京：华夏出版社,1987.

福柯.性经验史(第一卷)：认知的意志[M].佘碧平,译.上海：上海人民出版社,2016.

布迪厄,华康德.实践与反思:反思社会学导引[M].李猛,李康,译.北京:中央编译出版社,1998.

鲍曼.生活在碎片之中:论后现代道德[M].郁建兴,周俊,周莹,译.上海:学林出版社,2002.

上野千鹤子.近代家庭的形成和终结[M].吴咏梅,译.北京:商务印书馆,2005.

沙森.全球城市:纽约、伦敦、东京(第二版)[M].周振华,译.上海:东方出版中心,2023.

波伏娃.第二性[M].陶铁柱,译.北京:中国书籍出版社,1998.

马斯洛.动机与人格[M].马良诚等,译.西安:陕西师范大学出版社,2010.

中根千枝.纵向社会的人际关系[M].陈成,译.北京:商务印书馆,1994.

朱慧玲.日本華僑華人社会の変遷[M].高橋庸子,译.東京:日本僑報社,2003.

外文专著

Bennett J W, Passin H, McKnight R K. In search of identity: The Japanese overseas scholar in America and Japan[M]. Minneapolis: University of Minnesota Press, 1958.

Bourdieu P. Distinction: A social critique of the judgement of taste[M]. Cambridge: Havard University Press, 1984.

Brislin R W. Cross-cultural encounters: Face-to-face interaction[M]. Boston: Allyn and Bacon, 1981.

Castles S, Davidson A. citizenship and migration: Globalization and the politics of belonging[M]. London: Routledge, 2000.

Davidson C. A woman's work is never done: A history of housework in the British Isles, 1650—1950[M]. London: Random House, 1982.

DiMaggio P, Zukin S. Structures of capital: The social organization of economic life[M]. New York: Cambridge University Press, 1990.

Doeringer P B, Piore M J. Internal labor markets and manpower analysis: with a new introduction[M]. New York: Routledge, 2020.

Ehrenreich B, Hochschild A R. Global woman: Nannies, maids, and sex workers in the new economy[M]. New York: Metropolitan Books, 2003.

Emerson R M, Fretz R I, Shaw L L. Writing ethnographic fieldnotes[M]. Chicago: University of Chicago Press, 2011.

Evans P B. Embedded autonomy: States and industrial transformation[M]. Princeton: Princeton University Press, 1995.

Hofstede G. Culture's consequences: International differences in work-related values[M]. London: SAGE, 1984.

Lebra T S. Japanese patterns of behavior[M]. Honolulu: University of Hawaii Press, 1976.

Lefebvre H. The production of space [M]. Translated by Donald Nicholson-Smith. Oxford: Basil Blackwell Limited, 1991.

Levine R A. Culture, behavior and personality[M]. 2nd ed. New York: Routledge, 1982.

MacKinnon C A. Sexual harassment of working women: A case of sex discrimination[M]. London: Yale University Press, 1979.

Morokvasic M. Woman in migration: beyond the reductionist outlook[M]. New York: Routledge, 1983.

National Academies of Sciences, Engineering, and Medicine Committee on Population. The integration of immigrants into American society [M]. Washington DC: National Academies Press, 2016.

Ryan L, Erel U, D'Angelo A. Migrant capital: Networks, identities and strategies[M]. Basingstoke: Palgrave Macmillan, 2015.

Park R E. Race and culture[M]. Los Angeles: The Free Press, 1950.

Piore M J. Birds of passage: Migrant labor in industrial societies [M]. Cambridge: Cambridge University Press, 1979.

Portes A, Walton J. Labor, class, and the international system [M]. Amsterdam: Elsevier, 2013.

Sassen S. The mobility of labor and capital: A study in international investment and labor flow[M]. Cambridge: Cambridge University Press, 1990.

Stoller R J. Sex and gender: The development of masculinity and femininity[M]. New York: Routledge, 2020.

Sheskin I M, Dashefsky A. The American Jewish year book(vol 85)[M]. New York: American Jewish Committee, 1985.

Wengraf T. Qualitative research interviewing: Biographic narrative and semi-structured methods[M]. London: SAGE Publications, 2001.

ボック.F.現代文化人類学入門(二)[M].江渕一公訳,東京：講談社,1977.

奥田道大.コミュニテイとエスニテイ(21世紀の都市社会学)[M].東京：勁草書房,1995.

井上輝子,上野千鶴子,江原由美子,等.岩波女性学事典[M].東京：岩波書店,2002.

稲村博.日本人の海外不適応[M].東京：日本放送出版協会,1984.

山岸俊男,メアリー・C・プリントン.リスクに背を向ける日本人[M].東京：講談社現代新書,2010.

寿岳章子.日本語と女[M].東京：岩波新書,1979.

小酒部さやか.マタハラ問題[M].東京：筑摩書房,2016.

上野千鶴子.岩波現代文庫社会171・女縁を生きた女たち[M].東京：岩波書店,2008.

中根千枝.適応の条件[M].東京：講談社現代新書,1979.

中島恵.中国人エリートは日本をめざすなぜ東大は中国人だらけなのか？[M].東京：中共新書,2016.

福崎久一.華人・華僑関係文献目録[M].東京：アジア経済研究所,1996.

野村進.島国チャイニーズ[M].东京：講談社,2011.

譚璐美,劉傑.新華僑 老華僑：変容する日本の中国人社会[M].東京：文芸春秋,2008.

賽漢卓娜.国際移動時代の国際結婚——日本の農村に稼いだ中国人女性[M].東京：勁草書房,2011.

中文期刊文献

陈秉公."主体人类学"概念的提出及知识体系建构[J].吉林大学社会科学学报,2011,51(3)：57-67.

丛玉飞.白领新移民身份疏离与社会信心差异化——以上海市为例[J].中国青年研究,2014(1)：67-73.

郭梁,李国梁.近代以来日本的华侨、华人研究(1914—1996年)[J].华侨华人历史研究,1997(2)：59-67.

郭梁.日本近年华侨华人研究评述(1997—2004年)[J].华侨华人历史研究,2004(4)：47-54.

何俊芳,石欣博.义乌阿拉伯商人的社会融入探究[J].西北民族研究,2020(3)：128-143.

何星亮,杜娟.文化人类学田野调查的特点、原则与类型[J].云南民族大学学报（哲学社会科学版）,2014,31(4)：18-25.

贺琳凯.当代中国中间阶层的政治特征与政治功能研究[J].云南行政学院学报,2006,8(2)：64-67.

阿朗戈,黄为葳.移民研究的评析[J].国际社会科学杂志（中文版）,2019,36(3)：114-125.

黄雅兰."金色牢笼"：美国华人高技能家属移民的"再女性化"困境[J].华侨华人历史研

究,2021(1):72-84.

鞠玉华.近代日本华侨华人的同化现象论析[J].云南民族大学学报(哲学社会科学版),2003,20(5):63-66.

李春玲."中产化":中国社会阶层结构变化新趋势[J].人民论坛,2017(22):79.

李春玲.中国特色的中等收入群体概念界定——绝对标准模式与相对标准模式之比较[J].河北学刊,2017,37(2):154-162.

李芳田,王慧婷.全球化时代的国际女性移民治理[J].南开学报(哲学社会科学版),2018(1):134-140.

李明欢.20世纪西方国际移民理论[J].厦门大学学报(哲学社会科学版),2000(4):12-18.

李明欢.女性在国际人口迁移中的地位、作用与影响——《通向希望之路:妇女与国际移民》评介[J].国外社会科学,2007(4):79-83.

李培林,张翼.中国中产阶级的规模、认同和社会态度[J].社会,2008,28(2):1-19.

上海研究院社会调查和数据中心课题组,李培林,朱迪.扩大中等收入群体,促进消费拉动经济——上海中等收入群体研究报告[J].江苏社会科学,2016(5):77-88.

李其荣.全球化视野中的国际女性移民[J].社会科学,2008(9):50-60,188.

李强.关于中产阶级和中间阶层[J].中国人民大学学报,2001,15(2):17-20.

李强.中国中等收入阶层的构成[J].湖南师范大学社会科学学报,2003,32(4):7-9.

李庆真.从"月光族"到"年清族"——都市白领阶层消费理念分析[J].青年研究,2005(11):24-28.

李树茁,薛琳,宋雨笑.新时代在华国际移民的融合、发展与治理[J].北京工业大学学报(社会科学版),2022,22(4):16-28.

李元.全球化视野下的国际移民女性化趋势研究[J].当代世界与社会主义,2012(5):112-116.

林晓兰.都市女性白领的身份建构——一个社会学的分析框架[J].华东理工大学学报:社会科学版,2011,26(6):23-30.

刘程.西方移民融合理论的发展轨迹与新动态[J].河海大学学报(哲学社会科学版),2015,17(2):33-39.

刘伟.在华外籍就业人员的社会适应[J].社会,2010,30(1):152-177.

刘欣.中国城市的阶层结构与中产阶层的定位[J].社会学研究,2007,22(6):1-14.

刘兴花.性别视角下已婚女性赴日打工家庭策略研究[J].青年研究,2015(6):82-90,93.

吕大乐.香港中产阶级[J].开放时代,2004(2):130-135.

孟霞,美合日姑丽·阿不都外力.女留学生跨文化生活适应研究——基于对中国在美国留学生的调研[J].新疆社会科学(汉文版),2017(6):174-178.

潘绥铭,姚星亮,黄盈盈.论定性调查的人数问题:是"代表性"还是"代表什么"的问题——"最大差异的信息饱和法"及其方法论意义[J].社会科学研究,2010(4):108-115.

施雪琴.全球化视野下的女性跨国流动——以1978年以来中国女性迁移东南亚为中心[J].南洋问题研究,2009(1):51-59.

孙龙.当前城市中产阶层的政治态度——基于北京业主群体的调查与分析[J].江苏行政学院学报,2010(6):94-100.

田凯.关于农民工的城市适应性的调查分析与思考[J].社会科学研究,1995(5):90-95.

王明进.文化区隔催生仇视与暴力[J].北京青年工作研究,2011(9):42-44.

王宁.代表性还是典型性?——个案的属性与个案研究方法的逻辑基地[J].社会学研究,2002(5):123-125.

夏建中,姚志杰.白领群体生活方式的一项实证研究[J].江苏社会科学,2005(1):139-144.

杨菊华.空间理论视角下老年流动人口的社会适应[J].社会学研究,2021,36(3):180-203.

杨菊华.从隔离、选择融入到融合:流动人口社会融入问题的理论思考[J].人口研究,2009,33(1):17-29.

杨黎源.外来人群社会融合进程中的八大问题探讨——基于对宁波市1 053位居民社会调查的分析[J].宁波大学学报(人文科学版),2007,20(6):65-70.

杨善华,孙飞宇.作为意义探究的深度访谈[J].社会学研究,2005(5):53-68.

韦尔丁,尧俊芳.运用约哈里窗户模式开放自我[J].发现,2009(4):42-43.

张少春."做家":一个技术移民群体的家庭策略与跨国实践[J].开放时代,2014(3):198-210.

张文宏,雷开春.城市新移民社会融合的结构、现状与影响因素分析[J].社会学研究,2008(5):117 141,244 245.

赵小华.女性主体性:对马克思主义妇女观的一种新解读[J].妇女研究论丛,2004(4):10-15,60.

郑杭生,杨敏.个人的当代形貌:社会化理论的世纪挑战——人的主体性的新发展与以人为本的时代源泉[J].河北学刊,2006,26(3):73-82.

周敏,黎相宜.国际移民研究的理论回顾及未来展望[J].东南亚研究,2012(6):56-62.

周晓虹.中产阶级:何以可能与何以可为?[J].江苏社会科学,2002(6):37-46.

朱力.中外移民社会适应的差异性与共同性[J].南京社会科学,2010(10):87-93.

朱雨可,邹红.中国社会流动中的新中间阶层消费需求变迁[J].消费经济,2008,24(2):34-37.

庄国土.略论东南亚华族的族群认同及其发展趋势[J].厦门大学学报(哲学社会科学版),2002(3):63-71.

外文期刊文献

Allen J P, Turner E. Ethnic residential concentrations in United States metropolitan areas[J]. Geographical review, 2005, 95(2): 267-285.

Alvarez R R. A profile of the citizenship process among Hispanics in the United States[J]. International migration review, 1987, 21(2): 327-351.

Bakker L, Dagevos J, Engbersen G. The importance of resources and security in the socio-economic integration of refugees. A study on the impact of length of stay in asylum accommodation and residence status on socio-economic integration for the four largest refugee groups in the Netherlands[J]. Journal of international migration and integration, 2014, 15(3): 431-448.

Bonacich E. A theory of middleman minorities[J]. American sociological review, 1973(38): 584-586.

Boyd M. At a disadvantage: The occupational attainments of foreign born women in Canada[J]. International migration review, 1984, 18(4): 1091-1119.

Chen Y, Tian H, Chang J. Chinese first, woman second: Social media and the cultural identity of female immigrants[J]. Asian journal of women's studies, 2021, 27(1): 22-45.

Chimbos P D. A comparison of the social adaptation of Dutch, Greek and Slovak immigrants in a Canadian community[J]. International migration review, 1972, 6(3): 230-244.

Cohen R. Women of colour in White Households: Coping strategies of live-in domestic workers[J]. Qualitative sociology, 1991,14(2): 197-215.

Dahya B. The nature of Pakistani ethnicity in industrial cities in Britain[J]. Urban ethnicity, 1974, 77(118): 116-128.

Davis K. Social science approaches to international migration[J]. Population and development review, 1988(14): 245-261.

Findlay A M, Jones H, Davidson G M M. Migration transition or migration transformation in the Asian dragon economies?[J]. International journal of urban and regional research, 1998, 22 (4): 643-663.

Glenn E N. From servitude to service work: Historical continuities in the racial division of paid reproductive labor[J]. Signs: Journal of women in culture and society, 1992, 18(1): 1-43.

Schiller N G, Çağlar A. Displacement, emplacement and migrant newcomers: Rethinking urban sociabilities within multiscalar power[J]. Identities, 2015, 23(1): 17-34.

Gullahorn J T, Gullahorn J E. An extension of the U-curve hypothesis 1[J]. Journal of social issues, 2010, 19(3): 33-47.

Gurak D T, Caces F. Migration networks and the shaping of migration systems[J]. International migration systems: A global approach, 1992(150): 176.

Hondagneu-Sotelo P. Overcoming patriarchal constraints: The reconstruction of gender relations among Mexican immigrant women and men[J]. Gender and society, 1992, 6 (3): 393-415.

Hout M, Goldstein J R. How 4.5 million Irish immigrants became 40 million Irish Americans: Demographic and subjective aspects of the ethnic composition of white Americans[J]. American sociological review, 1994, 59(1): 64-82.

Hurh W M, Kim K C. Adhesive sociocultural adaptation of Korean immigrants in the US: An alternative strategy of minority adaptation[J]. International migration review, 1984, 18(2): 188-216.

Jones-Correa M. Different paths: Gender, immigration and political participation[J]. International migration review, 1998, 32(2): 326-349.

Kallen H M. Democracy versus the melting-pot: A study of American nationality[J]. The nation, 1915(2): 217-218.

Khvorostianov N, Elias N, Nimrod G. 'Without it I am nothing': The internet in the lives of older immigrants[J]. New Media & Society, 2012, 14(4): 583-599.

Korinek K, Entwisle B, Jampaklay A. Through thick and thin: Layers of social ties and urban settlement among Thai migrants[J]. American sociological review, 2005, 70(5): 779-800.

Kou A, Bailey A. 'Movement is a constant feature in my life': Contextualising migration processes of highly skilled Indians[J]. Geoforum, 2014(52): 113-122.

Li H. How to retain global talent? Economic and social integration of Chinese students in

Finland[J]. Sustainability, 2020, 12(10): 41-61.

Light I. Women's economic niches and earnings inferiority: The view from the ethnic economy[J]. Journal of ethnic and migration studies, 2007, 33(4): 541-557.

Lysgaand S. Adjustment in a foreign society: Norwegian Fulbright grantees visiting the United States[J]. International social science bulletin, 1955(7): 45-51.

Man G, Chou E. Transnational familial strategies, social reproduction, and migration: Chinese immigrant women professionals in Canada [J]. Routledge, 2020, 26(3): 345-361.

Massey D S, Arango J, Hugo G, et al. Theories of international migration: A review and appraisal[J]. Population and development review, 1993, 19(3): 431-466.

Massey D S, Goldring L, Durand J. Continuities in transnational migration: An analysis of nineteen Mexican communities [J]. American journal of Sociology, 1994, 99(6): 1492-1533.

Mathews P. Remittances and returnees: The cultural economy of migration in Ilocos (Book Review)[J]. Journal of contemporary Asia, 1993, 23(4): 570.

McLaren L M. Anti-immigrant prejudice in Europe: Contact, threat perception, and preferences for the exclusion of migrants[J]. Social forces, 2003, 81(3): 909-936.

Miconi A. News from the Levant: A qualitative research on the role of social media in Syrian Diaspora[J]. Social media and society, 2020(6): 112.

Mincer J. Family migration decisions[J]. Journal of political economy, 1978, 86(5): 749-773.

Morokvasic M. Birds of passage are also women[J]. International migration review, 1984, 18(4): 886-907.

Oikelome F, Healy G. Gender, migration and place of qualification of doctors in the UK: Perceptions of inequality, morale and career aspiration[J]. Journal of ethnic and migration studies, 2013, 39(4): 557-577.

Orellana M F, Thorne B, Chee A, et al. Transnational childhoods: The participation of children in processes of family migration[J]. Social problems, 2001, 48(4): 572-591.

Parella S, Petroff A, Solé C. The upward occupational mobility of immigrant women in Spain[J]. Journal of ethnic and migration studies, 2013, 39(9): 1365-1382.

Park R E. Human migration and the marginal man[J]. American journal of sociology, 1928, 33(6): 881-893.

Portes A, Zhou M. The new second generation: Segmented assimilation and its variants[J]. The annals of the American academy of political and social science, 1993, 530(1): 74-96.

Ravenstein E G. The laws of migration[J]. Journal of the royal statistical society, 1889, 52(2): 241-305.

Said E W. The text, the world, the critic[J]. The bulletin of the Midwest modern language association, 1975, 8(2): 123.

Samadi M, Sohrabi N. Mediating role of the social problem solving for family process, family content, and adjustment[J]. Procedia-social and behavioral sciences, 2016, 217: 1185-1188.

Schultz T W. Investment in human capital[J]. The American economic review, 1961, 51(1): 117.

Oberg K. Culture shock: Adjustment to new cultural environments [J]. Practical anthropology, 1960, 7(4): 177-182.

Sigad L I, Eisikovits R A. Migration, motherhood, marriage: Cross-cultural adaptation of North American immigrant mothers in Israel[J]. International migration, 2009, 47(1): 63-99.

Siu P C P. The sojourner[J]. The American journal of sociology, 1952(158): 34-44.

Sjaastad L A. The costs and returns of human migration[J]. Journal of political economy, 1962, 70(5): 80-93.

South S J, Crowder K, Chavez E. Migration and spatial assimilation among US Latinos: Classical versus segmented trajectories[J]. Demography, 2005, 42(3): 497-521.

Spiro M E. Buddhism and economic action in Burma[J]. American anthropologist, 1966, 68(5): 1163-1173.

Mahler S J, Pessar P R. Gendered geographies of power: Analyzing gender across transnational spaces[J]. Identities, 2001(4): 445-446.

Stark O, Bloom D E. The new economics of labor migration[J]. American economic review, 1985, 75(2): 173-178.

Taylor J E. Differential migration, networks, information and risk[J]. Migration, human capital and development, 1986(4): 147-171.

Todaro M P. A model of labor migration and urban unemployment in less developed countries[J]. The American economic review, 1969, 59(1): 138-148.

Uriely N. Rhetorical ethnicity of permanent sojourners: The case of Israeli immigrants in the

Chicago Area[J]. International sociology, 1994, 9(4): 431-445.

Useem R H. The American family in India[J]. The annals of the American Academy of Political and Social Science, 1966, 368(1): 132-145.

Vertovec S. Migrant transnationalism and modes of transformation[J]. International migration review, 2006, 38(3): 970-1001.

Vogt G. Multiculturalism and trust in Japan: Educational policies and schooling practices[J]. Japan forum, 2017(29): 77-99.

Wang B. Becoming a rooted cosmopolitan? The case study of 1.5 generation new Chinese migrants in New Zealand[J]. Journal of Chinese overseas, 2018(14): 244-267.

Wang B. Performing everyday cosmopolitanism? Uneven encounters with diversity among first generation new Chinese migrants in New Zealand[J]. Ethnicities, 2018, 18(5): 717-734.

Zheng L, Haan M D, Koops W. Learning to be a mother: Comparing two groups of Chinese immigrants in the Netherlands[J]. Asian and Pacific migration journal, 2019, 28(2): 220-241.

岡田昭人,岡田奈緒美.日本における留学生受入れ政策の史的展開過程と現状に関する考察[J].学苑 総合教育センター国際学科特集,2011,847(5):11-21.

瀬地山角.東アジア版「イエ社会論」へ向けて 家族の文化比較の可能性[J].家族社会学研究(特集文化と家族),1997(9):11-21.

王津.「バーチャル・マイグレーション」と在日中国人IT技術者[J].中国研究月報,2003,57(3):43-47.

武石恵美子.女性の昇進意欲を高める職場の要因[J]日本労働研究雑誌,2014,648(7):33-47.

實川慎子,砂上史子.就労する母親の「ママ友」関係の形成と展開――専業主婦との比較による友人ネットワークの分析[J].千葉大学教育学部研究紀要,2012(60):183-190.

宮木由貴子.「ママ友」の友人関係と通信メディアの役割―ケータイ・メール・インターネットが展開する新しい関係[J].ライフデザインレポート,2004:4-15.

白木三秀.留学生の就職と採用における諸課題[J].留学交流,2008,20(2):2-5.

报告及官方数据

Cheung S Y, Phillimore J. Social networks, social capital and refugee integration[R].

Cardiff: School of Social Sciences, Cardiff University; Birmingham: Institute for Research into Superdiversity, University of Birmingham, 2013.

Graves N B, Graves T D. Understanding New Zealand's mutil-cultural workforce[R]. Report to the Polynesian Advisory Committee of the Vocational Training Council of New Zealand. Wellington: Vocational Council, 1977: 8.

Immigration Services Agency of Japan. Points-based preferential immigration treatment for highly-skilled foreign professionals[R]. Tokyo: MOJ, 2012.

Institute of International Education. Project atlas 2017[R]. New York: IIE, 2017.

International Organization for Migration. World Migration Report 2022[R]. Geneva: IOM, 2021.

International Organization for Migration. World Migration Report 2018[R]. Geneva: IOM, 2017.

The Adecco Group.日本で常勤として働くホワイトカラーの外国人財300名を対象にした調査[R].東京：Adecco Group AG，2017.

北京市人民政府.国务院侨务办公室关于印发《关于界定华侨外籍华人归侨侨眷身份的规定》的通知[R/OL].(2016-11-22)[2024-09-16]. https：//www. beijing. gov. cn/zhengce/zhengcefagui/qtwj/201611/t20161122_776499.html

博報堂生活総合研究所.「家族30年変化」調査結果を発表第一弾「夫婦の力関係」編妻は強く、夫は弱くなった30年[R].(2018-6-11).

出入国在留管理庁.高度人才优待措施[R].(2023-4-26).

出入国在留管理庁.国籍・地域別高度外国人材の在留者数の推移[R].2021.

東京都産業労働局.東京の産業と雇用就業2022[R].2022.

東京都政府人口統計課.東京都の統計外国人人口(令和4年)[R].2022.

独立行政法人・日本学生支援機構.2021年度外国人留学生在籍状況調査結果[R].東京：JASSO,2022.

独立行政法人労働政策研究・研修機構.Databook of international labor statistics(2018)[R].東京：JILPT,2018：209.

独立行政法人労働政策研究・研修機構.妊娠等を理由とする不利益取扱い及びセクシュアルハラスメントに関する実態調査結果(概要)[R].東京：JILPT，2016.

経済産業研究所.ホワイトカラー正社員の管理職割合の男女格差の決定要因―女性であることの不当な社会的不利益と、その解消施策について[R].東京：RIETI,2013.

连合非正规劳働センター.第3回マタニティハラスメント(マタハラ)に関する意識调查[R].东京：JTUC,2015.

日本出入国在留管理厅.令和2年(2020年)9における留学生の日本企业等への就职状况について[R].2021.

日本法务省入国管理局.国籍・地域别在留外国人数の推移[R].2021.

日本国立社会保障・人口问题研究所.日本の将来推计人口——平成28(2016)～77(2065)年[R].(2017-7-31).

日本国立社会保障・人口问题研究所.现代日本の结婚と出产——第15回出生动向基本调查[R].(2017-3-31).

日本国税厅.令和2年分民间给与实态统计调查[R].(2021-9-29).

日本国税厅长官官房企画课.令和3年分民间给与实态统计调查[R].2022.

日本厚生劳働省.2019年国民生活基础调查[R].(2020-7-17).

日本厚生劳働省.2021年国民生活基础调查の概况[R].2022.

日本厚生劳働省.经济财政改革の基本方针2008～开かれた国,全员参加の成长,环境との共生～に关しては[R].(2008-6-27).

日本厚生劳働省.令和2年度雇用均等基本调查(女性雇用管理基本调查).(2021-7-30).

日本厚生劳働省.令和3年(2021)人口动态统计(确定数)の概况[R].2022.

日本厚生劳働省.令和3年度雇用均等基本调查[R].(2022-07-29).

日本厚生劳働省.平成26年度コース别雇用管理制度の实施・指导状况(确报版)を公表します～综合职采用者に占める女性の割合は22.2%、采用倍率は女性44倍、男性30倍～[R].(2015-10-20).

日本厚生劳働省.平成28年度都道府县劳働局雇用环境・均等部(室)での法施行状况～男女雇用机会均等法、育儿・介护休业法、パートタイム劳働法に关する相谈、是正指导、纷争解决の援助の状况を取りまとめ[R].2017.

日本厚生劳働省.平成30年中における自杀の状况[R].(2019-03-18).

日本厚生劳働省.外国人雇用状况の届出状况まとめ[R].2021.

日本厚生劳働省・都道府县劳働局雇用均等室.事业主の皆さん职场のセクシュアルハラスメント対策はあなたの义务です!![R].2015.

日本厚生劳働省都道府县劳働局雇用均等室.令和2年度雇用环境・均等部(室)における法施行状况について[R].2021.

日本经济产业省.外国人留学生の就职及び定着状况に关する调查[R].2015.

日本内阁府.令和3年高龄化社会白书[R].2021.

日本内閣府男女共同参画局.「男性にとっての男女共同参画」に関する意識調査報告書の概要[R].(2014-4-30).

日本内閣府男女共同参画局.令和元年度家事等と仕事のバランスに関する調査報告書[R].2020.

日本内閣府男女共同参画局総務課.共同参画[R].2021.

日本入国管理局.在留資格一覧表[R].2018.

日本文部科学省.当初の「留学生受入れ10万人計画」の概要[R].2022.

日本文部科学省.外国人留学生の就職支援について[R].2018.

日本文部科学省.学校教育におけるJSLカリキュラムの開発について[R].(2001-04-13).

日本文部科学省国立教育政策研究所.いじめ追跡調査2013—2015 Q&A[R].2016.

日本国立社会保障・人口問題研究所.現代日本の結婚と出産第15回出生動向基本調査(独身者調査ならびに夫婦調査)報告書[R].(2017-3-13).

日本学生支援機構.令和3年度外国人留学生在籍状況調査結果[R].東京：JASSO,2022.

杉森伸吉.「日本型」いじめの構造を考える[R].東京：Child research net,2012.

中华人民共和国教育部.2019年度我国出国留学人员情况统计[R/OL].(2020-12-14)[2024-09-16].http://www.moe.gov.cn/jyb_xwfb/gzdt_gzdt/s5987/202012/t20201214_505447.html.

株式会社第一生命経済研究所.祖父母による孫育て支援の実態と意識―祖父母にとっての孫育ての意味 ―[R].東京：DLRI,2015.

株式会社東京商工リサーチ.2019年「人手不足」関連倒産[R].東京：TSR,2020.

图书中节选文献

De Vos G A, Wagatsuma H. Status and role behavior in changing Japan: Psychocultural continuities[M]// Socialization for achievement: Essays on the cultural psychology of the Japanese. Berkeley, CA: University of California Press, 1973: 10-60.

Rubin G. The traffic in women: Notes on the 'political economy' of sex[M]// Reiter R R. Toward an anthropology of woman. New York: Monthly Review Press, 1975: 157-210.

Ryan L, Mulholland J. Embedding in motion: Analysing relational, spatial and temporal dynamics among highly skilled migrants[M]//Migrant capital: Networks, identities and strategies. Basingstoke: Palgrave Macmillan, 2015: 135-153.

Woods N. Talking shop: Sex and status as determinants of floor apportionment in a work setting[M]// Coates J, Cameron D. Women in their speech communities: new perspectives on language and sex. London: Longman, 1989: 141-157.

斯科特.性别:历史分析中一个有效范畴[M]//李银河.妇女:最漫长的革命.北京:生活·读书·新知三联书店,1997:168.

邵春芬.日本的中国海外移民的新发展[M]//王辉耀,刘国福.中国国际移民报告(2014).北京:社会科学文献出版社,2014:189-206.

王津.日本の外国人高度人材導入政策と在日中国人:中国人IT技術者に対する実態調査を中心に[M]//田島淳子.中国系移住者からみた日本社会の諸問題.東京:社会安全財団,2005:67-138.

小林哲也.海外帰国子女の適応[M]//現代のエスプリ161.東京:至文堂,1980:83-101.

报纸类

NEC.海外営業部門の3割を外国人に切り替え[N].日本経済新聞,2011-06-12.

杜荣佳.华侨华人不仅是国史也是世界史的一部分[N].人民日报(海外版),2016-09-12.

中島恵.静かに加速する中国人採用、その「光と影」―見せかけだけのダイバーシテイ?[N].東洋経済ONLINE,2016-10-31.

李培林.关于中等收入群体的界定,国际上还没有统一标准——怎样界定中等收入群体更准确[N].北京日报,2017-07-17(14).